Elterninitiativen

ECON Ratgeber

Hannes Lachenmair

Elterninitiativen

Wir organisieren einen Kindergarten

ETB
ECON Taschenbuch Verlag

Originalausgabe

© ECON Taschenbuch Verlag GmbH, Düsseldorf
Februar 1985
Umschlagentwurf: Ludwig Kaiser
Titelfoto: Krista Boll/Michael Fiala
Satz: Computersatz Bonn GmbH, Bonn
Druck und Bindearbeiten: Ebner Ulm
Printed in Germany
ISBN 3-612-20046-1

Inhalt

Vorwort

Die Erziehung der Kinder ist vor allem die Aufgabe der Familie. Eine Familie besteht in der Regel aus Mutter, Vater und mindestens einem Kind. Der Begriff »Familie« muß heute variabler definiert werden. Eine Familie ist auch eine alleinerziehende Mutter, ein alleinerziehender Vater mit Kind. Gehen die Alleinerziehenden neue Beziehungen ein, ist auch der neue Partner zur Familie zu rechnen, soweit er sich auf eine Beteiligung an der Erziehungsaufgabe einläßt (oder sich einlassen darf*).

Im Zusammenhang mit der Erziehungsverantwortung wird von Eltern gesprochen, denen diese Aufgabe obliegt. In der gesellschaftlichen Tradition der Familie wird dem Vater die Rolle des »Ernährers und Versorgers« und der Mutter die Hauptaufgabe (-last?) in Sachen Erziehung übertragen.

Obwohl sich punktuell die Arbeitsaufteilung etwas gelockert hat und die (auch berufliche) Gleichberechtigung von Mann und Frau gesetzlich geregelt ist, besteht die Rollenverteilung weiterhin. Das Recht des Mannes auf Berufstätigkeit wird nie in Frage gestellt, während immer noch Zweifel bei der Berufstätigkeit der Mutter angemeldet werden – besonders wenn die Kinder noch klein sind.

Diese Zweifel werden verschleiert und im Interesse des Kindes formuliert: Das Kind gehört mindestens bis zum dritten Lebensjahr zur Mutter.

Das dritte Lebensjahr gilt als Grenze, abgesehen von entwicklungspsychologischen Erkenntnissen, da es ab diesem Alter öffentliche Einrichtungen gibt, die die vorschulische Erziehung auf

---

* Es kommt nicht selten vor, daß der bisher alleinerziehende Elternteil den neuen Partner von dieser Aufgabe ausschließt und eine Beziehung zum Kind verhindert. Teils aus Angst einer Überforderung des Partners, teils aus Angst, daß sich schon gemachte Erfahrungen wiederholen könnten.

der Basis wissenschaftlicher Ergebnisse in die Hand nehmen können.

Die Krippen für Kinder bis zu drei Jahren wurden für Notfälle eingerichtet.

Die Kleinkindpädagogik war bis vor kurzem noch ein Stiefkind der Sozialwissenschaften. Wird eine Mutter ab dem gesellschaftlich sanktionierten dritten Lebensjahr ihres Kindes berufstätig, wird sie dennoch nicht von der ihr zugedachten Rolle der Erzieherin entlastet. Eher belastet, weil zur Führung des Haushaltes und der Erziehung des Kindes die Berufstätigkeit noch hinzukommt.

Seit der Entdeckung der »partnerschaftlichen Beziehung« hat sich in einzelnen Familien viel verändert. Nicht geändert hat sich das grundsätzliche Rollenverhalten von Mann und Frau. Das zeigt sich deutlich an der Diffamierung alleinerziehender Mütter. Aber alle finden es ganz »toll«, wenn der Vater nach einer Trennung das Kind zu sich nimmt. In der Rolle des alleinerziehenden Vaters genießt der Mann Ansehen. Die Mutter, die das Kind dem Vater überläßt, ist eine Rabenmutter. Wenn der Vater der Mutter das Kind überläßt, ist das normal.

Zum Erziehungsverhalten der Eltern hat auch die Sozialforschung in den Bereichen Pädagogik und Psychologie ihren Teil beigetragen. Ihre Erkenntnisse werden in Form von Büchern, Aufklärungsschriften und als Themen der Eltern- und Erwachsenenbildung an die Eltern weitergereicht. Das Ergebnis ist oft Verunsicherung statt Hilfe. Die Eltern versuchen, sich an wissenschaftlichen Erziehungstheorien zu orientieren, und fühlen sich defizitär weil sie nicht alles wissen, sondern Erziehung erst lernen müssen – meist von Leuten, die selbst keine Kinder haben. Und das alles, wo doch sie diejenigen sind, die aufgrund von Schwangerschaft und Geburt eine ursprüngliche Beziehung zum Kind haben. Die *Be*ziehung zum Kind, zum »zu Erziehenden«, ist die Grundlage jeder *Er*ziehung.

Dieses Rollenverhalten und die Unterschiede im gesellschaftlichen Ansehen wirken sich gewollt oder ungewollt auf das Erziehungsverhalten der Eltern aus. In den öffentlichen Einrichtungen (Regeleinrichtungen) wird meist nur am Verhalten der Kinder gearbeitet (erzogen), nur ganz selten an den Ursachen der Verhaltensweisen – den Eltern. Elternarbeit ist in den meisten Regeleinrichtungen nicht Gegenstand der Erziehungsarbeit.

Dieser Problematik haben sich schon vor mehr als fünfzehn Jahren die Elterninitiativen angenommen. Sie begriffen die Erziehung als gemeinsame Aufgabe von Vater und Mutter und haben gemeinsam daran gearbeitet, alternative Möglichkeiten zur Lösung des Rollenkonfliktes zu entwickeln. Sie definierten Erziehung nicht als Arbeit *für*, sondern als gemeinsame Auseinandersetzung *mit* den Kindern.

Sie versuchten, Elternarbeit als Kinder- *und* Elternarbeit zu realisieren.

Im Laufe der Weiterentwicklung des Initiativgedankens wurde auch die Erziehungskompetenz der Eltern wieder stärker betont und die der »Erziehungsprofis« relativiert.

In diesem Buch wird auf diese Problematik ausführlich eingegangen. Es soll gezeigt werden, welche Überlegungen und Ziele hinter der heutigen Initiativbewegung stecken und wie es machbar ist, selbst eine Initiative zu gründen. Es soll Mut gemacht werden, die Erziehungsverantwortung für die eigenen Kinder trotz Berufstätigkeit und persönlicher Schwierigkeiten gemeinsam mit anderen Eltern in die Hand zu nehmen. Es soll beschrieben werden, welche Möglichkeiten es gibt, eine Elterninitiative, vielmehr eine »Eltern-Kind-Initiative« zu gründen, und welche formalen Aspekte dabei berücksichtigt werden müssen.

Was ist eine Elterninitiative?

Eine Elterninitiative ist eine Gruppe von Eltern, die zur Verwirklichung und Durchsetzung ihrer Interessen initiativ wird und selbst nach Möglichkeiten zur Lösung ihrer Probleme sucht oder die Verwirklichung ihrer Vorstellungen und Wünsche für sich und ihre Kinder selbst in die Hand nimmt. Diese Definition ist allgemein und wertneutral. Viele unterschiedliche Aktivitäten von Eltern sind dabei denkbar:

Die Spielplatzinitiative
Eine Gruppe von Eltern kümmert sich darum, daß der Spielplatz ihres Wohnviertels besser, phantasievoller ausgebaut und konsequenter vor Hunden geschützt wird.

Es gab Spielplatzinitiativen, die nach einem langen und erfolglosen Behördenkrieg noch zusätzliche Eltern aus der Nachbarschaft mobilisierten und »ihren« Spielplatz in eigener Regie und mit privaten Mitteln renoviert und kindgerecht gestaltet haben.

Die Kinderspielgruppe
Eltern, hauptsächlich Mütter, suchen Kontakt zu anderen Müttern mit gleichaltrigen Kindern, um gemeinsam, nicht unbedingt regelmäßig, einen oder mehrere Vor- oder Nachmittage zu verbringen. Bei dieser Art von Kontaktsuche fallen zwei Interessenschwerpunkte auf: einmal das unmittelbare Kommunikationsbedürfnis der betreffenden Mutter, »weil ihr die Decke auf den Kopf fällt«; zum anderen der Wunsch der Eltern, das Kind nicht als Einzelkind aufwachsen zu lassen, sondern in einer Gruppe gleichaltriger Kinder.

Die politisch orientierte Gruppe
Eltern engagieren sich gemeinsam zum Beispiel in der Friedensbewegung und besuchen mit ihren Kindern verschiedene Veran-

staltungen. Das führt häufig darüber hinaus zu einer mehr oder weniger regelmäßigen, gemeinsamen Freizeitgestaltung. Die Kinder spielen zusammen, die Erwachsenen diskutieren über Politik, Einschätzungen, Erwartungen und über ihre eigenen Erfahrungen mit den Kindern bis hinein in den persönlichen Bereich.

Die ökologisch orientierte Gruppe

Eltern organisieren sich gemeinsam in ökologischen Gruppen und setzen sich für eine sinnvolle Bebauung der Städte und die Erhaltung der Natur ein. In dieser Gruppe können sich die gleichen denkbaren »Nebenerscheinungen« entwickeln wie bei der eben beschriebenen politisch orientierten Gruppe. Auch thematisch wird sich bei beiden Elterngruppen eine gewisse Übereinstimmung feststellen lassen.

Sozial, politisch oder ökologisch orientierte Elterninitiativen entstehen, wenn sich einzelne Eltern über ihre eigenen Probleme und die Bedürfnisse ihrer Kinder klargeworden sind und wissen, daß sie diese alleine nicht lösen können.

Die Eltern-Kind-Initiative

Eine andere Bedeutung kommt den Elterninitiativen zu, die eine kontinuierliche Halb- oder Ganztagsbetreuung für ihre Kinder organisieren. Diese Gruppen versuchen – im Gegensatz zu den bisher beschriebenen Initiativen, die sich mehr an Projekten orientieren, die durch äußere Umstände (politische, gesellschaftliche etc.) aktuell wurden –, eine Kindererziehung zu verwirklichen, die stärker als in herkömmlichen Regeleinrichtungen die Bedürfnisse der Kinder und die Interessen der Eltern berücksichtigt.

Solche Elterninitiativen können in zwei Kategorien eingeteilt werden:

Die Gruppen, die ohne professionelle Betreuung arbeiten, das heißt Eltern übernehmen die Erziehung, Versorgung und Betreuung der Kindergruppe selbst ohne Mitarbeit von Erzieherinnen, Sozialpädagogen oder anderem ausgebildetem Personal.

Die andere Gruppe beschäftigt qualifizierte, ausgebildete Fachkräfte und ist nur noch teilweise mit der täglichen pädagogischen Kinderarbeit konfrontiert. Der organisatorisch-technische

Aufwand einer solchen Elterninitiative wird aber von allen Eltern gemeinsam getragen.

Kontakte zu Gleichgesinnten werden hergestellt über persönliche Kontakte im Wohnhaus oder in der Nachbarschaft, durch Annoncen im Stadtteilanzeiger oder anderen örtlichen Presseorganen (Medien), mittels Aushang im Kaufladen oder Supermarkt, über Kontakte zu bereits bestehenden Eltern-Kind-Gruppen oder über die Kontaktstellen für Eltern-Kind-Gruppen (siehe Anhang). Kontaktstellen sind Mitglieder des Bundesverbandes Neue Erziehung (BNE) im Rahmen des Projektes »Eltern helfen Eltern«, ein Projekt, das im Auftrag der Bundeszentrale für gesundheitliche Aufklärung (BZgA) entstand.

Welche Möglichkeiten für Kinder und Eltern gibt es, wenn die Unregelmäßigkeit der Kindertreffen und Elternzusammenkünfte nicht mehr ausreicht, weil die Mutter ihre Berufstätigkeit oder das abgebrochene Studium wieder aufnehmen will?

Wenn aufgrund der positiven Erfahrungen mit der Eltern-Kind-Gruppe – sowohl im sozialen Kontakt der Kinder untereinander als auch in der Möglichkeit der Eltern (Mütter), miteinander »persönliche Geschichten« aufarbeiten zu können – der Wunsch besteht, diese Kontakte trotz der Berufstätigkeit fortzusetzen, erhält die Elterninitiative einen anderen Charakter. Entscheidend ist nicht mehr einzig, den Kindern eine befriedigende Spielmöglichkeit zu organisieren, wesentlich ist auch die Versorgung und Betreuung der Kinder in der Zeit, in der die Eltern berufstätig sind.

Ein Blick auf die Geschichte der Elterninitiativen

Elterninitiativen haben ihren Ursprung in der politischen Auseinandersetzung der sogenannten »sechziger Jahre«. Sie gehen also in eine Zeit zurück, in der eine Studentenbewegung entstand, die sich außer mit sozioökonomischen und politischen Fragen auch mit den Identifikationsmöglichkeiten des Individuums in den bestehenden gesellschaftlichen Verhältnissen befaßte. Zugleich entstand die »Kinderladenbewegung«, die unter dem Stichwort »antiautoritäre Erziehung« Furore machte.

Die Kinderladenbewegung mit ihren antiautoritären Inhalten wurde oft aus Konservatismus mißverstanden oder aus einseitig politischen Motiven bewußt falsch interpretiert und als antidemokratisch diffamiert. Dennoch sind viele Gedanken dieser Bewegung in die Praxis der heutigen Regeleinrichtungen, die Lehrpläne der Fachhochschulen und Sozialakademien eingegangen. Niemand kann heute abstreiten, daß die Auseinandersetzung mit traditionellen Erziehungsvorstellungen vor dem Hintergrund einer gesellschaftspolitischen Realität viele positive Auswirkungen hatte.

Die politischen Inhalte der antiautoritären Kindererziehung veränderten sich nach und nach, die Auseinandersetzung mit der Gesellschaft verlagerte sich auf eine andere Ebene. Der »Klassenkampf« wurde umdefiniert in die Politik der kleinen Schritte, die »Revolutionäre« zogen sich mehr und mehr zurück, die betroffenen Eltern suchten individuelle Geborgenheit und konzentrierten sich auf die Auseinandersetzungen mit sozialpsychologischen Aspekten der Kindererziehung. Diese Entwicklung prägte die heutige Form der Elterninitiativen ganz entscheidend, ganz besonders die Definition der Erziehungsinhalte.

Die heute existierenden Elterninitiativen können sich kaum noch mit den Inhalten der Kinderladenbewegung identifizieren (es sind immer nur einige Eltern und Bezugspersonen in solchen

Elterngruppen). Dennoch blieb die Tradition der Kinderladen-bewegung in Form einer nicht abgetragenen Hypothek bestehen. Dies wird vor allen Dingen bei den Auseinandersetzungen mit Konzepten, Erziehungsvorstellungen und ganz besonders bei der Gestaltung und Durchführung der konkreten täglichen Arbeit mit den Kindern deutlich.

Die Berechtigung von Elterninitiativen

Die Frage nach der Berechtigung einer Elterninitiative taucht immer wieder auf: einmal weil Elterninitiative keine Vorreiterfunktion wie die Kinderladenbewegung für sich in Anspruch nimmt, aber auch weil die Bedarfspläne in einigen Bundesländern eine Unterbelegung der öffentlichen Kindertagesstätten und in anderen eine Überversorgung vieler Regionen mit Kindergartenplätzen vorweisen. »Warum machen die Eltern das? Die Wohlfahrtsverbände, die Kirchen und die Kommune, die kümmern sich doch um die Einrichtung von Kindergärten!« Das scheint die verbreitete Meinung zu sein. Die zuständigen Verbände und Behörden kümmern sich tatsächlich darum, streng nach dem Subsidiaritätsprinzip. Aber um einen entscheidenden Punkt kümmern sie sich nicht: um das individuelle Erziehungsrecht der Eltern. Und das ist der springende Punkt, der viele Eltern bewegt, sich entweder einer schon bestehenden Elterninitiative anzuschließen oder selbst eine zu gründen.

In den Regeleinrichtungen (so werden die verbandlichen, kirchlichen oder kommunalen Einrichtungen im allgemeinen bezeichnet) werden das Konzept, die pädagogische Arbeit, die Erziehungsinhalte und -ziele von den dafür zuständigen Stellen definiert (das sind Fachbereiche, Aufsichtsbehörden etc.). Den Eltern wird zwar eine Erziehungspflicht bescheinigt, wenn sie jedoch auf eine Erziehung ihrer Kinder außerhalb der Familie angewiesen sind (weil sie berufstätig sind) oder eine solche Erziehung wünschen (weil das Kind Einzelkind ist und die Chance haben soll, mit gleichaltrigen Kindern zu spielen), geht man häufig davon aus, daß mit dem Eintritt in eine öffentliche Einrichtung die Erziehungspflicht delegiert wird. Die Erziehung nimmt von nun an die Einrichtung wahr, die Eltern werden »entlastet«. Mitspracherecht der Eltern ist offiziell zwar erwünscht, aber oft so formalisiert (Elternbeirat, Elternsprecher usw.), daß viele Eltern sich nicht mehr in der Lage sehen, dieses Mitspracherecht auch in Anspruch zu nehmen.

Und deshalb haben Elterninitiativen ihre berechtigte und sinnvolle Existenz. Aus welchen Gründen auch immer Eltern ihr Kind oder ihre Kinder in eine Eltern-Kind-Gruppe geben (auf mögliche Gründe und Überlegungen wird später noch ausführlicher eingegangen), das Elternmitspracherecht ist bei Elterninitiativen oberster Grundsatz. Das gilt sowohl für die Erarbeitung oder Überarbeitung und Weiterentwicklung der pädagogischen Konzepte, der Definition von Erziehungszielen und -inhalten als auch für die Umsetzung der mehr theoretischen Diskussionen in eine dem Tagesablauf einer Initiative entsprechende Praxis. Die Verwirklichung des Elternmitspracherechts geschieht praktisch in der kontinuierlichen Auseinandersetzung innerhalb der Elterngruppe (auf regelmäßigen Elternabenden) und den Gesprächen zwischen Eltern und Bezugspersonen. Die Bezugspersonen sind bei den Elternabenden anwesend, und die Eltern haben jederzeit die Möglichkeit, Informationen über das Verhalten ihrer Kinder oder über besondere Vorkommnisse in der Kindergruppe zu erhalten, zum Beispiel, wenn sie ihre Kinder bringen oder abholen. Sie haben obendrein die Gelegenheit, Erfahrungen auszutauschen, zu reden.

Zu diesem Thema sagte eine Mutter, die heute in einer Hamburger Elterninitiative ist, in einem Gespräch (die Mutter ist alleinerziehend, geschieden und arbeitet ganztags, ihr Sohn ist zum Zeitpunkt des Gespräches 5 Jahre alt):

»... zuvor war ich in einem Kindergarten (von einem Wohlfahrtsverband), und da mußte mein Sohn jeden Tag nach dem Mittagessen schlafen oder ausruhen, wie die Erzieherin sagt. Mein Sohn war damals vier Jahre alt, er schläft mittags schon seit seinem dritten Lebensjahr nicht mehr. Es war für ihn eine Qual, jedesmal. Und als er dann immer öfter sagte, daß er nicht mehr dahin gehen will, hab' ich mit der Erzieherin gesprochen. Die sagte, da kann sie nichts machen, sie muß das so machen, ich soll doch zum Herrn Soundso gehen – vom Verband. Zuerst hab' ich mich nicht getraut. Erst als ich eine Mutter kennenlernte, die das gleiche Problem mit ihrem Sohn hatte, sind wir zusammen hingegangen. Der Herr war sehr freundlich und hat uns auch lange zugehört. Dann hat er gemeint, ob wir schon mit dem Eltern-sprecher vom Kindergarten geredet hätten, weil der doch zuständig für Beschwerden dieser Art sei. Wir haben ihm dann gesagt, daß wir uns doch gar nicht beschweren wollen, wir haben doch nur gesagt, daß wir es nicht richtig finden, daß unsere Kinder jeden Tag eine ganze Stunde ruhig sein müssen oder schlafen, obwohl sie gar nicht wollen, und daß nach so einer Stunde die Kinder nicht in bester Laune sind, um miteinander zu spielen . . . Mein Sohn hat übrigens oft erzählt, daß es nachmittags ganz schlimme Streitereien gibt, und ich dachte, daß das sicher miteinander zusammenhängt. Jedenfalls ginge es mir so . . . Da hat dann der freundliche Herr vom Verband uns ganz genau erklärt, warum das mit dem Schlafen so ist. Ich weiß zwar nicht mehr, was er alles gesagt hat, aber es war alles so logisch – er hat von Erkenntnissen gesprochen und von Erfahrungen, die nachgewiesen werden können –, und mit Aggressionen hätte das überhaupt nichts zu tun . . .

Ich hab' dann nicht mehr gewußt, was ich sagen sollte . . . Ach ja, das mit dem Streiten, hat er gemeint, käme davon, daß ich arbeite und zuwenig Zeit für mein Kind hätte, und davon, daß er überhaupt in den Kindergarten gehen muß. Er hat mir zu meinem Problem noch ein schlechtes Gewissen gemacht, weil ich nicht den ganzen Tag zu Hause bleibe bei meinem Sohn. Nach einer halben Stunde waren wir wieder draußen. Das ist es also, habe ich gedacht, der anderen Mutter ging's genauso. Aber was ist es? Die andere Mutter und ich haben nach einem weiteren Vierteljahr unsere Kinder rausgenommen und in eine Elterninitiative getan. Da ging's uns Eltern und auch den Kindern besser . . . Es lag auch einfach daran, daß ich mit den Eltern unheimlich viel reden konnte, darüber, wie es mir geht, was ich denke – und überhaupt. Im anderen Kindergarten kannte ich die anderen Eltern gar nicht . . . Und das mit der Rabenmutter, die ihr Kind abschiebt, ging mir schon ganz schön an die Nieren . . .«

Dieser Gesprächsauszug macht deutlich, wo der erwähnte Unterschied in der Einschätzung und Wertung des Elternmitspracherechts in Regeleinrichtungen und Elterninitiativen liegt. Es muß aber dazu gesagt werden, daß es nicht immer am Personal von Regeleinrichtungen liegt, wenn die Mitsprache von Eltern nicht funktioniert. Erzieher(innen), Sozialpädagog(inn)en, Praktikant(inn)en, die mit viel Phantasie und emotionalem Engagement an die Arbeit mit den Kindern herangehen und auch die Interessen der betroffenen Eltern nicht vernachlässigen wollen, werden sehr oft gebremst und blockiert durch die vielen Auflagen, Forderungen der Träger und die diversen Bestimmungen, die eine eltern- und kindgerechte Arbeit fast nicht mehr möglich machen. Durch die Auseinandersetzung mit zwei Seiten (einerseits mit den Eltern, andererseits mit den Behörden und Trägern) gehen oft der Mut und die Bereitschaft zum Risiko und zur phantasievollen Arbeit mit den Kindern verloren. Übrig bleibt dann ein Arbeitnehmerverhältnis, das auf dem Rücken von Eltern und Kindern ausgetragen wird, zwar den gewerkschaftlichen Reglements entspricht, aber nicht mehr den Interessen der Betroffenen.

Ein anderer wichtiger Punkt, in dem sich die Regeleinrichtungen von den Elterninitiativen unterscheiden und deren Existenzberechtigung unter Beweis stellen, ist die *Größe* der einzelnen Kindergruppen.

Während in fast allen Bundesländern aufgrund der Sparmaßnahmen, die besonders im sozialen Bereich greifen, die Kindergruppen im Verhältnis zur personellen Besetzung größer werden, bemühen sich die Elterninitiativen um Gruppengrößen, die für die Kinder selbst überschaubar sind. Das heißt, eine Gruppe darf nicht größer sein als die Fähigkeit des einzelnen Kindes, sich in dieser Gruppe – mit den ihm zur Verfügung stehenden Möglichkeiten – einzubringen und sich als Persönlichkeit zu behaupten. Das klingt theoretisch, läßt sich aber anschaulich auf Gruppensituationen von Erwachsenen übertragen (Seminare, Volkshochschulkurse u. ä.).

Wenn Erwachsene sich vor Augen halten, in welchen Gruppen (zahlenmäßig) sie sich »wohl« fühlen, in welchen sie sich einigermaßen sicher, akzeptiert fühlen und in welchen sie effektiv auch arbeiten können, so kommt – und das bestätigen wissenschaftliche Untersuchungen – eine Zahl zwischen acht und zwölf Personen heraus (bei Erwachsenen!). Für Kinder gibt es ähnliche Untersuchungen, die dabei das Alter der Kinder, ihr Sprachverhalten, ihre Motorik und ihre Möglichkeiten des Sozialverhaltens berücksichtigen. Nach diesen Untersuchungen sollten die Gruppengrößen wie folgt aussehen (siehe auch das Kapitel »Die Gruppengröße« und im Anhang das Kapitel »Übersicht der rechtlichen Situation und der öffentlichen Förderung . . .«):

Kinder im Alter bis 3:   maximal 6 Kinder
Kinder im Alter von 3 bis 6: maximal 8 bis 10 Kinder
Kinder im Alter von 6 bis 10: maximal 12 bis 16 Kinder

Bei der Einschätzung der Kindergruppengröße muß zusätzlich noch die Zahl der anwesenden Betreuer (Bezugspersonen) beachtet werden. In welchem Verhältnis steht die Zahl der Kinder zu den Bezugspersonen?

Dazu einige Zahlen aus Bundesländern, wie sie in Regeleinrichtungen üblich sind und nach denen auch Eltern-Kind-Initiativen gefördert werden (Stand 1982):

Bayern:	23 Kinder bei einer ausgebildeten Bezugsperson plus einer Praktikantin bzw. Kinderpflegerin
Niedersachsen:	25 Kinder bei einer ausgebildeten Bezugsperson plus Hilfskraft
Schleswig-Holstein:	15 bis 20 Kinder bei einer ausgebildeten Bezugsperson plus Hilfskraft
Nordrhein-Westfalen:	8 bis 30 Kinder

Um nochmals darauf hinzuweisen: Es handelt sich bei diesen Gruppengrößen um Kinder im Alter von drei bis sechs Jahren. Bei Krippenkindern (bis zu drei Jahren) sieht die Gruppengröße nicht viel günstiger aus, es liegen jedoch keine offiziellen Angaben vor. Von Bayern ist bekannt, daß sich die Krippengruppen in Größenordnungen von zehn bis fünfzehn Kindern bewegen, die von einer Kinderkrankenschwester und ein bis zwei Helferinnen betreut werden. Erst seit einem Jahr geht man dazu über, auch eine ausgebildete Sozialpädagogin zusammen mit der obligatorischen Kinderkrankenschwester in der Krippe arbeiten zu lassen. Eingespielt hat sich diese Regelung aber noch lange nicht.

Natürlich können sich Elterninitiativen (oder besser Eltern-Kind-Initiativen) nicht immer an den Ergebnissen der wissenschaftlichen Untersuchungen orientieren. In vielen Fällen ist das auch eine Finanzierungsfrage. Dennoch gibt es keine einzige Eltern-Kind-Initiative mit so ausgeprägt großen Gruppen wie in Regeleinrichtungen. Trotz aller finanzieller Schwierigkeiten ist die personelle Besetzung so organisiert, daß altersgemäße Kleingruppen von ausreichend vielen Bezugspersonen betreut werden können. Ein Beispiel aus dem Kinderhaus München:

Die Kindergartengruppe (vier bis sechs Jahre) hat zur Zeit eine Gruppengröße von 21 Kindern, die von vier Bezugspersonen betreut werden. Das entspricht einem Verhältnis von etwa fünf Kindern zu einer Bezugsperson.

Die Elternarbeit und Elternmitarbeit ist wohl der bedeutendste Unterschied zwischen den Eltern-Kind-Initiativen und den Regeleinrichtungen. Ich mache einen Unterschied zwischen Elternarbeit und Elternmitarbeit, weil beides für die Arbeit in einer Eltern-Kind-Initiative von entscheidender Bedeutung ist, aber nicht immer gleichwertig von Eltern einzubringen ist. Der berufliche und persönliche Hintergrund zwingt Eltern oft, die Elternmitarbeit einzuschränken und den persönlichen Schwerpunkt auf die Elternarbeit zu verlegen oder umgekehrt. Um das zu verdeutlichen, will ich den Unterschied zwischen den beiden Gesichtspunkten näher beschreiben.

Elternarbeit

Eltern-Kind-Initiativen gehen davon aus, daß eine gute Beziehung zwischen Eltern und Kindern die Grundlage für eine kindgerechte, emotional ausgewogene Entwicklung darstellt. Das zu gewährleisten ist jedoch in vielen Fällen nicht immer möglich. Die Berufssituation (verschärft durch die allgemeine Arbeitsmarktlage), die Wohnsituation (speziell in Großstädten, in Hochhäusern, in Anonymität und Hektik), die immer noch vorhandene Diffamierung alleinerziehender Mütter, eine kinderfeindliche Umwelt (phantasielose Spielplätze, Straßenverkehr u. v. a. m.) sind Gegebenheiten, die eine gute Beziehung zwischen Eltern und Kindern erschweren. Zudem wird den Eltern durch immer neues Publizieren von wissenschaftlichen Erkenntnissen ein Erziehungsdefizit bescheinigt, das sie an der Kompetenz für die Erziehung ihrer Kinder zweifeln läßt. Oft gehen Eltern davon aus, daß ihre Kinder von professionellen Erziehern, Sozialpädagogen oder anderen besser erzogen werden. Nach dem Motto: »Die haben's ja gelernt.« Die Eltern bleiben trotzdem in ihrer »Beziehungsfähigkeit«, in ihrer Lebenssituation eingeschränkt, nämlich dann, wenn ihre Kinder am Abend, am Wochenende und in den Ferien zu Hause sind. Für die Kinder heißt das, daß sie Dinge und Verhaltensweisen lernen sollen, die ihre Eltern ihnen nicht vermitteln können. Sie stehen zwischen zwei Fronten, was die Eltern-Kind-Beziehung meist belastet. In Fragen des Sozialverhaltens wird dies besonders dann kritisch, wenn Eltern denken: »Was ich nicht kann, soll wenigstens mein Kind lernen, dem soll's mal besser als mir gehen.« Wenn sie ihre Kinder überfordern und oft dadurch das Gegenteil erreichen. In Eltern-Kind-Initiativen besteht durch die Zusammenarbeit der Eltern und der Bezugspersonen die Möglichkeit zu einem kontinuierlichen Erfahrungsaustausch, zum Gespräch über Wünsche, Hoffnungen und Bedürfnisse. Die Arbeit der Eltern untereinander und mit den Bezugspersonen ist so wichtig, um die tagsüber gemachten Erfahrungen mit den Kindern und deren Verhaltensweisen mitzuteilen. Das ist Elternarbeit, auch wenn es nicht immer in Arbeit ausarten muß. Solche Gespräche können beim Kaffee, beim Bier, bei Spaziergängen oder auch bei anderen Gelegenheiten geführt werden. In Eltern-Kind-Initiativen bestehen genügend Gelegenheiten, weil sich die Eltern untereinander kennen und regelmäßig treffen.

Die Gespräche oder diese Art der »Elternarbeit« kann das Bewußtsein der eigenen Erziehungskompetenz erheblich stärken und die Beziehung zwischen Eltern und Kindern verbessern. Erziehung ist nur da möglich, wo Beziehung ist. Dieser Satz gilt auch für die Bezugspersonen.

Elternmitarbeit

Die Elternmitarbeit beinhaltet zum einen die gleichen Punkte, die schon unter Elternarbeit aufgeführt sind. Dazu kommt jedoch noch ein anderer Aspekt. In Eltern-Kind-Initiativen muß viel technisch-organisatorische Arbeit von der Initiative selbst geleistet werden. Das heißt, es ist keine Behörde oder sonst jemand zuständig, wenn mal etwas kaputtgeht, wenn das Spielzeug knapp wird, wenn die Räume wieder mal gestrichen werden müssen und ... und ... Die Finanzen müssen organisiert werden, der Kontakt zu den Behörden ist wichtig, die Kinder brauchen mittags etwas zu essen. Die Eltern und Bezugspersonen sind für alles zuständig, sie verwalten sich selbst, und das ist ein entscheidender Unterschied zu den Regeleinrichtungen. Nicht alle Eltern können diese Aufgabe in vollem Umfange mittragen. Die Berufstätigkeit schränkt viele in der Elternmitarbeit ein.

Auch persönliche Gründe beeinträchtigen die Elternmitarbeit, zum Beispiel, wenn eine Mutter kurz vor oder nach der Trennung/Scheidung viel Zeit braucht, um wieder zu sich selbst zu finden, oder wenn ein Elternteil arbeitslos ist, keine Arbeit findet und es ihm dabei nicht besonders gutgeht. Auch ist nicht jedes sofort in der Lage, das Angebot, die Möglichkeiten, die unter Elternarbeit beschrieben sind, wahrzunehmen. Mancher braucht vorerst einmal Ruhe, und das sollte akzeptiert werden.

Eine andere Form der Elternmitarbeit ist die Beteiligung an den inhaltlichen Auseinandersetzungen über pädagogische Arbeit mit Kindern, Auseinandersetzungen, die in der Regel auf Elternabenden stattfinden. Auf diesen Elternabenden werden die Erfahrungen der Bezugspersonen mit den Kindern und die der Eltern mit ihren Kindern zu Hause ausgetauscht. Ziel solcher Elternabende ist die Umsetzung der verschiedenen Beobachtungen in eine den Kindern gerecht werdende Praxis, die Weiterentwicklung eines eventuell schon formulierten pädagogischen Konzeptes.

Auch diese Form der Elternmitarbeit ist in keiner Regeleinrichtung zu finden.

Eine Grundsatzfrage:
Anschluß an eine bestehende Elterninitiative oder Neugründung einer Elterninitiative?

Die Entscheidung, welcher Art Elterninitiative sich Eltern anschließen, hängt von den persönlichen Bedürfnissen, den Notwendigkeiten und Möglichkeiten der einzelnen ab. Auch die jeweilige berufliche Situation spielt eine wichtige Rolle. Eine ganztags berufstätige Mutter wird sich sicher mit der für sie geeigneten Form einer Elterninitiative beschäftigen und nicht mit einer Halbtagsinitiative oder einer unregelmäßigen Spielgruppe.

Außerdem kommt es auf das regionale Angebot an bereits bestehenden Elterninitiativen an. Sind in erreichbarer Nähe bereits Elterninitiativen vorhanden, die den eigenen Vorstellungen am nächsten kommen, ist ein Anschluß an eine solche zumindest in Betracht zu ziehen. Das ist in Großstädten eher wahrscheinlich als in Kleinstädten, in Stadtrandgebieten oder in Gegenden mit ländlicher Struktur. Die inhaltliche Auseinandersetzung mit der bereits bestehenden Initiative wird dann Aufschluß darüber geben müssen, ob nicht nur die Form der Initiative, sondern auch deren Praxis und inhaltliche Konzeption den eigenen Vorstellungen entspricht.

In anderen Fällen, in denen die örtlichen Gegebenheiten und das regionale Angebot keine Auswahl zulassen, gilt es, die Neugründung einer Elterninitiative in Angriff zu nehmen (siehe hierzu das Kapitel »Was ist eine Elterninitiative?«). Die Gründe für einen Anschluß an eine bestehende Eltern-Kind-Initiative sind so individuell wie die verschiedenen Lebensumstände der einzelnen Eltern.

Ich habe vier Beispiele ausgewählt, in denen Eltern beschreiben, wie sie zu Eltern-Kind-Initiativen gekommen sind. In allen vier Fällen wird ein anderer sozialer Hintergrund geschildert. Jedesmal sind die Begründungen für die kontinuierliche Unterbringung der Kinder außerhalb der Familie anders. Und doch haben sie alle einen gemeinsamen Aussageschwerpunkt. Alle vier Elternpaare kamen erst zur Eltern-Kind-Initiative, nachdem sie mit Regeleinrichtungen Kontakt aufgenommen hatten und dort die Atmosphäre und Arbeit mit den Kindern nicht dem entsprachen, was sie sich für ihr Kind vorgestellt hatten.

In drei Fällen lag der Anschluß an eine bestehende Eltern-Kind-Initiative schon deswegen nahe, weil die Berufssituation und die persönlichen Bedingungen keine Zeit für das Engagement zur Gründung einer neuen Gruppe zuließen. Im vierten Beispiel spielen mehr persönliche Möglichkeiten die entscheidende Rolle.

Erstes Beispiel: eine alleinerziehende Mutter (27 Jahre) mit einem Jungen (1½ Jahre).

»... Vor einem Jahr haben wir uns getrennt. Unser Bub war gerade ein halbes Jahr alt ... ich glaub' schon, daß das Kind unsere Beziehung so schwierig machte – bis –, na ja, jetzt ist er gegangen ... Weil wir uns nicht richtig haben scheiden lassen, Gericht und so, hab' ich also auch keinen Anspruch auf Geld von ihm. Was soll's auch, der hat ja selber nix ... Also, hab' ich gesagt, ich geh' arbeiten. Meinen gelernten Beruf (Kontoristin in einem Verlag) hab' ich aufgegeben, als ich im siebenten Monat schwanger war. Dahin konnte ich nicht mehr zurück, und außerdem hatte ich inzwischen ja den Jungen. Zuerst mußte ich also etwas suchen, wo ich meinen Jungen unterbringen konnte. Meine Mutter – der Vater ist schon tot – wohnt im Spessart, kann den Jungen also auch nicht übernehmen – tagsüber. Die Krippen, die ich mir in München angeschaut hab', waren furchtbar ... Ich hab' mir damals gesagt, also dahin gibst du den Jungen nie ... außerdem haben die Wartezeiten bis zu einem Jahr und irre Preise ... Inzwischen hab' ich von der Sozialhilfe gelebt, und die Leute dort haben mich ganz schlimm behandelt. Und immer wieder die gleiche Frage: ›Wo ist denn Ihr Mann, sind Sie ganz alleine?‹ ... Die haben drauf gedrängt, daß ich meinen Jungen in einer Krippe unterbringen muß, sonst würden sie mir kein Geld mehr geben, weil ich ja so nicht arbeiten kann und so weiter ... Auf dem Jugendamt haben sie mir dann irgendwann die Adresse von einer Elterninitiative gegeben, die auch Kinder unter drei Jahren aufnimmt. Da bin ich dann mal hingegangen und hab' mit einer von den Bezugspersonen – so heißen die da –

gesprochen. Was die so erzählt hat, hat mir gut gefallen ... Die kleinen Kinder aus der Babygruppe haben auch so ausgeschaut, als ob's ihnen hier sehr gutginge ... Dann mußte ich noch zu einem Elternabend gehen, wo ich die anderen Eltern kennenlernte ... Die Eltern, mit denen ich sonst noch gesprochen hab', die haben das verstanden, was bei mir los war ... ne, nicht Mitleid, das war echt ... und sie haben mich und meinen Jungen dann auch genommen ... So nach drei Wochen, wo ich immer mit meinem Jungen in die Babygruppe ging – so zum Eingewöhnen –, hab' ich dann Zeit gehabt, mich um einen Job zu kümmern ... Ja, ich hab' jetzt einen ... na ja, so toll ist er nicht, aber ich bin eigentlich ganz zufrieden so ... ich spüre auch, daß es meinem Jungen gutgeht, wenn er abends nach Hause kommt ...«

Sicher ist diese persönliche Schilderung einer alleinerziehenden Mutter auf viele Mütter und auch Väter in ähnlichen Situationen übertragbar, wenn man einzelne Variationen zuläßt. Das Ausschlaggebende für die Mutter war, daß sie mit der Unterbringung in einer Regelkrippe nicht zufrieden war und sie nicht nachgab, als ihr das Sozialamt gedroht hat. In diesem Fall war der Anschluß an die Eltern-Kind-Initiative sicher die beste Lösung. Eine andere Alternative zu den als »furchtbar« empfundenen Krippen gab es eigentlich nicht.

Zweites Beispiel: Vater (31) und Mutter (30), verheiratet, mit einer Tochter (5). Beide müssen arbeiten, weil ein Einkommen nicht ausreicht, die dreiköpfige Familie zu ernähren.

Mutter: »... als wir uns vor zirka sechs Jahren kennenlernten ... hatte mein Mann eine feste Anstellung bei einer großen Druckerei in Darmstadt ... er war da Abteilungsleiter. Ich hab' noch studiert – Mathe und Chemie ... Na ja, Sie können ja nachrechnen, ich bin dann bald schwanger geworden. Wir haben uns riesig gefreut, und als ich im fünften Monat schwanger war, hab' ich das Studium abgebrochen. Gerd hat ja auch ganz gut verdient, und soviel – finanziell gesehen – hat das Bafög auch nicht gebracht. Dann haben wir geheiratet ... Dann wurde mein Mann gefeuert ...«

Vater: »Die haben mich einfach nicht mehr gebraucht, die haben massenweise Maschinen angeschafft, alles rationalisiert, mei-

ne Abteilung schlicht aufgelöst und danke gesagt – das war's . . .
Von meinem Arbeitslosengeld konnten wir so recht und schlecht
leben . . . Wir haben uns das alles ja auch ganz anders vorgestellt
– gerade im Hinblick auf unser Kind . . . Ich hab' mich auch zur
Umschulung gemeldet . . . irgendwas, was mit Sozialarbeit oder
so zu tun hat, aber das war damals nicht im ›förderungswürdigen
Umschulungsprogramm‹. Meine Frau hat, obwohl sie schon
hochschwanger war, hin und wieder gejobbt . . . Haushaltshilfe,
Kinderbetreuung, ein bißchen getippt und so . . . und so ein bißchen dazuverdient . . .«

Mutter: »Wir sind dann später nach München gegangen, weil
wir dachten, da ging' noch was . . . Unsere Tochter war inzwischen ein halbes Jahr alt . . . aber in München ging auch nichts,
in puncto Umschulung. Als das Arbeitslosengeld weg war, hat
mein Mann, Gott sei Dank, einen Job in einem Verkaufsbüro
gekriegt, für netto 1500 DM. Die Miete betrug 800 DM, also
mußte ich auch noch was dazuverdienen . . . Aber da war vorher
noch das Problem mit der Tochter, die kann ich ja nicht einfach
alleine zu Hause lassen. Wir haben uns beide unheimlich auf das
Kind gefreut und fanden es ganz schön beschissen, wie das alles
so gekommen ist, daß wir das Kind jetzt tagsüber weggeben
mußten . . . Ich hab' mich in mehreren Kinderkrippen umgeschaut. Nirgends war Platz, und die Betreuerinnen waren auch
nicht sehr freundlich zu mir . . . Eine hat mich nicht mal in die
Räume reingelassen, damit ich mir das näher angucken kann. Sie
hat mir zwar erzählt, daß es den Kindern hier gutgeht, aber
sehen durfte ich das nicht . . . Durch Zufall hab' ich dann, von
einer Arbeitskollegin meines Mannes, von der Elterninitiative
erfahren . . . Wir sind beide hingegangen und haben uns das angeschaut. So steril wie in der Krippe war es nicht, und lebhaft
und bunt war es, es hat uns gleich ganz gut gefallen . . . Die
Babys sind da rumgekrabbelt . . . es waren auch größere Kinder
da, die mit den Kleinen gespielt haben . . . Wenn wir aufgenommen werden wollen, haben die gesagt, müssen wir dreimal auf
einen Elternabend gehen, wenn's geht, beide. Das fand ich auch
ganz toll, daß die den Vater mit dabeihaben wollen . . . Das
haben wir gemacht. Manchmal war das schon ganz schön anstrengend, weil die Eltern über Sachen diskutiert haben, die wir

noch gar nicht kannten . . . aber interessant war's. Wir sind dann nach sechs Wochen aufgenommen worden. Und erstaunlicherweise hat es überhaupt nicht lange gedauert, bis sich unsere Tochter in der Kindergruppe so wohl gefühlt hat, daß ich sie alleine dortlassen konnt . . . na, so ungefähr einen Monat – oder so . . . Jetzt hab' ich einen Job als Sekretärin in einer Verleihfirma für Schreibkräfte . . . Wir sind beide recht zufrieden so . . .«

Ähnliche Lebensläufe sind heute nicht selten und betreffen Eltern mit den unterschiedlichsten Ausbildungen und Qualifikationen. Wichtig und beachtenswert bei den Aussagen in diesem Interview ist die Eindeutigkeit, mit der die Eltern sich für die Eltern-Kind-Initiative entschieden haben. Es wird auch in diesem Falle deutlich, daß die Neugründung einer Eltern-Kind-Initiative oft nicht in Frage kommt. Nach den Erfahrungen mit den Regelkrippen war auch in diesem Fall der Anschluß an eine bestehende Eltern-Kind-Initiative das sinnvollste für Eltern und Kind.

Drittes Beispiel: Mutter (34) und Vater (32), verheiratet, mit einer Tochter im Alter von vier Jahren.

». . . Ich bin Studienrätin . . . Ja, Beamtin auf Lebenszeit. Mein Mann ist Angestellter bei einer Bank in der Stadt . . . Nein, keine leitende Funktion . . . Ich war schon verbeamtet, als ich vor vier Jahren das Kind geboren hab'. Damals hab' ich mich für ein Jahr beurlauben lassen. Nach diesem Jahr mußte ich wieder anfangen, wenn ich meinen Beruf nicht ganz aufgeben wollte. Du kennst ja die Situation von den Lehrern . . . Aber auch schon während des Jahres zu Hause hab' ich mich nach meinem Beruf gesehnt . . . das Jahr war für mich sehr lang . . . Du darfst das aber nicht falsch verstehen. Gabi ist ein Wunschkind von uns beiden, aber immer alleine mit dem Kind zu Hause zu sein war schwer für mich. Ich glaube, auch für Gabi . . . Natürlich hatte ich Kontakte. Auf dem Spielplatz, kurze ›Ratschs‹ beim Einkaufen, auch ein paar nette Familien in der Nachbarschaft, aber die haben keine Kinder. So *richtige* Kontakte, so wie ich sie in der Schule hatte, hab' ich eigentlich nicht gehabt in der Zeit . . . Du darfst auch nicht vergessen, daß wir hier in einer Siedlung am Stadtrand leben, jeder für sich in seinem schmucken Reihenhäuschen . . . nein, kein Eigentum, das haben wir sehr günstig gemietet. Damals hab' ich noch studiert – und jetzt hab' ich es nicht weit zur Schule von hier aus ... Ja, ich hab' also wieder angefangen in der Schule – nicht nur wegen der Pension, nein, es macht mir richtig Spaß, ich mach's gern ... Die nächsten zwei Jahre hat meine Mutter die Gabi tagsüber gehabt. Abends hat sie mein Mann nach der Arbeit mit nach Hause gebracht. Wenn ich mal nicht viel zu tun hatte, was aber nicht sehr oft vorkommt, hab' ich sie schon mal nachmittags zu mir nach Hause geholt ... Als Gabi drei Jahre alt war, haben wir uns gedacht, jetzt kann sie in einen Kindergarten gehen. Da sind dann gleichaltrige Kinder, mit denen sie spielen kann, dann ist sie nicht immer nur mit Erwachsenen zusammen ... Uns war schon immer klar, daß wir sie nie hier in den Kindergarten geben. Das mußt du mal gesehen haben, wenn der hiesige Kindergarten einen Ausflug macht: dreißig Kinder Hand in Hand in Zweierreihen. Vornweg eine Klosterschwester und hintendrein eine Klosterschwester. Und wie mir eine Mutter erzählte, die ihr Kind da drin hat, müssen die noch die Hände auf den Tisch legen und dürfen erst mit dem Essen anfangen, wenn die Schwester das Kommando gibt – also, das war klar, das ging nicht. Wir haben uns also in der näheren Umgebung umgeschaut und rumgehört, bis wir eines Tages ein Inserat in der Tageszeitung fanden, in dem ein Elterninitiativ-Kindergarten noch Kinder suchte. Wir haben ... ich habe dort angerufen, mein Mann hat sich einen Nachmittag freigenommen, und wir sind hingefahren, um uns das mal anzuschauen. Gabi war auch mit dabei. Gabi hat fasziniert zugeschaut, wie die Kinder im Garten rumgetobt haben. Im Sandkasten haben sie gebuddelt, in den Bäumen sind sie gehockt oder sonstwie rumgerannt. Es sah wirklich gut aus. Anfangs haben die anderen Kinder uns gar nicht beachtet, bis ein Mädchen, ungefähr gleich alt wie Gabi, auf Gabi zuging und ganz lustig fragte, was sie da macht. Da erst haben uns auch einige andere Kinder beachtet und immer wieder gefragt: ›Was machst du da, das ist unser Kindergarten?‹ ... Gabi konnte gar nichts sagen. Da hab' ich den Kindern erzählt, daß Gabi vielleicht auch in ihren Kindergarten kommt. Da hat das erste Mädchen Gabi bei der Hand genommen und gesagt: ›Komm', ich zeig' dir unser Haus.‹ Gabi ging sofort mit ... Und erst, als wir uns zirka eine halbe Stunde mit einer der Bezugspersonen unterhalten haben, kam sie wieder angerannt und hat sich zwischen mich und meinen Mann gekuschelt. Zu Hause hat sie gesagt, es hat ihr gut gefallen, besonders die Nicola war nett ... Schon nach dem ersten Eindruck war mir klar: Das ist es. Mein Mann hatte noch Bedenken, wegen der Unordnung und der Lautstärke. Aber nach dem Elternabend, als er erfahren hat, daß die Kinder am Abend mit den Bezugspersonen selber wieder aufräumen ... also, das hat ihm ganz gut gefallen. Gabi ist dann aufgenommen worden. Sie ist jetzt ein Jahr dort, und ich kann nur immer wieder sagen, es geht ihr gut. Mein Mann ist inzwischen im Finanzausschuß – klar, als Bankmensch – und versteht sich, soweit ich das beurteilen kann, ganz prima mit den anderen Eltern ... Ich? Sowieso ... Ein Nachteil ist, daß wir täglich knapp zwanzig Minuten mit dem Auto brauchen, um hinzukommen. Abends liegt der Kindergarten auf dem Heimweg von meinem Mann ... Die Elternabende (alle vierzehn Tage) sind keine Belastung, mein Mann und ich, wir wechseln uns da ab. Außerdem sind sie wichtig – und manchmal auch sehr lustig. Wenn wir nachher noch gemeinsam in eine Kneipe gehen, geht's erst richtig los mit dem Diskutieren ...«

Es gibt viele Mütter, die ihren Beruf lieben und auch nach der Geburt ihres Kindes wieder zurück in den Beruf wollen. Dabei muß es nicht immer gleich der bedingungslose Rollentausch sein: Die Mutter geht arbeiten, der Vater ist Hausmann. Eins ist nur notwendig: die beiden Wünsche (Kind und Beruf) sinnvoll für beide auf einen Nenner zu bekommen. Die Mutter aus dem vorangegangenen Interview hat das getan, als sie für ihr Kind die Situation gefunden hatte, in der auch sie sich als Mutter, zusammen mit ihrem Mann, wohl fühlt und sicher ist, daß es gut für das Kind ist.

An einer nicht zitierten Stelle sagte sie während des Gespräches: »... wenn die im Kindergarten (sie meint den Regelkindergarten) mit den Kindern was ganz anderes machen als wir zu Hause, muß so ein Kind doch irre werden.« Sie bezog sich dabei auf ihre Erfahrungen, die sie in Gesprächen mit Eltern und auf den Elternabenden der Eltern-Kind-Initiative machte.

Warum hat sie sich einer Initiative angeschlossen und nicht etwas Eigenes gemacht, wenn sie weiß, was sie will, und ihr der

Kindergarten am Ort nicht zusagt? Sie meint, daß das bei der Struktur der Siedlung nicht möglich sei. Die anderen Eltern wären mit dem dortigen Kindergarten zufrieden. Ob das zutrifft, wäre zu untersuchen. Bei dem Angebot von nur einem Kindergarten ist die Auswahl ja auch nicht gerade groß. Das muß nicht heißen, daß das Angebotene kritiklos angenommen wird. Es fehlt oft nur jemand, der den Anstoß zu einer fruchtbaren Auseinandersetzung gibt. Und das kostet Zeit und viel Engagement.

Viertes Beispiel: Im vierten Beispiel geht es um eine Familie mit zwei Kindern. Die Mutter ist Hausfrau, der Vater angestellter Arzt in einer mittelgroßen Klinik. Die Kinder sind acht und drei Jahre alt. Der »Große« geht seit zwei Jahren in die Schule, der »Kleine« wurde vor einem halben Jahr in der einzigen Eltern-Kind-Initiative der Kleinstadt aufgenommen.

Die Mutter erzählt, daß sie nicht mehr in ihren erlernten Beruf (Verlagskauffrau) zurück kann und auch nicht will, »weil es dort furchtbar« war. Die Stimmung unter den Kollegen war sehr unangenehm. Bei einem anderen Verlag hat sie keine Chance, auch müßte sie in die nächste Stadt fahren, was fast mehr kosten würde, als sie verdienen kann. Außerdem ist sie ganz gern zu Hause, und das Einkommen ihres Mannes reicht aus.

Ihren »Großen« hat sie bis zur Einschulung bei sich zu Hause gehabt und dabei die Erfahrung gemacht, daß Kinder Kontakt zu anderen Kindern brauchen. Die Kontakte, die sie während dieser Zeit hatte, schätzt sie nicht besonders wertvoll für ihr Kind ein. Ihr selbst haben sie schon was gebracht, aber für das Kind nicht. Wie sie das meint, beschreibt sie mit einer Situation auf dem Spielplatz:

». . . da sitz' ich auf einer Bank am Rand vom Sandkasten und stricke. Der Josef hockt im Sand und gräbt Löcher wie ein Wilder. Da kommt die Steffi (eine andere Mutter) mit ihrem Franz. Die Steffi kenn' ich schon länger – eben vom Spielplatz her. Der Franz ist ein Jahr jünger als mein Josef. Ich unterhalte mich ganz prima mit der Steffi, die Kinder spielen auch ganz friedlich. Wir reden über unsere Männer – worüber denn sonst –, übern Haushalt, wo man billiger einkaufen kann und natürlich über die Kinder, über die Probleme, die wir mit denen haben. Dabei fällt mir immer wieder auf, daß ich mit meinen Sorgen – ob Mann oder Kind – nicht allein bin auf der Welt, daß es vielen ganz genauso geht. Ja, und wenn wir Mütter dann fertig sind mit ›Ratschen‹, schnappen wir unsere Kinder wieder und müssen nach Hause, weil's noch so viel zu tun gibt, bis unsere Männer nach Hause kommen. Aber ob die Kinder auch fertig sind mit Spielen, fragen wir ganz selten, wenn überhaupt ...«

Ihr haben solche Gespräche immer gutgetan, sie aufgebaut. Aber was fangen die Kinder damit an? Natürlich hat das Kind zu Hause auch etwas von einer »aufgebauten« Mutter, aber die Beziehungen, die Kinder untereinander aufbauen, werden oft auf die leichte Schulter genommen. Das Problem ist ihr schon länger bewußt, sie weiß aber nicht, wie sie es lösen soll. Sie hat ihren Josef, als er drei Jahre alt war, im Kindergarten angemeldet und kam auf die Warteliste. Als sie an der Reihe war, war Josef schon in der Schule und Andreas (der »Kleine«) ein halbes Jahr alt. Eine andere Möglichkeit gab es damals nicht. Die Initiative, in der Andreas heute ist, gibt es erst seit anderthalb Jahren. Auf die Idee, selber etwas zu machen – zum Beispiel mit der Steffi zusammen –, ist sie nie gekommen.

Als sie von der Gründung einer Eltern-Kind-Initiative erfuhr, hat sie gleich nachgefragt, ob für ihren Andreas noch ein Platz frei wäre. Den anderen Kindergarten hat sie seit damals abgeschrieben, weil sie keine Lust hätte, wieder bis zur Einschulung zu warten. Aber auch wenn es diesmal schneller ginge, würde sie Andreas nicht mehr dorthin geben, weil dort 27 Kinder von zwei Erziehern betreut werden.

Es hat fast ein Jahr gedauert, bis die Initiative Räume gefunden hatte und den Betrieb eröffnete. Beteiligt hat sie sich an den organisatorischen Vorarbeiten nicht. Manchmal war sie bei den Besprechungen. Sie hat sich aber nicht getraut, mitzureden. Sie hat dann noch gewartet, bis Andreas zweieinhalb Jahre alt war, weil ihr Mann das gerne so wollte. Dann kam Andreas in die Kindergruppe der Eltern-Kind-Initiative. Sie ist jetzt ein halbes Jahr dabei und »wahnsinnig glücklich« darüber.

Sie traut sich inzwischen auf den Elternabenden zu sagen, wenn sie etwas gut findet oder wenn ihr etwas nicht so recht gefällt. Auf die Frage nach ihrem Mann, und wie er zur Eltern-

Kind-Initiative steht, antwortete sie: ». . . der hat in seiner Klinik so viel zu tun, der läßt mich das machen. Manchmal spielt er am Wochenende mit den Kindern oder kontrolliert am Abend die Hausaufgaben von Josef . . .«

In diesem Fall spielt neben der spezifischen Situation einer Kleinstadt auch die persönliche Entwicklung der Frau eine wichtige Rolle. Sie hat gelernt, die Bedingungen, die gegeben sind, anzunehmen und nicht selbst aktiv zu werden, um diese Bedingungen den eigenen Interessen entsprechend zu verändern. Erst die Initiative anderer Eltern bringt sie – zunächst noch passiv – auf den Gedanken, daß sie sich selbst verändern und dadurch auch andere, bessere Voraussetzungen für ein Zusammenleben mit ihren Kindern schaffen kann.

Zur Gründung einer Elterninitiative am Beispiel eines bestehenden Hauses

Wie entsteht eine Elterninitiative bzw. eine Eltern-Kind-Initiative? Wie läßt sich die Idee, eine Eltern-Kind-Initiative zu gründen, verwirklichen?

Am Beispiel der Eltern-Kind-Initiative »Kinderhaus« in München soll das beschrieben werden: Das Kinderhaus in München besteht eigentlich aus zwei teilweise recht unterschiedlichen Initiativen. Die grundsätzliche Zusammenfassung der Entwicklungsgeschichte der beiden Münchener Kinderhäuser – von den anfänglichen Überlegungen bis hin zur technisch-organisatorischen Planung und Durchführung einer Eltern-Kind-Initiative – soll zunächst ein Gesamtbild zeichnen. Die einzelnen Schritte – von der Idee bis zur Verwirklichung – werden im Verlauf des weiteren Textes noch ausführlich und beispielhaft mit vielen praktischen Tips beschrieben.

Das erste Kinderhaus entstand 1969 in einem Wohnwagen in einem Münchener Vorort. Zur Vorgeschichte: Ein Studentenehepaar hatte eine kleine Tochter. Da beide ihr Studium nicht aufgeben wollten und politisch stark in der Studentenbewegung engagiert waren, gaben sie ihre Tochter tagsüber in eine städtische Krippe. Es dauerte nicht sehr lange, bis die Eltern zu Hause beängstigende Veränderungen im Verhalten ihres Kindes beobachteten: »... sie wirkte apathisch, bewegte sich kaum und verfiel immer mehr in eine Art Hospitalismus ... Wir führten das anfangs noch gar nicht so stark auf die Krippe zurück – erst als es immer schlimmer wurde, sind wir aufgewacht ... die muß da raus – aber wohin ...?« Die Eltern haben das Kind schließlich zu Hause gelassen und abwechselnd betreut. »... worunter natürlich das Studium und auch die politische Arbeit gelitten hat ...« Durch private Kontakte zu Kommilitoninnen und Kommilitonen an der Universität fanden sie Eltern, die ähnliche Erfahrungen gemacht hatten. In Gesprächen untereinander reifte immer mehr die Überzeugung, daß die betroffenen Eltern die Kindererziehung selbst in die Hand nehmen müssen, wenn sie verhindern wollen, daß ihre Kinder »kaputtgehen«.

Abgesehen davon, daß sie nicht auf ihren Beruf verzichten wollten, waren sie sich auch einig, daß die Einzelkindsituation nicht das Günstigste für die Kinder ist. An ein zweites oder gar mehrere Kinder, war in der momentanen Situation aber nicht zu denken. Zu diesen Gesprächen kam noch ein Studentenehepaar hinzu, das ein Kind erwartete, das von der Richtigkeit der Überlegungen überzeugt war und sich später sehr engagiert an der Gründung des Kinderhauses beteiligte, obwohl das eigene Kind noch nicht geboren war.

Im Laufe der nächsten Wochen traf sich eine Gruppe von zwölf Müttern und Vätern, um Probleme der Kindererziehung – auch im Zusammenhang mit den gesellschaftlichen Bedingungen für eine kindgerechte Erziehung – zu diskutieren. Unter anderem wurden Wohngemeinschaftsideen besprochen, die die Kinder aus der Einzelkindsituation befreit und die Eltern entlastet hätten.

Nach mehreren gemeinsamen Wochenenden mit Eltern und Kindern, bei denen die Kinder alle Eltern kennenlernten, beschlossen die Eltern, sich in der Betreuung der Kinder abzuwechseln. Da die Kinder die anderen Eltern alle kannten, waren die Eltern sicher, daß die Kinder diese neue Situation gut verkraften würden. Jeder Elternteil hatte einmal die Woche »Elterndienst«. Die Kinder trafen sich in der jeweiligen Wohnung dieses Elternteils. Ein anderer Elternteil wurde – täglich wechselnd – zur Unterstützung eingeteilt. Die Kindergruppe bestand damals aus sechs Kindern im Alter von anderthalb bis zwei Jahren. »... das lief ganz prima, wir fühlten uns entlastet und hatten ein ganz gewaltiges Problem weniger. Wir konnten uns intensiver auf unser Studium oder unseren Beruf und die politische Arbeit konzentrieren, bis – ja bis es Reibereien gab, weil die eine oder der andere immer häufiger seinen ›Kinderdienst‹ tauschen mußte – wegen wichtiger Termine und so ... und letztlich waren es dann immer die Mütter, die für die Väter einspringen mußten ...«

Die Reibereien wurden offen diskutiert, zwei Familien stiegen ganz aus, aber andere Eltern aus dem Bekanntenkreis schlossen sich der Elterngruppe an. Die Elterngruppe bemühte sich intensiv, das Problem der wechselnden Elterndienste sinnvoll zu lösen. ».. . wir waren uns darüber klar, daß wir keine Erzieherin bezahlen konnten, die die Kinder ganztags betreut, wir dachten eher an eine Mutter, die nicht berufstätig ist, das heißt Geld verdienen wollte. Die könnte unsere Kinder betreuen und sich dabei auch noch ein bißchen was nebenher verdienen. Sie sollte aber auch unser inhaltliches Problem begreifen . . .«

Ein anderer Punkt in den Überlegungen der Eltern war der täglich wechselnde Ort, an dem die Kindergruppe zusammenkam. ».. . wir wollten unser Elternproblem nicht auf dem Rükken der Kinder austragen, waren uns aber auch nicht mehr so ganz sicher wie zu Anfang, ob der tägliche räumliche Wechsel so ideal für die Kinder war . . .«

Eine Mutter der Elterngruppe lernte über private Kontakte eine andere Mutter kennen, die gerade ein Kind geboren hatte und ihren Beruf als Kinderkrankenschwester nicht weiter ausüben wollte. Diese Frau hatte etwas außerhalb der Stadt ein kleines Häuschen mit Garten gemietet, in dem ein Wohnwagen stand. Sie nahm einige Wochen an den Elterntreffen teil und setzte sich mit dem inhaltlichen Konzept der Gruppe auseinander, bis sie schließlich ganz in die Elterngruppe integriert war und sich bereit erklärte, gegen geringe Bezahlung die Kindergruppe ganztags zu betreuen und für diesen Zweck den Wohnwagen zur Verfügung zu stellen. Die Gruppe hatte sich inzwischen durch persönliche Beziehungen auf acht Kinder erweitert. Die Eltern entlasteten ihre neue sogenannte Bezugsperson, indem sie einen täglich wechselnden »Kochdienst« einrichteten. Je nach Möglichkeit kam ein Elternteil und kochte im Häuschen – oder kochte abends zu Hause vor und brachte das Essen mit, das später nur noch aufgewärmt werden mußte. Außerdem wurde ein fester Elterndienst eingerichtet, der die Bezugsperson bei ihrer täglichen Arbeit unterstützen sollte. Der Elterndienst ermöglichte auch, daß jeder Elternteil das Verhalten der Kinder innerhalb der Kindergruppe einmal selbst miterlebte und nicht nur die von der Bezugsperson vermittelten Erfahrungen kennenlernte. Dies war wesentlich für die Arbeit an den regelmäßigen Elternabenden, an denen das Verhalten der Kinder und das daraus zu entwickelnde pädagogische Konzept diskutiert wurde. So war eine sich selbst finanzierende Eltern-Kind-Initiative entstanden.

Eine lange Zeit funktionierte alles sehr gut, bis ein neues Problem auftauchte. Diesmal waren es nicht die Elterndienste, die Schwierigkeiten bereiteten, diesmal war es der weite Anfahrtsweg. Der Wohnwagen stand in einem Vorort von München. Die meisten Eltern wohnten in der Stadt. Ein Weg dauerte für viele eine Dreiviertelstunde. Im Berufsverkehr brauchte man oft noch viel länger. Obwohl die Eltern einen Fahrdienst eingerichtet hatten (das heißt, die Kinder wurden zu einem Treffpunkt gebracht und von da von jeweils wechselnden Elternteilen zum Wohnwagen gefahren), mußte das Fahrproblem auf Dauer gelöst werden. »Die Fahrerei war manchmal auch für die Kinder ein ganz schöner Streß, besonders wenn es im Sommer im Auto furchtbar heiß war ...«

Die Elterngruppe suchte daher Räumlichkeiten in der Stadt. Aber auch damals war es schon sehr schwierig, in München Wohnungen zu finden. Wenn die Hausbesitzer dann noch hörten, daß eine Kindergruppe einziehen wollte, war das Interesse zu vermieten, schnell wieder verflogen. Die Suche nach geeigneten Räumen dauerte fast ein ganzes Jahr. Die Eltern teilten sich, so gut es ging, die Arbeit auf. Eine Mutter kümmerte sich um die Angebote auf dem Immobilienmarkt, die andere gab Inserate auf und sondierte die Angebote, ein Vater schrieb zig Briefe an Maklerbüros.

Um bei den Vermietern »seriös« zu wirken, beschloß die Gruppe, einen Verein zu gründen und die Gemeinnützigkeit zu beantragen. Außerdem spielte man mit dem Gedanken, die Eltern-Kind-Initiative vom städtischen Schulreferat als »öffentlich anerkannte Kindertagesstätte« anerkennen zu lassen. Mit so einem »Prädikat« schien die Suche nach geeigneten Räumen aussichtsreicher zu sein. Vorher gab es jedoch noch eine Menge Arbeit. Eine Satzung mußte erarbeitet werden, die gleichzeitig die Voraussetzungen für eine spätere Zuteilung der Gemeinnützigkeit erfüllte. Schriftwechsel wegen des Vereinsregisters waren zu führen, Gespräche mit dem Finanzamt, Verhandlungen mit dem Schulreferat. Dabei stellte sich heraus, daß eine »Anerkennung als öffentliche Kindertagesstätte« erst dann erteilt werden kann, wenn geeignete Räumlichkeiten mit der entsprechenden Ausstattung vorhanden sind und von der zuständigen Behörde »abgenommen« wurden. Also blieb als Problem ersten Ranges die Raumsuche. Die Elterngruppe erarbeitete schließlich einen Artikel für eine Münchener Tageszeitung. Der Artikel sollte die Arbeit der Eltern-Kind-Initiative beschreiben und gleichzeitig auf das dringliche Problem der Raumsuche aufmerksam machen. Und das tat er dann auch. Es meldeten sich etliche Eltern, die sich von der Idee der Eltern-Kind-Initiative angesprochen fühlten und von denen sich letztlich vier Elternpaare entschlossen, mit ihren Kindern mitzumachen. Viele interessierte Eltern wollten mit einem Beitritt zur Gruppe noch warten, bis geeignete Räume gefunden waren. Sie erklärten sich bereit, bei der Suche mitzuhelfen.

Etwas später fand sich im Münchener Stadtteil Oberföhring ein Hausbesitzer, der eine in einen Lagerraum umgebaute, aber nicht ausgebaute Scheune zu vermieten hatte. Die Fläche, die sich auf Parterre und ein Stockwerk verteilte, betrug zirka 300 Quadratmeter. Dazu gehörte ein kleiner Garten. Ein Mietvertrag wurde abgeschlossen. Der Mietzins betrug 800 DM – ohne Nebenkosten.

Nachdem der Verein als »Kinderhaus e. V.« im Vereinsregister eingetragen und vom Finanzamt die Gemeinnützigkeit anerkannt war, mußte das Haus den Bestimmungen des Jugendwohlfahrtsgesetzes (JWG) entsprechend ausgebaut werden, damit der Verein als »öffentliche Kindertagesstätte« anerkannt werden konnte. Diese Anerkennung war inzwischen aus einem anderen Grund wichtig. Es ging nicht mehr nur um die »Seriosität« einer Elterngruppe, die in den Verdacht geraten könnte, sich mit den Inhalten der antiautoritären Kindererziehung zu identifizieren. Es ging jetzt um die öffentlichen Zuschüsse, auf die ein Verein Anspruch hat, sowie er »anerkannt« ist. Die Tatsache, daß die Kindergruppe inzwischen auf achtzehn Kinder angewachsen war, eine zweite Bezugsperson eingestellt werden mußte und die Miete für das Kinderhaus auch nicht die billigste war, machte den Verein in bedingtem Ausmaß von diesem Zuschuß abhängig.

In der Freizeit und an Wochenenden arbeiteten die Eltern am Umbau. Die Arbeiten dauerten knapp drei Monate und gingen sowohl finanziell wie auch zeitlich ganz zu Lasten der Eltern. Durch die intensive Zusammenarbeit entstanden enge Freundschaften unter den Eltern, und es entwickelte sich eine Zusammengehörigkeit, eine Solidarität, die sich sehr fruchtbar für die weitere inhaltliche Auseinandersetzung der Eltern erwies.

Während der Bauzeit erhielt das Kinderhaus nach Vorlage der Umbaupläne die sogenannte »vorläufige Anerkennung«, die eine Bezuschussung aus öffentlichen Mitteln für höchstens ein Jahr garantierte. Nach diesem Jahr kamen die zuständige Bezirksinspektion (eine Unterabteilung des Gesundheitsamtes, die zuständig für die Kontrolle der Einhaltung der Vorschriften im hygienischen Bereich in öffentlichen Einrichtungen war) sowie Vertreter des Schulreferates zur sogenannten Abnahme der Räume. Die Vertreter der zuständigen Behörden waren mit dem Zustand des Hauses zufrieden und erteilten kurz darauf dem Verein die Anerkennung als öffentliche Kindertagesstätte. Die Gründung der Eltern-Kind-Initiative »Kinderhaus e. V.« war damit, jedenfalls was den behördlichen Weg anging, abgeschlossen.

Natürlich waren während der Bauphase die Probleme der pädagogischen Kinderarbeit nicht ausgeklammert, auch nicht die Auseinandersetzung unter den Eltern. Die Elternabende waren jedoch zeitweise schon überfordert mit organisatorisch-technischen Fragen, so daß einzelne Gesichtspunkte der Kinder- und Elternarbeit zu kurz kamen.

Der Kinderbetrieb ging während der gesamten Umbauphase weiter, sogar neue Kinder und Eltern wurden im Kinderhaus aufgenommen. Für die Eltern war es wohl die anstrengendste Phase im Verlauf der Gründung einer Eltern-Kind-Initiative, gleichwohl sie auch sehr viele positive Aspekte hatte. Für die Kinder war es eher eine interessante Zeit, in der sie das Engagement der Eltern für »ihr« Kinderhaus beobachten konnten und fast täglich Fortschritte und Veränderungen in ihren Spiel- und Gruppenräumen erlebten.

Neben dem Wunsch der Eltern, sich nach Beendigung des Umbaues wieder stärker den inhaltlichen Fragen zu stellen, bestand gleichzeitig die Notwendigkeit, die organisatorische Struktur des Kinderhauses zu stabilisieren. Die Kindergruppe war inzwischen auf dreißig Kinder im Alter von zwei bis vier Jahren angewachsen, der Verein zählte 51 erwachsene Mitglieder (Eltern und alleinerziehende Mütter).

Nach knapp zwei Jahren hatte sich aus den zögernden Versuchen engagierter Eltern ein Projekt entwickelt, das eine bestimmte organisatorische Form notwendig machte, auch um Zuschüsse aus öffentlichen Mitteln zu bekommen, die zweckgebunden sind und dementsprechend belegt und nachgewiesen werden müssen. Damals handelte es sich noch um sogenannte »Betriebskostenzuschüsse«, die für alle Bereiche innerhalb der Eltern-Kind-Initiative nachgewiesen werden mußten (zum Beispiel Ausgaben für Spielmaterial, Personalkosten, Einrichtung etc.). Im Zusammenhang mit den Einnahmen aus den Beiträgen der Eltern und den Ausgaben für Personal und Miete war inzwischen eine sehr sorgfältige Buchführung erforderlich. Die gesamte Elterngruppe konnte diese Aufgabe nicht bewältigen, zumal die inhaltliche Auseinandersetzung über Erziehungsziele und pädagogische Praxis nicht ins Hintertreffen geraten durfte. Die naheliegendste Lösung bestand darin – ähnlich wie schon bei der Suche nach Räumen –, die Aufgaben so zu verteilen, daß noch genügend Spielraum blieb, den Kinder- und Elternalltag bestimmende Fragen und Probleme zu besprechen.

So wurden Arbeitskreise organisiert, deren Mitglieder sich mit den notwendig gewordenen Aufgaben beschäftigten: Es gab einen Finanzausschuß, einen Ausschuß für Öffentlichkeitsarbeit, einen, der sich mit dem Spielmaterial beschäftigte, und einen, der den Kontakt zu den Behörden hielt. Über den jeweiligen Stand der Arbeit in den einzelnen Arbeitskreisen wurde auf einem monatlichen Elternplenum berichtet.

1973 meldete sich eine Gruppe von Eltern mit sechs Kleinstkindern im Alter von drei bis neun Monaten. Sie wollte geschlossen ins Kinderhaus kommen. In dieser Kindergruppe waren vier Kinder, deren ältere Geschwister schon im Kinderhaus in der Kindergartengruppe waren. Eine Unterbringung außerhalb der Familie war bei diesen Kindern in den meisten Fällen aus Gründen der Berufstätigkeit der Eltern notwendig. Außerdem hatte es sich weit herumgesprochen, daß das Kinderhaus auf dem Gebiet der Kleinkindererziehung und der Kindergartenarbeit – besonders durch die intensive Elternarbeit und Elternmitarbeit –

sehr positive Erfolge aufzuweisen hatte. Die Arbeit des Kinderhauses bestätigte unter anderem die These, daß die Unterbringung von Kindern unter einem Jahr in Kindergruppen sich durchaus positiv auf die Entwicklung der Kinder auswirkt, sowohl in der Entwicklung des Sozialverhaltens als auch im intellektuellen und motorischen Bereich.

Die Gruppe konnte jedoch nicht im Kinderhaus aufgenommen werden. Einerseits war mit dreißig Kindern die räumliche Kapazität ausgeschöpft, andererseits erlaubten die Bestimmungen des JWG eine Unterbringung von Kleinstkindern in Kindergartenräumen nicht, weil die hygienischen Voraussetzungen nicht so eingehalten werden können, wie sie das Gesetz vorschreibt.

Die Gruppe bezog ganz in der Nähe des Kinderhauses ein Reihenhaus und arbeitete inhaltlich und organisatorisch teilweise mit dem Kinderhaus zusammen.*

Als die »Babygruppe« – wie sie sich anfänglich nannte – aus dem Reihenhaus ausziehen mußte, mietete sie sich in einen leerstehenden Laden im Münchener Stadtteil Haidhausen ein, trennte sich organisatorisch vom Kinderhaus und gründete nach dem schon beschriebenen Muster einen eigenen Verein, den »Spielladen e. V.«.

Nach zwei Jahren wurden dem Spielladen die Räume gekündigt. Der Besitzer hatte Eigenbedarf angemeldet und so eine vorzeitige Kündigung möglich gemacht.**

Eine Mutter aus dieser Elterngruppe arbeitete als wissenschaftliche Mitarbeiterin im Deutschen Jugendinstitut (DJI) in München. Mit anderen Müttern (Sekretärinnen und wissenschaftlichen Mitarbeiterinnen) aus dem DJI versuchte sie, eine Art »Betriebskindergarten« zu gründen, in dem auch die Kinder des heimatlos gewordenen Spielladen e. V. untergebracht werden sollten. Ausgangspunkt waren dabei Diskussionen über den Widerspruch, der darin bestand, daß Eltern Sozialforschung be-

---

* Diese neue Elterngruppe zu erwähnen, ist in diesem Zusammenhang deshalb wichtig, weil von ihr drei Jahre später die Initiative ausging, die zur Gründung des »Kinderhaus an der Destouchesstraße e. V.« führte.
** In diesem Haus ist heute ein Eros-Center. Die Babygruppe, die inzwischen auf sechzehn Kinder angewachsen war, und die Elterngruppe standen auf der Straße.

treiben und Denkmodelle entwickeln, wie in unserer Gesellschaft eine bessere Versorgung und Erziehung der Kinder von berufstätigen Eltern erreicht werden kann und wie die Bedingungen für alleinerziehende und berufstätige Eltern (besonders unter dem Gesichtspunkt der Erziehungskompetenz von Eltern allgemein) verbessert werden können, während die »Forschereltern« ihre eigenen Kinder nur unter sehr schwierigen Bedingungen unterbringen können.

Die Gespräche über die Gründung eines Betriebskindergartens am Deutschen Jugendinstitut mit der damaligen Geschäftsführung verliefen zwar positiv, scheiterten aber letztlich an der Bereitschaft zur finanziellen Unterstützung des Bundesfamilienministeriums (das BMJFG ist primär der Auftraggeber des DJI). Die Geschäftsführung verbürgte sich dennoch für einen Kredit, mit dessen Hilfe die Gründung einer Eltern-Kind-Initiative auf anderer Ebene gewährleistet werden konnte.

Die betroffenen Eltern aus dem Deutschen Jugendinstitut trafen sich daraufhin mit Vertretern verschiedener Münchener Eltern-Kind-Initiativen (seit 1967 wurden in München und Umgebung insgesamt ungefähr dreißig Eltern-Kind-Initiativen unter ähnlichen Voraussetzungen und mit dem gleichen Aufwand wie dem des beschriebenen Kinderhauses gegründet) und anderen interessierten Eltern und entwickelten ein Konzept, das sich von den bis dahin existierenden Eltern-Kind-Initiativen wesentlich unterschied: Es sollten nicht nur gleichaltrige Kinder aufgenommen werden, es war vielmehr an ein »altersübergreifendes Gruppenkonzept« gedacht. Babys, Kleinkinder, Kindergarten und Schülerhort sollten in einem Haus untergebracht werden, zwar in altersgleichen Kleingruppen, aber von den räumlichen Bedingungen her doch so, daß die Kinder untereinander – über ihre Altersgruppe hinweg – Kontakt aufnehmen könnten (näheres über die Hintergründe und Zusammenhänge dieses Konzeptes unter »Das Konzept«).

Nachdem diese konzeptionellen Überlegungen abgeschlossen waren, begannen die Eltern mit der gleichen Arbeit, wie sie schon im ersten Teil dieser Ausführungen beschrieben wurden: Vereinsgründung – Satzung erarbeiten – Eintrag im Vereinsregister – Antrag auf Anerkennung als gemeinnütziger Verein – Suche nach geeigneten Räumlichkeiten – Antrag auf Anerkennung als öffentliche Kindertagesstätte (hierbei gab es ganz besondere Schwierigkeiten, weil für die einzelnen Bereiche – Krippe, Kindergarten, Hort – jeweils verschiedene Behörden zuständig sind, also Verhandlungen mit drei Behörden nötig waren).

Es ist sicher nicht verwunderlich, daß die Suche nach geeigneten Räumen den schwierigsten Teil der zu bewältigenden Arbeit ausmachte. Und dennoch, im August 1976 stand das Projekt und konnte als »Kinderhaus an der Destouchesstraße e. V.« in einer Doppelhaushälfte einer Schwabinger Villa die Arbeit aufnehmen. Zu diesem Zeitpunkt waren es 49 Kinder, fünf festangestellte Bezugspersonen (eine Kinderkrankenschwester, zwei Sozialpädagoginnen, zwei Erzieherinnen), fünf Praktikantinnen, ein Praktikant und 71 Eltern. Viele haben das Projekt als größenwahnsinnig bezeichnet, aber es funktionierte dank des Engagements vieler, vieler Eltern und der Bezugspersonen, zu denen auch die Praktikanten zählen. Auch das neue Haus mußte, wie schon im ersten Beispiel beschrieben, den Richtlinien des JWG entsprechend renoviert und teilweise umgebaut werden. Auch hier wurden die Eltern durch den finanziellen und zeitlichen Aufwand gefordert, weil die Behörden zwar die Auflagen und Voraussetzungen für die Führung einer solchen Einrichtung erstellen, jedoch keinerlei finanzielle Hilfe für die Schaffung dieser Voraussetzungen zur Verfügung stellen.

Während der Renovierungs- und Umbauphase erhielt der Verein die »Vorläufige Anerkennung als öffentliche Kindertagesstätte«, und nach Erfüllung sämtlicher Auflagen (feuerpolizeiliche Auflagen, Auflagen durch die Lokalbaukommission, Nutzungsänderungsverfahren – vorher war es ein Wohnhaus, jetzt wurde es als gewerblich genutzter Wohnraum eingestuft) die endgültige »Anerkennung als öffentliche Kindertagesstätte«. Damit hatte der Verein einen rechtlichen Anspruch auf regelmäßige Förderung (nach dem Bayerischen Kindergartengesetz) und einen nichtrechtlichen Anspruch auf finanzielle Förderung (aus dem Sozialhaushalt der Stadt München und der Regierung von Oberbayern) erworben.

Der Prozeß um die Anerkennung dauerte wiederum knapp ein Jahr.

Nur ein Jahr später (1978) wechselte das Haus den Besitzer, der – wie schon beim Spielladen e. V. – dem Verein wegen Eigenbedarf kündigte. Das bedeutete: Zwei Jahre nach Beginn des Projektes »Kinderhaus« und nach zwei Jahren unermüdlichen Engagements stand der Verein mit 49 Kindern wieder auf der Straße. Mit der Kündigung der bisherigen Räume ging die Anerkennung als öffentliche Kindertagesstätte wieder verloren. Die juristischen Voraussetzungen, die mit dem Eintrag ins Vereinsregister geschaffen wurden, blieben zwar bestehen, aber alle anderen zeitraubenden Arbeiten fingen wieder von vorne an: die Raumsuche und die Beantragung auf Anerkennung. Nach einem sehr schwierigen halben Jahr – während die einzelnen Gruppen getrennt, teilweise in privaten Wohnungen der Eltern oder zeitweise in anderen Münchener Eltern-Kind-Initiativen untergebracht waren – konnte der Verein ein neues Haus mit großem Garten in Oberföhring mieten, ganz in der Nähe des ersten Kinderhauses von 1969. Der Besitzer des neuen Hauses war die Stadt München. Die Vermietung kam zustande durch eine sehr intensive und offensive Öffentlichkeitsarbeit des Vereines (fast ausschließlich getragen von einzelnen unermüdlich arbeitenden Eltern) und durch die Vermittlung einer besonders in sozialen Fragen sehr engagierten Stadträtin.

Da das Haus ein ehemaliges Wohnhaus war, mußten, auch wie schon 1976 im Haus in der Destouchesstraße, Veränderungen vorgenommen werden: Nutzungsänderung nach den brandschutzpolizeilichen Auflagen und den baurechtlichen Voraussetzungen der örtlichen Lokalbaukommission, die zum Betreiben eines gewerblichen Betriebes vorgeschrieben sind. Die neuerlich beantragte Anerkennung als öffentliche Kindertagesstätte wurde wieder von der Erfüllung der Auflagen nach dem JWG abhängig gemacht.

Im Frühjahr 1981 war es dann endlich wieder soweit: Alle Bedingungen waren zur Zufriedenheit der Behörden erfüllt, die Nutzungsänderung war abgeschlossen und die Anerkennung als öffentliche Kindertagesstätte wieder erteilt. Eltern und Kinder feierten das Ereignis mit einem großen öffentlichen Frühlingsfest.

Das Konzept

Bei allen mir bekannten Projekten standen ganz am Anfang der Gründung einer Eltern-Kind-Initiative konzeptionelle Überlegungen.

Im Falle des Kinderhauses in Oberföhring entstand nach den schlechten Erfahrungen mit der Unterbringung eines Mädchens in einer Regelkrippe zuerst nur der vage Wunsch – aber auch das dringende Bedürfnis –, »etwas anderes« zu machen; etwas, das den Vorstellungen der Eltern und den Interessen der Kinder eher gerecht wird. Der erste Schritt, diesen Wunsch, dieses Bedürfnis zu realisieren, ist das Gespräch mit anderen Eltern.

Die richtigen Gesprächspartner zu finden, ist primär eine Frage der bestehenden Kommunikationsmöglichkeiten. Zuerst wird es der Partner, der Ehemann oder die Ehefrau sein, mit dem man redet, darüber hinaus weitere interessierte Eltern, die in ihrer Situation ähnlich betroffen sind oder ähnliche Erfahrungen gemacht haben. Es kann eine Mutter vom Spielplatz sein, eine Studienkollegin von der Universität, ein Elternteil aus dem Wohnblock, jemand, der sich auf eine Annonce in der Zeitung oder auf einen Aushang im Einkaufsladen hin gemeldet hat. Wichtig ist nur, die eigenen Gedanken und Überlegungen mit anderen auszutauschen und auf ihre Realisierbarkeit zu überprüfen.

Ein Konzept erstellen heißt, Ideen, Gedanken, Vorstellungen und Ziele so zu formulieren, daß sie als Diskussionsgrundlage für die an einer Eltern-Kind-Initiative interessierten Eltern verwendet werden kann.

Soll ein Konzept schriftlich formuliert werden oder nicht? Eigentlich ist es nicht so wesentlich, ob die Ereignisse der Diskussionen schriftlich festgehalten werden oder ob sie einfach – auch in nichtschriftlicher Form – von allen Beteiligten akzeptiert werden. Es hat bestimmte Vorteile, wenn die wesentlichsten Punkte zusammengefaßt und aufgeschrieben werden. In erster Linie vereinfacht es neu hinzukommenden Eltern, die an einer Mitarbeit in der noch zu gründenden oder inzwischen bestehenden Eltern-Kind-Initiative interessiert sind, den Einstieg, wenn sie ein Konzeptpapier als Diskussionsgrundlage in die Hand gedrückt bekommen. Sie können sich so leicht über den derzeitigen Stand der Diskussionen informieren. Eine andere Überlegung, die für ein schriftliches Konzept spricht, deutet bereits einen weitergehenden Schritt an. Wenn eines Tages die Kontakte zu den Behörden anlaufen, weil die Elterngruppe Antrag auf finanzielle Förderung der Initiative stellt, ist es notwendig, die Erziehungsziele und -inhalte schriftlich zu formulieren. Aber auch wenn die Gruppe sich zu irgendeiner Form von Öffentlichkeitsarbeit entschließt – sei es, um Spenden zu erhalten, neue Mitglieder zu werben oder einfach eine breitere Öffentlichkeit über die Möglichkeiten einer selbstgestalteten und selbstorganisierten Kindererziehung zu informieren –, leistet ein schriftliches Konzept gute Dienste.

Ein festgeschriebenes Konzept birgt aber auch die Gefahr des »Starrwerdens« in sich. Wie leicht kann es passieren, daß sich Eltern auf ein Papier berufen – »... Das haben wir damals so diskutiert ...« – und dadurch neue Impulse, veränderte Erfahrungen unter den Tisch diskutieren wollen. Doch zu diesem Thema später noch ausführlicher.

Was soll und was kann ein Konzept enthalten? Welche Punkte sollen ausführlich, welche lediglich als Kurzinformation beschrieben werden?

Das Kinderhaus Oberföhring hat ein Konzept erstellt, das beispielhaft sein kann. (Das Kinderhaus nennt sein Konzept übrigens – um der Gefahr des »Starrwerdens« wenigstens teilweise vorzubeugen – eine »durch die tägliche Praxis sich verändernde Projektbeschreibung«.)

Das Konzept bzw. die Projektbeschreibung ist in folgende Punkte gegliedert:

1. Vorbemerkung

In diesem Punkt beziehen sich die Eltern ganz allgemein auf die Erfahrungen von anderen Eltern-Kind-Initiativen, die in München existieren, und betonen dabei die Wichtigkeit des Selbsthilfegedankens. Dieser soll »... für die weitere Arbeit mit Eltern und Kindern Früchte tragen und nicht in der sich allgemein breitmachenden Resignation« – nach dem Motto: »Wir können ja eh nichts machen« – untergehen.

1.1. Die gegenwärtige Situation der Familie

Dieser Punkt faßt die Aussagen zusammen, die die Eltern während der Diskussionen über das Erleben ihrer eigenen Familiensituation gemacht haben. So wird zum Beispiel auf eine teilweise Entfremdung zwischen Eltern und Kindern eingegangen, weil diese ihre Eltern »... nur mehr in Teilbereichen ihrer gesellschaftlichen Tätigkeit, wie zum Beispiel während der arbeitsfreien Zeit am Abend, Wochenende oder im Urlaub, nicht aber bei der beruflichen Arbeit ...« erleben. Die Eltern gehen auch auf die Situation der Kleinfamilie ein, die eine positive Entwicklung der Geschlechtsrolle von Jungen und Mädchen erschwert, da »... die moderne Kleinfamilie ... in der Regel aus Vater, Mutter und meist nicht mehr als zwei Kindern ...« besteht.

1.2. Anlaß zur Gründung des Kinderhauses

Hier sprechen die Eltern über ihre Gründe, die zum Mitmachen in der Eltern-Kind-Initiative führten. Sie sprechen von ihren Erfahrungen, die sie mit ihren Kindern in Regeleinrichtungen gemacht haben. Sie behaupten ihr Recht auf Mitwirkung an der Erziehung ihrer Kinder, auch wenn sie – gewollt oder notwendigerweise – berufstätig sind. Sie wollen ihre Kinder nicht nur tagsüber »abgeben«, weil sie arbeiten, sie wollen auch darüber reden, »was im Kinderhaus tagsüber passiert«. Die Eltern beschreiben ihre Wünsche und Vorstellungen, die sie von einem Kinderhaus haben, zum Beispiel die Möglichkeit für Frauen, »... ihr Rollenbild als Mutter mit dem Rollenbild als ebenbürtiger Berufspartner« zu vereinbaren. Neben anderen Aspekten ist unter diesem Punkt noch angesprochen: die Möglichkeit des Nachdenkens über das eigene Erziehungsverhalten zu Hause – durch das Gespräch mit anderen Eltern und den Bezugspersonen – oder die Möglichkeit, ganz neue Erfahrungen mit dem Kind zu machen, wenn es, wenigstens tagsüber, nicht mehr nur Einzelkind ist.

1.3. Aufgaben und Ziele des Kinderhauses

Dieser Punkt ist wohl der wichtigste des Konzeptes. Sowohl für neue Eltern als auch für die Behörden. Das Kinderhaus beschreibt seine Aufgabenstellung folgendermaßen (auszugsweise):

»... Eltern sollen nicht mehr nur ›Zaungäste‹ pädagogischer Arbeit sein, sondern sie sollen sich an der inhaltlichen Arbeit beteiligen ...« – »... das Kinderhaus soll nicht in erster Linie eine Aufbewahranstalt sein. Die Eltern sollen von der Angst befreit werden, das Kind auf Grund ihrer Berufstätigkeit zu vernachlässigen. Das Kinderhaus soll keine Lösung – weil's sein muß – für berufstätige Eltern sein, sondern eine positive Ergänzung zur familiären Erziehung ...« Soweit zwei Zitate aus dem Konzept des Kinderhauses. Es würde hier zu weit führen, noch mehr über die inhaltliche Konzeption des Kinderhauses zu sagen. Jede Eltern-Kind-Initiative definiert ihre Aufgaben und Ziele nach dem jeweiligen Stand ihrer eigenen Diskussion. Es sollen nur Anregungen sein und die Wichtigkeit gerade dieses Punktes deutlich machen.

1.4. Geschichtliche Entwicklung des Kinderhauses – organisatorisch

Unter diesem Punkt wird die Entstehung des Kinderhauses beschrieben, von der anfänglichen Idee einer Mutter, über die ersten Gespräche mehrerer interessierter Eltern, bis hin zur Gründung (incl. Raumsuche, Vereinsgründung, Anträge etc.) des Kinderhauses.

2. Inhaltliche Schwerpunkte
2.1. Elternarbeit und Elternmitarbeit mit dem Versuch einer Integration von familiären und außerfamiliären Erziehungsstilen, Verhalten von Eltern und Lebenswelten von Kindern

Zum Thema Elternarbeit und Elternmitarbeit ist schon ausführlich geschrieben worden. Das Thema Integration von familiären und außerfamiliären Erziehungsstilen verdeutlicht den Anspruch, die Eltern an der Erziehung ihrer Kinder zu beteiligen, auch wenn sie tagsüber in einer anderen Situation leben. Es bedeutet auch, daß die Verhaltensweisen der erwachsenen Bezugspersonen mit den Verhaltensmöglichkeiten der Eltern abgesprochen und soweit wie möglich koordiniert werden sollen, gerade um den »familienergänzenden Aspekt« zum Tragen kommen zu lassen.

2.2. Erarbeitung eines altersübergreifenden Konzeptes bei Beibehaltung der altershomogenen Gruppen

Hier begründet das Kinderhaus, warum es sich für das altersübergreifende Gruppenkonzept entschieden hat, im Gegensatz zu dem in Nordrhein-Westfalen üblichen Konzept der Familiengruppen oder den fast überall noch praktizierten altersgleichen – in die verschiedenen Altersgruppen aufgeteilten (Krippe, Kindergarten, Hort) – Gruppenkonzepten (auf dieses Thema wird noch ausführlich unter »Die Gruppengröße« und »Die Altersgruppen« eingegangen).

3. Die Bedeutung des Kinderhauses

3.1. Die Bedeutung des Kinderhauses für die Eltern

Unter diesem Punkt wird ausführlicher als unter 1.3 und 2.1 auf die Möglichkeiten eingegangen, die sich für die Eltern durch die Mitarbeit in Elterngruppen ergeben. Besonders ausführlich wird die Möglichkeit der Entlastung für alleinerziehende und berufstätige Eltern – belegt durch Zitate aus Elterngesprächen – beschrieben.

3.2. Die Bedeutung des Kinderhauses für die Kinder

Dazu einige Fragestellungen aus dem Text der Projektbeschreibung, die unter diesem Punkt behandelt werden: »Wie sieht die Mitsprache der Kinder bei der Gestaltung des Erziehungsalltages aus?« – »Welche Inhalte sollen den Kindern vermittelt werden?« – »Wie läßt sich die Beziehungsfähigkeit von Kindern zu anderen Kindern fördern?« – »Welche Funktion hat eine Kindergruppe für die emotionale Stabilität und Selbstsicherheit der Kinder in den verschiedenen Altersstufen?« – »Wie muß die gesellschaftliche Realität (besonders die der Schule) in den pädagogischen Alltag einbezogen werden?«

Soweit einige Fragestellungen, die in der Projektbeschreibung unter dem zusammenfasenden Stichpunkt »Zielvorstellungen der pädagogischen Praxis« beantwortet werden.

Am Beispiel dieser Projektbeschreibung des Kinderhauses München kann deutlich werden, wie in etwa ein schriftliches Konzept aufgebaut werden kann. Wie schon gesagt, bleibt das

Füllen der einzelnen Punkte mit den entsprechenden Inhalten der jeweiligen Elterngruppe im Sinne der von ihr diskutierten Zielvorstellungen überlassen.

Noch ganz kurz ein paar Gedanken zum Thema »Starrwerden«, wenn sich eine Eltern-Kind-Initiative zu stark an einem formulierten Konzept orientiert und neue Gedanken von neuen Eltern nicht zuläßt, »weil sonst das Konzept nicht mehr stimmt«.

Ein Konzept soll und kann einen Rahmen schaffen, der als Grundlage für eine gemeinsame pädagogische Arbeit mit den Kindern und auch für die Elternarbeit dient. Es kann aber – sehr leicht übrigens – vorkommen, daß die praktischen Erfahrungen aus der Arbeit der Kinder- und Elterngruppe nicht immer identisch mit den theoretischen Formulierungen eines Konzeptes sind. In diesem Falle müssen die theoretischen Ansätze neu überdacht und geändert werden. Die Eltern-Kind-Initiative würde sich keinen guten Dienst erweisen, wenn sie die Praxis der Kinder- und Elternarbeit allzu starr am Konzept orientierte. Die Praxis ist schließlich der Teil, der die Existenz einer Eltern-Kind-Initiative sicherstellt.

In vielen Eltern-Kind-Initiativen kommt es zu heftigen Auseinandersetzungen bei der Frage, ob konzeptionelle Ausgangspunkte in diesem oder jenem Fall verändert werden sollen oder nicht. Im Kinderhaus München diskutieren zum Beispiel die Eltern schon seit längerer Zeit sehr heftig, ob die noch aus der »Gründerzeit« stammende Idee der Selbstorganisation des Kinderhausalltags durch die Kinder nicht besser ersetzt werden soll durch mehr Spielangebote von seiten der Bezugspersonen, um dadurch die Kindergruppen besser zu strukturieren. Natürlich stecken hinter diesen beiden Vorstellungen – irgendwann wurden dafür die Ausdrücke »Spontipädagogik« und »Planpädagogik« geprägt – nicht nur klare inhaltliche Überlegungen, sondern auch Unsicherheiten, vielleicht sogar Ängste der Eltern. So haben zum Beispiel die einen Eltern Angst, daß ihren Kindern durch ein vielfältiges Angebot durch die Bezugspersonen ein Teil der kindlichen Kreativität verlorengeht, daß die Phantasie der Kinder eingeengt wird, weil Erwachsene – wenn sie überhaupt noch spielen können – ganz andere Spielformen haben als Kinder.

Dazu kommt noch: Erwachsene haben meist einen Hintergedanken, wenn sie Kindern ein Spielangebot machen. Andere Eltern fürchten, daß die Kinder unterfordert werden, wenn sie nicht ausreichend beschäftigt werden und Anregungen zum Gebrauch von verschiedenen Materialien erhalten. Es besteht auch die Angst, daß die Kinder unvorbereitet in die Schule kommen und den Forderungen der Schule nicht gewachsen sind.

Beide Standpunkte haben ihre reale Begründung in der jeweiligen Situation der Eltern. Der Austausch über diese Standpunkte brachte bisher kein eindeutiges Ergebnis. Aber – und das ist dabei wichtig – die Diskussion findet statt, sie wird nicht abgewürgt. Und der angesprochene Punkt des Konzeptes bleibt so lange in der Schwebe, bis ein von allen akzeptierter Konsens erreicht ist. Zusammengefaßt heißt das: Ein Konzept muß flexibel bleiben, muß auf die Bedürfnisse und Vorstellungen der Eltern reagieren können. Wenn es das nicht mehr kann, wird es zu einem toten Papier, das die Arbeit einer Eltern-Kind-Initiative eher blockiert als belebt.

Die Gruppengröße

Grundsätzliches zur Gruppengröße ist schon im Kapitel »Die Berechtigung von Elterninitiativen« geschrieben worden – beim Vergleich zwischen Initiativen und Regeleinrichtungen. Im Zusammenhang mit den Ausführungen über »Das Konzept« muß aber noch betont werden, daß viele Aussagen über Erziehungsziele und -inhalte, über pädagogische Vorstellungen erst in Verbindung mit der entsprechenden Größe der Kindergruppen zu realisieren sind.

Dazu noch einige Gedanken:

In Kleingruppen können sich Kinder selbst zurechtfinden. In großen Gruppen muß der Überblick überwiegend von Erwachsenen (den Bezugspersonen oder den anwesenden Eltern) organisiert werden, soweit diese nicht selbst den Überblick verlieren.

Kleine Gruppen schaffen – ich beziehe mich dabei auf die Erfahrungen verschiedener Eltern-Kind-Initiativen – eine emotionale Sicherheit für die Kinder; unter anderem auch, weil die Bezugspersonen mehr Zeit haben, sich um individuelle Probleme von einzelnen Kindern zu kümmern. Damit wird den Kindern das Lernen von sozialem Verhalten – auch der Umgang mit Konflikten – erleichtert. In großen Gruppen entstehen aus Mangel an Zeit Unsicherheiten, die sich in aggressivem Verhalten ausdrükken. Das heißt, daß Kinder in einer großen Gruppe mit ihren Aggressionen oft nicht umgehen können, die Erwachsenen eingreifen und Konflikte lösen müssen. Was lernen die Kinder dabei? Sie lernen, daß die Erwachsenen dazu da sind, die Angelegenheiten der Kinder zu regeln. In einer kleinen Gruppe dagegen haben die Kinder die Chance, auch im Umgang mit Konflikten eigene Erfahrungen zu sammeln, ihre eigenen Grenzen und Möglichkeiten zu erleben und nicht nur von den Erwachsenen verbal in Grenzen verwiesen zu werden, die die Kinder noch nicht kennengelernt haben. Dieser Gedanke steht unmittelbar in Verbindung mit einer konzeptionellen Aussage zur Frage der Selbstbestimmung und Selbstorganisation des Kinderalltages in der Gruppe.

In der Kleingruppe können Kinder besser lernen, was ihnen Bezugspersonen mittels pädagogischer Maßnahmen und unter Einsatz bestimmter didaktischer Einheiten vermitteln wollen. Wie dem auch sei und welchen Schwerpunkt auch immer die einzelne Elterngruppe setzt, es spricht sehr viel für die kleinen Gruppen. Und wissenschaftliche Ergebnisse bestätigen das, auch wenn sich Behörden, Gesetzgeber und andere Verantwortliche diesen Argumenten – wahrscheinlich nicht nur aus finanziellen Gründen – verschließen.

Die Gruppengröße orientiert sich nicht nur an grundsätzlichen Überlegungen zum sozialen Verhalten und zu den jeweiligen Möglichkeiten der Kinder, sich in einer Gruppe zurechtzufinden, wesentlich ist auch das Alter der Mitglieder. So variiert zum Beispiel innerhalb der Altersstufe der bis zu Dreijährigen (Krippenalter) die Gruppengröße: Säuglinge, die weder krabbeln noch laufen können, brauchen eine ganz andere Zuwendung von seiten der Bezugspersonen als Krabbler oder Kleinkinder, die anfangen zu laufen.

Bei Säuglingen (unter sechs Monaten), die noch ausschließlich im Liegen versorgt werden oder getragen werden müssen, sind die besten Voraussetzungen für eine Befriedigung der notwendigen emotionalen Bedürfnisse der Babys gegeben, wenn die Gruppe sehr klein ist.

Im Krabbelalter (etwa ab sechs Monaten) kann die Gruppengröße um ein bis zwei Kinder erweitert werden, da sich die Kinder nicht mehr ausschließlich auf die erwachsene Bezugsperson beziehen, sondern verstärkt untereinander Kontakt aufnehmen.

Rückblickend an ihre Zeit als Elternteil einer Babygruppe für Kinder im Alter von drei bis acht Monaten erinnert sich eine Mutter:

». . . Wir hatten damals fünf Babys. Zwei fingen gerade an zu krabbeln, drei waren noch zu jung dafür. Aber es war eine prima Zusammensetzung. Zu den drei ›Liegekindern‹: Also wichtig war uns Eltern immer, daß sie nicht nur gefüttert, gewickelt und schlafen gelegt wurden – das ist irgendwie selbstverständlich –, vielmehr daß in den Zeiten, da sie wach waren, die Bezugspersonen viel mit ihnen geredet haben, sie auf dem Arm herumgetragen haben – na ja, die Sache mit dem Körperkontakt . . . da haben wir Mütter ganz stark drauf geachtet, daß die Bezugspersonen das machen . . . die Krabbler kamen dabei nicht zu kurz, das kann man nicht behaupten. Für die Bezugspersonen war das damals eine Zeit, in der sich ihre Arbeit fast ausschließlich auf dem Fußboden abspielte. Sie hockten, lagen, rutschten mit den ganz Kleinen auf dem Arm oder auf dem Bauch durchs Zimmer und hielten so auch den Kontakt zu den Krabblern, die gerade anfingen, sich außer für die Erwachsenen auch für Spielsachen, Schmusetiere etc. zu interessieren . . . am liebsten leerten sie die Körbe einfach aus . . . Es war unheimlich schön, zu beobachten – und das konnten wir auch, weil wir ja regelmäßig Elterndienst hatten –, wie die Babys die Bewegungen der Krabbler mit den Augen verfolgten, dabei Quietschlaute machten und vom Arm runter wollten, was dann aber noch nicht klappte . . . Etwas schwieriger war's dann mit den verschiedenen Schlafrhythmen. Die Größeren waren halt noch wach, wenn's für die Babys Zeit war, ins Bett zu gehen. Da mußte immer eine Bezugsperson bei den Krabblern bleiben, während der Elterndienst mit der anderen Bezugsperson die Babys fertigmachte und schlafen legte – mit viel Schlafliedersingen und Streicheln . . . Dabei fällt mir was ganz Schönes ein, das hättest du sehen sollen, wie die Babys reagiert haben, wenn sie so ausgezogen zu dritt nebeneinander auf dem Wickeltisch lagen, sich so zufällig mit den Armen oder Beinen berührt haben, dann haben die gequiekt und gestrampelt, daß wir sie kaum wickeln konnten. Wir haben sie dann einfach noch eine Weile nackig liegen lassen, mit ihnen so rumgemacht, bis das ›Spiel‹ – wir haben dazu schon ganz ernsthaft ›spielen‹ gesagt – vorbei war ... Also, wenn mir heute jemand sagt, oder wenn ich das irgendwo lese, daß kleine Kinder noch nichts Richtiges miteinander anfangen können, dann stimmt das aus meiner Erfahrung garantiert nicht, dann möcht' ich erst mal wissen, was das ist, ›was Richtiges‹ ...«

In ihrer Stellungnahme zur Gruppengröße sagt die Mutter: »... wenn's lauter Babys sind, die noch nicht krabbeln können, dann sollten es höchstens vier bei zwei Bezugspersonen sein – für jeden Arm eins ... Bei Größeren, also Krabblern und so, könnte ich mir schon fünf bis sechs Kinder vorstellen. So viele auch, wenn die Gruppe gemischt ist – also Armkinder und Krabbler zusammen –, so wie bei uns. Aber es sollten immer zwei Bezugspersonen dabei sein ...«

Wenn die Kinder älter werden und laufen können, sollte den Erfahrungen entsprechend die Gruppe nicht sofort vergrößert werden. Den Kindern sollte die Gelegenheit gelassen werden, die sicherlich teilweise unbewußt gemachten Erfahrungen untereinander mit ihren jetzigen, erweiterten Fähigkeiten zu vertiefen, sie bewußter zu erleben. Wenn eine Gruppe vergrößert wird, heißt das immer, daß neue Kinder dazukommen, die noch nicht mit der Gruppe vertraut sind; die sich in die neue Situation erst einleben müssen. Das ist für die »alten« und für die »neuen« nicht einfach. Letztlich heißt das, eine Säuglings- oder Babygruppe braucht eine bestimmte Kontinuität über einen Zeitraum von mindestens einem Jahr. Dieses eine Jahr ist ein Erfahrungswert vieler Eltern-Kind-Initiativen, die mit Babys angefangen haben.

Die Kontinuität einer Babygruppe hängt jedoch sehr stark von den Bedingungen der Eltern ab. Veränderungen der Gruppensituation kommen immer wieder vor. Zum Beispiel, wenn sich Eltern beruflich verändern, den Wohnort wechseln oder wenn sich Veränderungen in der Vater-Mutter-Beziehung ergeben. In solchen Situationen ergeben sich zwangsläufig Notwendigkeiten, neue Kinder aufzunehmen. Besonders bei Eltern-Kind-Initiativen, die entweder mit keiner oder nur begrenzt mit einer finanziellen Unterstützung rechnen können.

Wenn die Kinder ins sogenannte Kindergartenalter (drei bis sechs Jahre) kommen, haben sich die Möglichkeiten der Kinder entscheidend verändert: Die Kontaktfähigkeit ist ausgeprägter, die Interessen sind differenzierter, und das Formulieren ihrer Interessen klappt besser. In diesem Alter ist eine Gruppe mit acht Kindern ohne weiteres machbar und kann bis zur Einschulung auf zehn Kinder vergrößert werden. Realistisch ist das auch deshalb, weil sich innerhalb einer Gruppe von acht bis zehn Kindern aufgrund der persönlichen Beziehungen untereinander und auch aufgrund gleichartiger Interessen sogenannte Untergruppen bilden. Die Kindergruppe besteht also nicht ständig aus zum Beispiel zehn Kindern, sondern setzt sich über lange Strecken des Tages aus mehreren Grüppchen von zwei und mehr Kindern zusammen.

Eine Untergruppe beschäftigt sich mit Bauklötzen, eine andere malt, wieder eine andere braucht Zeit zum Toben oder Schmusen. Wenn eine Bezugsperson jedoch mit allen zehn Kindern gleichzeitig etwas machen möchte – zum Beispiel singen –, dann sind auch zehn Kinder in einer Gruppe zuviel.

Bei der Beschreibung der Gründung des Kinderhauses München wird berichtet, daß die Kindergruppe inzwischen auf dreißig Kinder angewachsen war. Praktisch sah das so aus: Das Kinderhaus bestand aus drei Gruppen zu je zehn Kindern. Jede Gruppe wurde von einer festangestellten Bezugsperson und einer Praktikantin betreut. Die Gruppen waren jedoch untereinander so offen, daß jederzeit die Möglichkeit zur Bildung von Untergruppen gegeben war, und die entstanden, weil einige Kinder sich gerade sehr gut miteinander verstanden und auf dieser Beziehung ihr Spiel aufbauten oder weil andere Kinder sich zu Interessengruppen formierten – zum Beispiel Musik machten, bastelten etc.

Ein Hort (für Kinder ab sechs Jahren) muß mehrere Aufgaben erfüllen. Einmal sollen dort die Hausaufgaben gemacht werden, zweitens sollen die Kinder ihre Freizeit dort verbringen können, was nach einigen Stunden Ruhig-in-der-Schulbank-Sitzen sehr wichtig ist. Und außerdem soll der Hort eventuell auch die Möglichkeit bieten, einzelne Kinder speziell zu fördern und ihnen bei Schwierigkeiten in einzelnen Fächern zu helfen.

Das bedeutet: Die Kindergruppe muß so klein wie möglich sein, damit die Kinder in Ruhe und ohne große Ablenkung ihre Hausaufgaben machen können, und dennoch groß genug, daß den Kindern Ideenvielfalt für die Freizeitgestaltung geboten ist. Das zahlenmäßige Verhältnis von Bezugspersonen zu Kindern muß außerdem ausreichend sein, daß die individuelle Förderung einzelner Kinder gewährleistet ist.

Schulkinder machen täglich ihre Erfahrungen in Klassen von 25 bis 35 und mehr Kindern – es ist für eine individuelle Verarbeitung der Schulerfahrungen wichtig – besonders während der ersten Schuljahre –, daß sie nach Schulschluß in kleinen Gruppen sein können.

Dabei können sich natürlich Unter- und Interessengruppen genauso bilden wie im Kindergarten.

Der Schülerhort bildet im Hinblick auf die Gruppengröße eine Ausnahme von der Regel. Die Schüler sollten in bestimmten, eventuell sogar regelmäßigen Zeitabständen die Gelegenheit haben, ihre Freunde und Freundinnen aus der Schule mitzubringen. Eine Schülerhortgruppe kann nicht so geschlossen geführt werden wie eine Kleinkind- oder Kindergartengruppe. Kontakte zu anderen Kindern, die nicht im Hort sind, sind wichtig und dürfen nicht verhindert werden; daß nun ein Kind hin und wieder nicht in den Hort geht, weil es nach der Schule einen Freund oder eine Freundin besucht, oder daß es Kinder mit zur Kindergruppe bringt, sollte ermöglicht werden. Mit regelmäßigen sogenannten »offenen Horttagen« hat das Kinderhaus München sehr positive Erfahrungen gemacht.

Erfahrungsgemäß pendelt sich die Gruppengröße im Hort zwischen zwölf und sechzehn Kindern bei zwei, besser drei (besonders wenn einzelne Kinder eine stärkere individuelle Förderung brauchen) Bezugspersonen ein.

Die Altersgruppen

Nach der Frage nach der Gruppengröße stellt sich die Frage, für welche Altersgruppe oder Altersgruppen eine Eltern-Kind-Initiative überhaupt gegründet werden soll. Maßstab für die Gründung einer Kinder-und-Eltern-Gruppe ist verständlicherweise einmal das Alter der eigenen Kinder, dann die Nachfrage, das Interesse der verschiedenen Eltern an einem solchen Projekt. Die Nachfrage wird häufig durch die Sozialstruktur eines Stadtteils oder des Gebietes geprägt, in dem die Idee zur Gründung einer Eltern-Kind-Initiative entstanden ist. Um einige Möglichkeiten aufzuzeigen, wie Altersgruppen strukturiert werden können, welche Vorteile sie haben und welche Erfahrungen damit gemacht wurden, sollen die drei gebräuchlichsten Formen von Altersgruppen kurz beschrieben werden.

1. Die altershomogene bzw. gleichaltrige Gruppe

Die altershomogene oder gleichaltrige Gruppe besteht – wie schon der Name sagt – aus annähernd gleichaltrigen Kindern. Im Sprachgebrauch der Regeleinrichtungen und Behörden wird unter gleichaltrig immer eine Altersspanne von drei Jahren definiert. Verwaltungstechnisch sind die einzelnen Altersgruppen eingeteilt in:

Krippen- und Krabbelalter:	bis 3 Jahre
Kindergartenalter:	3 bis 6 Jahre
Hortalter:	ab Einschulung

Diese Einteilung bedeutet schwerpunktmäßig für die Altersgruppe der bis zu Dreijährigen eine hygienische und gesundheitliche Fürsorge, für die Drei- bis Sechsjährigen eine intensive vorschulische Betreuung und für die Hortkinder eine effektive Hausaufgabenbetreuung und – wenn Zeit bleibt – eine sinnvolle Freizeitgestaltung.

An diese Einteilung der Altersgruppen brauchen sich Eltern in Eltern-Kind-Initiativen nicht unbedingt zu halten. Sie müssen aber, wenn sie öffentliche Gelder beantragen, die für die unterschiedlichen Altersstufen unterschiedlich geregelten Auflagen und Voraussetzungen beachten, die im Jugendwohlfahrtsgesetz geregelt sind. Das heißt, wenn sich eine Kindergruppe aus zweibis vierjährigen Kindern zusammensetzt, gelten sowohl die Bestimmungen für Krippen als auch die für Kindergärten. Und das hat Konsequenzen für die räumliche Ausstattung und für die personelle Besetzung (über die personelle Besetzung wurde schon im Kapitel »Die Gruppengröße« gesprochen, zum Thema Personal, Bezugspersonen etc. komme ich im Anschluß an dieses Kapitel). Aber, wie gesagt, an diese Alterseinteilung brauchen sich Eltern nicht zu halten, wenn sie bereit und in der Lage sind, sich mit mehreren Behörden auseinanderzusetzen. Und die Auseinandersetzung mit Behörden sollte für Eltern kein Hinderungsgrund sein, ihre eigenen Interessen und die ihrer Kinder durchzusetzen. Denn die Erziehungsverantwortung tragen letztlich immer die Eltern selbst. Ein wichtiger Vorteil altersgleicher Gruppen besteht darin, daß Kinder tagsüber zusammen sind, die sowohl motorisch, intellektuell und vom Sozialverhalten her gesehen als auch sprachlich ein relativ gleiches Niveau haben. Das heißt, bei der Planung, Gestaltung und Durchführung ihrer Spielsituationen haben alle Kinder der Gruppe annähernd die gleichen Voraussetzungen und Möglichkeiten ihre Phantasie, ihre Vorstellungen vom Ablauf eines Spieles einzubringen. Das gilt auch für die Lösung von Konflikten und Auseinandersetzungen, ohne die eine Kindergruppe nicht denkbar ist.

An dieser Stelle ist noch eine Erklärung notwendig, warum ausgerechnet Begriffe wie »annähernd«, »relativ« und »ähnlich« im Zusammenhang mit der Beschreibung von Vorteilen einer altersgleichen Gruppe gebraucht werden:

Auch gleichaltrige Kinder machen unterschiedliche Entwicklungsstadien durch. Diese Stadien hängen einerseits von der individuellen Veranlagung eines Kindes ab, andererseits auch von der für das Kind unmittelbar erfahrbaren Umwelt, die in erster Linie durch die Eltern repräsentiert und von ihnen organisiert wird. Diese beiden Faktoren – die Veranlagung des Kindes und das Verhalten der Eltern – wirken so zusammen, daß die verschiedenen Entwicklungsbereiche (die Grob- und Feinmotorik, die sprachliche Entwicklung, das Sozialverhalten etc.) bei Kindern der gleichen Altersstufe unterschiedlich ausgeprägt sind.

Um das deutlich zu machen und gleichzeitig die Funktion einer gleichaltrigen Gruppe zu beschreiben, ein kurzes Beispiel:

J. (heute dreieinhalb Jahre alt) ist das Kind einer deutschen Mutter und eines englischen Vaters. Die ersten anderthalb Jahre seines Lebens wächst J. bei seiner Mutter in München auf. Der Vater bleibt aus privaten und beruflichen Gründen in England. Dennoch haben beide über die kurzen Kontakte, die sie wochenendweise miteinander haben, beschlossen, das Kind zweisprachig zu erziehen. Die Mutter bemüht sich, auch während der Abwesenheit des Vaters darum. Doch J. spricht weder die eine noch die andere Sprache. Als der Vater endgültig mit der Mutter zusammenzieht und sie gemeinsam das Konzept der zweisprachigen Erziehung weiterführen, verweigert J. jegliche sprachliche Weiterentwicklung, er bleibt weit hinter den Kindern seines Alters zurück. All dies hindert J. jedoch in keiner Weise daran, mit den Kindern seiner gleichaltrigen Kindergruppe zu kommunizieren. Er kann dies zwar nicht verbal, drückt mit seinem Körper, seiner Gestik aber so viel aus, daß die Kinder ihn verstehen; die anderen Kinder aus der Gruppe akzeptieren ihn so, wie er sich verhält. J. konzentriert sich fast ein Dreivierteljahr voll und ganz auf seine Motorik. Er ist laut und entwickelt einen ungestümen Bewegungsdrang.

Die Eltern haben Schwierigkeiten durch das Verhalten ihres Kindes bekommen, nicht mit den Eltern der Elterngruppe, wohl aber mit Nachbarn, Erwachsenen, die sie beim Einkaufen oder sonstwo in der Freizeit getroffen haben. Trotz allem wollten sie ihre zweisprachige Erziehung nicht ganz aufgeben. Sie haben zwar Zugeständnisse in puncto Radikalität gemacht, fanden es aber nach wie vor richtig, beide Sprachen, die »Muttersprache« und die »Vatersprache«, dem Kind zu vermitteln. J. ist nach einem Jahr in der Kindergruppe motorisch wesentlich ruhiger geworden und hat seinen sprachlichen Rückstand weitgehend aufgeholt. Er kann sich inzwischen sowohl in der Kindergruppe als auch auf dem Spielplatz oder beim Kaufmann verbal sehr sicher ausdrücken.

Was an diesem Beispiel wichtig ist, ist einmal, zu erkennen, welchen Einfluß Eltern auf bestimmte Entwicklungsphasen ihres Kindes haben. In diesem Fall hängt die Stagnation in der Entwicklung von J. sicher nicht mit dem Anspruch einer zweisprachigen Erziehung zusammen, vielmehr mit der Unsicherheit der

Eltern, ihrem eigenen Anspruch gerecht zu werden. Der Vater war immerhin anderthalb Jahre nur sporadisch anwesend, und seine Sprache hätte dem Kind vermittelt werden sollen.

Zum anderen ist wesentlich und bemerkenswert, daß die Kindergruppe J. zu keiner Zeit, trotz seiner sprachlichen Schwierigkeiten, im Stich gelassen hat. J. war die ganze Zeit über voll und ganz in die Kindergruppe integriert. Und nicht nur, daß die anderen Kinder ihn in seiner Art akzeptiert hatten, sie hatten von J. auch profitiert, da er in seiner auffallenden Motorik eine Sicherheit erlangte, zum Beispiel beim Klettern, Springen, Toben, die viele Kinder dazu anregte, sich auch auf diesem Gebiet Fähigkeiten anzueignen, um mit J. mithalten zu können. Das heißt auch, im Zusammenleben von Kindern in Gruppen (und hier geht es nicht nur um gleichaltrige Gruppen, sondern um alle möglichen Gruppenkonstellationen) lernen Kinder von Kindern, profitieren Kinder von den gegenseitigen Anregungen. Und das bezieht sich nicht nur auf die intellektuelle, die sprachliche oder die motorische Entwicklung (beispielsweise im Umgang mit den verschiedensten Materialien), es bezieht sich auch sehr stark auf die Entwicklung von sozialem Verhalten.

Das Lernen unter Kindern hat auch den Vorteil, daß durch das Erleben (= Lernen) der eigenen momentanen Grenzen, die Kinder auch lernen, diese Grenzen zu verteidigen, was im Hinblick auf das Lernen von sozialem Verhalten sehr wichtig ist, und sie erleben in der Gruppe die Grenzen der anderen Kinder und lernen, sie zu respektieren. Es ist für Erwachsene einsichtig, daß solche Lernprozesse in gleichaltrigen Gruppen für die Kinder authentischer und weniger repressiv verlaufen können als in Gruppen mit größerem bis großem Altersunterschied. Man denke nur an Geschwistersituationen, in denen den »Großen« eine oft nicht nachvollziehbare Rücksichtnahme abverlangt wird gegenüber den »Kleinen«. – Das »Kleine« darf die Bausteinburg zerstören, weil es das ja noch nicht versteht. Das große Kind soll nicht sauer sein oder darf nicht wütend reagieren, gerade weil es schon älter – schon »so groß« – ist. Wie leicht schafft so eine Situation unterschwellige Aggressionen, die nicht selten in »Hackordnungen« ihren Ausdruck finden. In einer gleichaltrigen Gruppe entsteht bei Spannungen leichter ein sinnvoller Ausgleich. Wichtig ist in diesem Zusammenhang noch ein anderer Aspekt, der sich zwar nicht ausschließlich auf die altersgleiche Gruppe bezieht, aber gerade in ihr am deutlichsten wird.

Einige Eltern erzählen, daß speziell an Wochenenden, im Urlaub oder wenn der Kindergarten, die Kindergruppe aus irgendwelchen Gründen (zum Beispiel Renovierungsarbeiten) mal geschlossen ist, ihre Kinder sich zu Hause langweilen, nicht alleine spielen können und keinen Kontakt zu anderen Kindern aus dem Haus oder auf dem Spielplatz finden. Die Eltern erleben ihre Kinder nur noch als sogenannte Gruppenkinder. Diese Gefahr ist sicher vorhanden, und wenn die Eltern sie kennen, können sie auch etwas dagegen tun. Zum Beispiel sollte eine Kindergruppe immer wieder, wenn möglich regelmäßig, Kontakte zu anderen Kindergruppen oder zu einzelnen Kindern pflegen. Ob das Besuche auf Spielplätzen, in öffentlichen Schwimmbädern, in kindgerechten Ausstellungen sind, bleibt der Phantasie der Bezugspersonen und der Eltern überlassen. Nur sollte man nie aus den Augen verlieren, daß die – wenn auch sehr gut funktionierende – Gruppe nicht zur isolierten und isolierenden Umwelt für die Kinder wird. Die Auseinandersetzung mit der Umwelt findet nicht nur in der Gruppe statt, sie geht »draußen« weiter. Diese Erfahrung darf den Kindern durch das Leben in einer Gruppe nicht genommen werden.

2. Die altersgemischte Gruppe

Die altersgemischte Gruppe ist eine hauptsächlich in Nordrhein-Westfalen übliche Form der Kindergruppenstruktur. Diese Gruppenform wurde sogar 1973 in die Richtlinien für Tageseinrichtungen des Landes Nordrhein-Westfalen aufgenommen.*

Innerhalb des Landes Nordrhein-Westfalen hat das auch die Konsequenz, daß Eltern-Kind-Initiativen, die Zuschüsse beantragen wollen, altersgemischte Gruppen, entsprechend den dafür geltenden Richtlinien, einrichten müssen. Doch zuerst noch zu den Überlegungen, die zur Einrichtung von altersgemischten Gruppen geführt haben.

---

* Vgl. *Ministerblatt für das Land NRW*, Ausgabe A, Jg. 26, 20. 12. 1973, Nr. 123, S. 2122 ff.

Dänemark hat als erstes europäisches Land mit der Gründung von altersgemischten Kindergruppen begonnen. Und wenn man den wissenschaftlichen Auswertungen dieser Modelle folgt, auch positive Erfahrungen damit gemacht.

Der Grundgedanke war hier, ähnlich wie in Ländern, die sich diesem Modellversuch angeschlossen haben (darunter auch das Bundesland NRW), durch eine familienähnliche Alterskonstellation und eine häusliche Atmosphäre Beeinträchtigungen in der Entwicklung betroffener Kinder, vor allem der Säuglinge und Kleinstkinder, zu vermeiden. Die betroffenen Kinder sind diejenigen, die aufgrund der verschiedensten Lebensbedingungen ihrer Eltern den Tag ganz oder teilweise außerhalb der Familie verbringen müssen. Die Gruppen sollen maximal fünfzehn Kinder im Alter zwischen vier Monaten und sechs Jahren umfassen, und zwar grundsätzlich nicht mehr als zwei Säuglinge, vier Kleinstkinder und neun Kindergartenkinder (drei bis sechs Jahre). In einem Artikel, der in der Zeitschrift *Materialien für die sozialpädagogische Praxis* (MSP), Nr. 4, erschienen ist, beschreibt Frau Gisela Maar vom Institut für Erziehungswissenschaft der Universität Münster die Vorteile der altersgemischten Gruppen folgendermaßen:

1. »Kontinuität der Bezugspersonen, der Erziehungsumwelt und der Erziehungsstile, indem die laufenden An-, Neuanpassungen samt ihrer oft zu Persönlichkeitsstörungen führenden Belastungen für die kindliche Entwicklung, die sonst beim Übergang von der Krippe zur Krabbelstube und von der Krabbelstube zum Kindergarten auftraten, wegfallen.

2. Wo Geschwister schon eine altersgemischte Gruppe besuchen, kann durch diese für ein Kleinkind, welches zum ersten Mal die Familie verläßt, Kontinuität zwischen familiärer und familienergänzender Sozialisationsumwelt hergestellt werden.

3. Kontinuität in der Beziehung zwischen Eltern und Erziehern, wodurch eine enge Zusammenarbeit, die letztlich dem Kind zugute kommt, erleichtert wird ...« Die Zielvorstellung bei der Einrichtung von altersgemischten Gruppen, durch die Altersmischung von Säuglingen, Kleinstkindern und Kindergartenkindern, ist »... ein höheres Maß individueller Zuwendung durch die Erwachsenen, im besonderen aber auch Anreize und Nach-

ahmungsmöglichkeiten durch die älteren Kinder zu bieten, um Entwicklungsretardierungen (Entwicklungsrückstände) und psychische Störungen, wie sie von der herkömmlichen, überwiegend auf Körperpflege und Hygiene fixierten Tagesbetreuung – oft boshaft Windel- und Flaschenorientierung genannt – bekannt sind, zu vermeiden ...« (a. a. O.).

Die altersgemischte Gruppe soll also ähnliche Bedingungen schaffen, wie sie Geschwisterkinder in der Familie vorfinden: verschiedene Altersstufen, die Möglichkeit für die »Kleinen«, von den »Großen« zu lernen (zum Beispiel durch Nachahmung), und eine intensivere Betreuung, nicht nur im hygienischen Bereich, für die Kleinstkinder, was logischerweise einen größeren »Freiraum« für die größeren Kinder bedeutet. Wobei dieser »Freiraum« nicht unbedingt bedeutet, die »Großen« allein zu lassen. Es bedeutet vielmehr, die Eigeninitiative der »Größeren« untereinander und im Durchsetzen ihrer Interessen den Erwachsenen gegenüber zu fördern. Daß das Lernen von Rücksichtnahme ein wichtiger Aspekt in der Entwicklung des Sozialverhaltens ist, haben wir beschrieben – auch, daß er nicht immer ganz unproblematisch ist, wie wir am Beispiel der »Hackordnung« gesehen haben. Um auf Unter- oder Überforderung der einzelnen Kinder reagieren zu können, ist nicht nur die Form der Gruppenstruktur ausschlaggebend, die Eltern und die Bezugspersonen spielen hier eine entscheidende Rolle.

Bei der Schilderung der Vorteile einer altersgemischten Gruppe schreibt Frau Maar: »... Kontinuität in der Beziehung zwischen Eltern und Erziehern ...«, die durch eine engere Zusammenarbeit »... letztlich dem Kind zugute kommt ...« Das ist sicherlich richtig, schon weil die Erzieher hier nicht im Zusammenhang mit einer Elterngruppe erwähnt werden, sondern nur als Einzelvertreter ihrer eigenen Kinder. Wenn man davon ausgeht, daß zu einer Eltern-Kind-Initiative nicht nur eine funktionierende Kindergruppe gehört, sondern auch eine funktionierende Elterngruppe, die gemeinsam mit der Erzieherin oder dem Erzieher die pädagogischen Probleme diskutiert und daraus die Praxis entwickelt, ergibt sich für eine kontinuierliche Elternarbeit aus der altersgemischten Gruppe eine besondere Schwierigkeit, die zwar lösbar ist, aber erwähnt werden muß:

Wenn sich Eltern über inhaltliche und pädagogische Gesichtspunkte der Kindergruppenarbeit unterhalten, vertreten sie in erster Linie die Interessen ihrer eigenen Kinder – und das sollen sie auch. Die inhaltlichen Interessen für die eigenen Kinder sind aber in den verschiedenen Altersstufen sehr unterschiedlich. So sind zum Beispiel Eltern von Säuglingen viel stärker an der Befriedigung grundsätzlicher, emotionaler Bedürfnisse interessiert, wie Körperkontakt, zärtliche Ansprache und Anregungen der verschiedensten Art. Die Eltern von Kindergartenkindern vertreten dagegen – weil sie mit ihren Kindern eine Entwicklung durchgemacht und die Forderung nach »Sicherheit« teilweise bereits hinter sich gebracht haben – mehr die Interessen dieser Altersstufe, wie Toben, Klettern, Raufen, Basteln und Aktionen nach außen – zum Beispiel Schwimmengehen etc. Die Interessen beider Elterngruppen sind berechtigt und basieren auf der Kenntnis und der Erfahrung mit dem eigenen Kind. Es wird nicht immer einfach sein, alle Interessen in den Auseinandersetzungen der Elterngruppen auf einen Nenner zu bekommen. Es wäre wünschenswert, daß die Eltern der Kindergartenkinder den Eltern der Kleineren durch Vermittlung ihrer eigenen Erfahrungen Sicherheit im Umgang mit dem Problem der Kinderbetreuung außerhalb der Familie vermitteln könnten. Umgekehrt, wenn die Eltern der kleineren Kinder bei den Kindergarteneltern Erinnerungen wachrufen und Verständnis für ihre derzeitigen altersbedingten Überlegungen erreichen könnten. Aber der gegenseitige Erfahrungsaustausch verläuft nicht immer reibungslos.

Diese Überlegungen zur Elternarbeit in altersgemischten Gruppen sollen nicht gegen dieses Konzept sprechen. Es soll nur darauf hingewiesen werden, daß mit diesen oder ähnlich gelagerten Schwierigkeiten zu rechnen ist. Lösungen müssen innerhalb der einzelnen Elterngruppen diskutiert werden.

3. Das altersübergreifende Gruppenkonzept

Dieses Konzept stellt eine Mischform der beiden schon beschriebenen Gruppenformen dar.

Das Kinderhaus München war 1976 die erste öffentlich anerkannte Eltern-Kind-Initiative, die auf der Grundlage dieses Konzeptes arbeitete. Es scheint daher sinnvoll, aus der Projektbeschreibung des Kinderhauses zu zitieren, wie und warum die Eltern zu dem altersübergreifenden Konzept fanden:

»Das Kinderhaus praktiziert einen altersübergreifenden Ansatz, der den Kindern auf der einen Seite die Sicherheit einer altersgleichen Gruppe bietet, auf der anderen Seite Möglichkeiten eröffnet, sich untereinander mit Kindern der verschiedenen Altersstufen zu organisieren, das heißt, sich auch an älteren bzw. jüngeren Kindern zu orientieren. Strukturell bedeutet dies die Zusammenfassung mehrerer altersgleicher Gruppen in – räumlich gesehen – einem Projekt.

Überlegungen bei der Konzipierung eines solchen Ansatzes lassen sich aus den Erfahrungen bisheriger Eltern-Kind-Initiativen ableiten, die sich auf die Vorteile eines Gruppenbewußtseins beziehen, das für Kinder leichter und authentischer zu entwickeln ist, wenn sowohl motorisch als auch intellektuell einigermaßen gleichwertige Bedingungen vorhanden sind.

Die Erfahrungen der Eltern-Kind-Initiativen zeigen jedoch auch, daß sich in geschlossenen gleichaltrigen Kindergruppen sehr leicht Verhaltensweisen entwickeln können, die im Widerspruch zu den erklärten Erziehungszielen stehen. Eines dieser erklärten Erziehungsziele ist die Selbständigkeit. Ausführliche Beobachtungen und viele Erfahrungen lassen erkennen, daß Gruppenkinder zwar innerhalb ihrer Kindergruppe selbständig sein können, ihre Interessen darstellen und auch in der Lage sind, mit den ihnen zur Verfügung stehenden Möglichkeiten diese Interessen durchzusetzen. Wenn die Kinder jedoch nicht in der Gruppe sind – wie an Wochenenden, in Feriensituationen etc. –, zeigt sich bei vielen, daß sie die Sicherheit der Gruppe, den Schutz der Gruppe brauchen, um sich auf Kontakte mit ›fremden‹ Kindern einzulassen.

Von vielen Eltern wird das ›Alleine-spielen-Können‹ der Kinder an Wochenenden, in Feriensituationen oder bei anderen Gelegenheiten außerhalb der Gruppe als Zeichen für Selbständigkeit gewertet, obwohl es häufig Unsicherheit, wenn nicht gar Ängste vor allein aufzunehmenden Interaktionen bedeuten kann. Diese bedingte Unfähigkeit zur Interaktion außerhalb der ›Schutzzone‹ der Kindergruppe ist bei Einzelkindern in Kleinfamilien häufiger zu beobachten als bei Geschwisterkindern oder

Kindern, die mit anderen Kindern in Wohngemeinschaften zusammenleben.

Die Erfahrungen in diesem Punkt waren – um nur einen Schwerpunkt herauszugreifen – mit ausschlaggebend bei den konzeptionellen Überlegungen für einen altersübergreifenden Ansatz, wie ihn das Kinderhaus München praktiziert.

Die Vorteile der Sicherheit, die Kinder in altersgleichen Gruppen entwickeln können, sollen nicht in Frage gestellt werden, sondern vielmehr in einen anderen, in einen erweiterten Zusammenhang gestellt werden, der gegengewichtig zur Kleingruppenerfahrung die Interaktionsfähigkeit auch außerhalb der eigenen Gruppe fördern soll« (aus der Projektbeschreibung des Kinderhauses München, 1976).

Das Kinderhaus hat sich bei der Organisation dieses Konzeptes nicht an die übliche Altersgrenze von sechs Jahren gehalten, sondern die ersten drei Grundschuljahre noch mit einbezogen.

Voraussetzung für die Verwirklichung dieses »Mischverhältnisses« ist natürlich, daß die einzelnen Gruppen nicht abgekapselt sind, daß nicht gruppenspezifische Beschäftigungsmöglichkeiten angeboten werden, sondern daß den Kindern – egal, welcher Altersstufe – die Entscheidung überlassen bleibt, für welche Altersgruppe oder für welche Beschäftigung sie sich entscheiden.

An einem Beispiel kann die theoretische Beschreibung des altersübergreifenden Gruppenkonzeptes verdeutlicht werden. Gleichzeitig zeigt es, welche Erfahrungen das Kinderhaus mit diesem Konzept macht.

». . . Der Schüler M. kommt um halb eins mit seinen Freunden aus der Schule (sieben Kinder aus der Hortgruppe) ins Kinderhaus. Er macht einen müden Eindruck. Ich frage ihn, was los ist. Er sagt nur: ›Laßt mich in Ruhe.‹ Das mache ich auch, will ihn aber später nochmals fragen. Die anderen Schüler erzählen, daß sie heute eine Probe schreiben mußten und M. nichts gewußt hat. Sie wollten ihn auch schon auf dem Heimweg trösten, aber er wies sie ab.

. . . Nach dem Mittagessen ist M. plötzlich verschwunden. Ich finde ihn schließlich im ersten Stock in der Babygruppe. Er hilft beim Wickeln und nimmt anschließend die kleine J. (8 Monate) auf den Arm und gibt ihr die Flasche. Ich lasse ihn dort und kümmere mich wieder um die Schüler. Bei denen hat sich in der Zwischenzeit ein Teil der Kindergartengruppe und der Kleinkindgruppe versammelt. Die Schüler erzählen, was sie Neues gelernt haben, und machen es auch gleich praktisch vor – schreiben und malen an die große Wandtafel. Die Kleineren hören nicht nur andächtig zu, sondern wollen alles ganz genau wissen, fragen nach. Sie bringen auch ihre eigenen Erfahrungen vom heutigen Schwimmbadbesuch ein . . .

Nach knapp einer Stunde kommt M. zurück, als die anderen Schüler gerade anfangen, ihre Hausaufgaben zu machen. Er wirkt gelöster, fängt auch schon wieder an, seine üblichen Witze zu machen. Er setzt sich dann aber konzentriert an seine Hausaufgaben.

. . . Kurz vor der Brotzeit spreche ich ihn nochmals auf seine Wut von vorhin an. Er erzählt mir die Sache mit der Probe, wie blöd das war und wie schön es die Babys hätten, die noch nicht in die Schule brauchen . . .« (Auszug aus einem Tagesprotokoll einer Erzieherin im Kinderhaus München von 1980).

Soweit die Beschreibung der drei gebräuchlichsten Altersgruppierungen. Keine davon sollte als die »richtige«, die »letztgültige« angesehen werden. Auch darf nicht vergessen werden, daß das »Gelingen« sehr davon abhängt, wie Eltern und/oder Bezugspersonen mit der festgelegten Gruppensituation umgehen.

Es soll noch mal auf die Notwendigkeit von »Außenkontakten« hingewiesen werden (Spielplatz, Schwimmbad, Besuch von anderen Eltern-Kind-Initiativen und anderen Kindergruppen etc.), die besonders wichtig sind bei altersgleichen Gruppen. Bei altersgemischten Gruppen oder altersübergreifenden Gruppen ist es vielleicht nicht ganz so brisant, weil das Spektrum der Kontaktmöglichkeiten und der Erlebenssituation von Haus aus schon breiter angelegt ist.

Die Mitarbeit professioneller Betreuer

Unter Umständen stellt sich inzwischen eine Situation so dar: Aus verschiedenen oder einigermaßen gleichen Umständen und Beweggründen hat sich eine Elterngruppe gefunden, die die

Gründung einer Eltern-Kind-Initiative konkret ins Auge faßt. Altersstrukturen, die Gruppengröße und andere wichtige inhaltliche Gesichtspunkte sind im Rahmen der konzeptionellen Überlegungen schon diskutiert, und – lassen wir die organisatorischen Aspekte vorläufig beiseite – es stellt sich eine weitere inhaltliche Frage: Soll die Kindergruppe professionell betreut werden, das heißt, sollen, um dem diskutierten und besprochenen Konzept gerecht zu werden, ausgebildete Erzieher(innen), Sozialpädagogen oder Sozialpädagoginnen oder ähnlich qualifiziertes »Personal« eingestellt werden – oder übernehmen die Eltern selbst die Betreuung und Versorgung der Kindergruppe?

Darüber hinaus und ergänzend zu dieser Frage steht die Überlegung, welche Voraussetzungen kann man von den professionellen Betreuern/Betreuerinnen erwarten, welche Ansprüche stellt die Elterngruppe?

Wir haben schon über die Motivation gesprochen, die zur Gründung einer Eltern-Kind-Initiative führen kann. Im Zusammenhang mit der Kritik an Regeleinrichtungen steht dabei an erster Stelle die Notwendigkeit; an zweiter Stelle der Wunsch, nach Ablauf des Mutterschaftsurlaubes wieder berufstätig werden zu müssen bzw. wieder berufstätig werden zu wollen. (Es wird hier ganz bewußt in erster Linie die Situation von Müttern angesprochen, weil erfahrungsgemäß die Entscheidung der Mütter, ob sie berufstätig sind/sein wollen oder nicht, den Ausschlag gibt. Gesellschaftlich gesehen, wird die Berufstätigkeit der Väter eher nicht in Frage gestellt, und die wenigen Väter, die sich für die Rolle des Hausmannes entschieden haben, spielen bei der angesprochenen Frage leider noch keine entscheidende Rolle. Es bleibt zu wünschen, daß sich das noch ändert.)

Muß oder möchte die Mutter also berufstätig sein, so richtet sich die Entscheidung für eine professionelle Bezugsperson und deren notwendige Qualifikation nach den jeweiligen Ansprüchen und Vorstellungen.

Bei der Entscheidung für oder gegen eine professionelle Betreuung können die Eltern (Mütter) »das Zünglein an der Waage« werden, die nicht arbeiten, ihre Kinder aber trotzdem in eine Kindergruppe geben wollen (die möglichen Gründe dafür wurden schon beschrieben). Mit diesen Situationen sollte man aber sehr vorsichtig umgehen. Der emotionale, zeitliche und organisatorische Aufwand für eine Halbtags- bzw. Ganztagsbetreuung einer Kindergruppe ist nicht zu unterschätzen. Und wie leicht entstehen Aggressionen, wenn einige Eltern (beispielsweise einige nichtberufstätige Mütter) die Hauptarbeit übernehmen, während die anderen an der Initiative beteiligten Eltern aufgrund ihrer Berufstätigkeit »nur« einen vergleichsweise geringen Teil der zu erledigenden Aufgaben übernehmen können. Wenn also nichtberufstätige Eltern die Aufgabe der Kinderbetreuung übernehmen, müssen vorher die Zuständigkeiten für die anderen notwendigen Aufgaben (zum Beispiel Behördenkontakte, Anschaffung von Spielmaterial, Reparaturen etc.) verbindlich zwischen allen Eltern geklärt werden.

Elterngruppen, die sich nicht ausschließlich selbst finanzieren können (weil beispielsweise die Miete für die Räume zu hoch ist) oder sich nicht selbst finanzieren wollen (weil sie davon ausgehen, daß eine qualifizierte Erziehungsarbeit einen Anspruch auf Unterstützung aus öffentlichen Mitteln hat), sind vor das Problem gestellt, daß Zuschüsse nur dann zugeteilt werden, wenn sie entsprechend qualifiziertes Personal nachweisen können. Das gilt auch dann, wenn die Eltern die Betreuung der Kindergruppe selbst übernehmen. Das heißt, die Eltern, die tagsüber mit den Kindern zusammen sind, müssen – wenn die Elterngruppe einen Antrag auf finanzielle Unterstützung stellt – einen entsprechend qualifizierten Abschluß nachweisen. Die Ansprüche an die Qualifikation sind in den einzelnen Bundesländern unterschiedlich.

Wenn Eltern die Kindergruppe selbst betreuen, tauchen unter Umständen weitere Probleme auf, die je nach Alter der Kinder unterschiedlich kompliziert werden können:

Was passiert zum Beispiel, wenn das Kind eines zuständigen Elternteils seine legitimen Ansprüche an ihn stellt und es öfter auf den Arm genommen werden möchte als andere Kinder? Kann ein Elternteil, wenn er sein eigenes Kind in der Kindergruppe hat, noch »objektiv« Konflikte beurteilen und den Kindern gerechte Hilfestellungen anbieten?

Das Kinderhaus München hat mit diesen Fragen einige Erfahrungen gemacht. Zusammengefaßt heißt es da: ». . . Grundsätzlich ist es möglich und schadet dem Gruppenprozeß innerhalb der Kindergruppe in keiner Weise, wenn ein Elternteil und dessen Kind gemeinsam in ein und derselben Gruppe sind. Wenn sich Eltern für eine Eltern-Kind-Initiative entschieden haben, weil sie glauben, daß das die beste Möglichkeit ist, ihren Kindern eine bedürfnisorientierte und interessengerechte Erziehung zukommen zu lassen, und außerdem die Möglichkeit haben, dort aktiv mitzuarbeiten, wäre es widersinnig, wenn diese engagierten Eltern ihr eigenes Kind nicht in diese Kindergruppe geben dürften . . .«

Erfahrungsgemäß haben die Kinder selbst keine Schwierigkeiten bei der Tatsache, daß der Elternteil eines Kindes die Bezugsperson ist. Nicht zu unterschätzen ist es dagegen, wenn das betroffene Kind seine Mutter oder seinen Vater ungern mit den anderen Kindern teilen möchte und sie oder ihn lieber für sich alleine haben möchte. Gerade dieser Konflikt, den das betreffende Kind mit seinem Elternteil durchstehen muß, ist sehr stark altersbedingt. Bei den Ein- bis Dreijährigen kommt er viel häufiger und heftiger zum Ausbruch als bei den größeren Kindern. Bei den Fünf- bis Sechsjährigen fast gar nicht mehr. Manchmal nur, wenn andere häusliche oder beziehungsmäßige Konflikte zwischen Kind und Elternteil dahinterstehen. In solchen Fällen liegt das Problem oft in der Tatsache, daß die Mutter oder der Vater am Abend zu Hause auf die Ansprüche des eigenen Kindes nicht mehr so reagieren kann, wie es das Kind gerne hätte, weil sie oder er sich schon den ganzen Tag mit der gesamten Kindergruppe beschäftigt hat, dem eigenen Kind und den anderen Kindern gegenüber so »objektiv« wie möglich war, was emotional anstrengend ist und jetzt Ruhe haben, abschalten möchte. Das Kind dagegen will endlich die Gelegenheit nutzen, seine Mutter oder seinen Vater für sich alleine zu haben. Dieses Problem läßt sich noch am ehesten lösen, wenn sich der betreffende Elternteil schon tagsüber in der Kindergruppe so authentisch wie möglich sowohl dem eigenen Kind als auch den anderen Kindern gegenüber verhält, auch wenn dabei hin und wieder einige Ungerechtigkeiten entstehen. Die muß man sich dann allerdings auch eingestehen und versuchen, den Kindern die Ursachen zu erklären. Mit »Kopfarbeit in Sachen Objektivität«, die allzu leicht zu einer falschen Emotionalität führt, ist da nicht viel zu machen.

Die Kinder spüren das sehr schnell, sie reagieren darauf, und das macht den Konflikt nur noch verwirrender.

Wie schon gesagt, authentisches Verhalten und – das ist besonders wichtig – die Unterstützung der Elterngruppe können das Problem erleichtern. Wie die Unterstützung der Elterngruppe aussehen kann, ist schwer zu beschreiben, weil es von vielen individuellen Details abhängt, wie sich dieses Problem darstellt. Aber eines kann grundsätzlich gesagt werden: Die Eltern, die nicht in der Kindergruppe arbeiten, haben eigentlich keinen Grund, auf das Kind neidisch zu sein, dessen Elternteil in der Kindergruppe arbeitet. Oft hört man Aussagen wie: »Hat's der gut, der hat ja auch den ganzen Tag seine Mutter . . .«

Ein weiteres Problem steckt in der Situation, daß ein Elternteil oder mehrere (je nach Größe der Kindergruppe) Elternteile, die nicht berufstätig sind, die Kindergruppe betreuen und so den anderen Eltern der Elterngruppe die Möglichkeit bieten, ihre Berufstätigkeit auszuüben. Berufstätig sein bedeutet auch Geld verdienen – auch wenn viele emanzipatorische oder andere individuelle Bedürfnisse dabei befriedigt werden können.

Es ist auch nicht zu leugnen, daß ein halber oder ein ganzer Tag, den Eltern mit der Kindergruppe verbringen, ein Arbeitstag ist. Unter Umständen gar ein unbezahlter Arbeitstag. Trotzdem hören Eltern, die die Kindergruppe betreuen, manchmal von den anderen berufstätigen Eltern: »Ihr habt's gut, ihr dürft den ganzen Tag mit Kindern spielen . . .« Dem ist ganz und gar nicht so, weil zwischen dem Spielvermögen der Kinder und dem der Erwachsenen ein großer Unterschied besteht, den zu überbrücken es einer enormen emotionalen Anstrengung bedarf.

Gerade in Eltern-Kind-Initiativen, die aus finanziellen Gründen auf die Anstellung einer bezahlten Bezugsperson verzichten (müssen) und daher auf das Potential der nicht berufstätigen Eltern zurückgreifen, darf dieser Gesichtspunkt nicht unterschätzt werden.

Wie auch immer die Motivation einzelner Eltern sein mag, um die Betreuung der Kindergruppe zu übernehmen, sollte sich die Elterngruppe auf jeden Fall Gedanken darüber machen, wie eine entsprechende Bezahlung gewährleistet werden kann (es muß nicht gleich Tarifbezahlung sein!). Ganz am Anfang, bei der

Gründung einer Eltern-Kind-Intitiative, taucht dieses Problem selten auf; später, wenn die betreffenden Eltern gemerkt haben, wie schwierig die Arbeit mit Kindern ist, kann es zu heftigen Auseinandersetzungen kommen. Solche Auseinandersetzungen sind zu vermeiden, wenn man schon vorher daran denkt und darüber spricht. Nach den Beschreibungen von Situationen, die zu Problemen führen können, wenn Eltern die Betreuung der Kindergruppe übernehmen (sowohl in der Eltern-Kind-Beziehung als auch in der Eltern-Eltern-Beziehung), muß noch positiv betont werden, daß niemand qualifiziertere Kinderarbeit leisten kann, als Eltern selbst. Die Frage nach einem qualifizierten Schulabschluß als Erzieher(in) oder als Sozialpädagoge/Sozialpädagogin muß weit hinten anstehen, weil durch Schwangerschaft, Geburt und ein Zusammenleben mit dem Kind (Tag und Nacht) eine Qualifikation erreicht wird, die keine Schule vermitteln kann.

In der Anfangsphase der Initiativbewegung war es daher auch selbstverständlich, daß die Eltern die Kinderbetreuung übernommen haben, so wie es schon bei der Gründung des Kinderhauses München beschrieben wurde. Die Eltern haben sich abgewechselt, wie es ihrer eigenen beruflichen oder studentischen Situation entsprach. Das bedeutete aber auch, daß die Kinder es mit täglich wechselnden Eltern zu tun hatten. Dieses System wurde geändert, als die Erfahrungen konkreter wurden, als man einsah, daß der häufige Wechsel der Bezugspersonen die Kinder – besonders die kleinen – verwirrte. Daraufhin wurden Bezugspersonen eingestellt. Dabei achteten die Eltern nicht so sehr auf die schulische Qualifikation, sondern mehr auf die emotionalen Fähigkeiten der Personen, ihre Spontaneität, auf die Kinder zugehen zu können. Eine schulische Qualifikation machte eher mißtrauisch, weil nach dem damaligen Ausbildungsstandard erwartet werden konnte, daß der/die Erzieher(in) für eine leistungsorientierte Pädagogik ausgebildet wurde und nicht für eine an den Kinderinteressen orientierte Pädagogik. Zum anderen war das Thema Elternarbeit an den Ausbildungsstätten so gut wie unbekannt. Sicher hat sich in der Zwischenzeit an den Schulen einiges geändert – die Erfahrungen und Auswertungen der Kinderläden- und Initiativbewegungen haben einen ganz wesentlichen Teil dazu beigetragen. Dennoch ist das Thema Elternarbeit weiterhin das Stiefkind an den Akademien, Hoch- oder Fachhochschulen geblieben.

Eltern-Kind-Initiativen heute sind im Unterschied zu den Anfängen durch die Forderung der Behörden beeinträchtigt, die vorgeben, daß qualifizierte Bezugspersonen angestellt werden müssen. Das ist zwar Vorschrift, darf aber nicht heißen, daß sich die Elterngruppen bei der Entscheidung für eine Bezugsperson ausschließlich an der schulischen Qualifikation orientieren sollen. Die persönlichen Fähigkeiten sind oft entscheidender. Das Umsetzen des Gelernten in eine der jeweiligen Situation gerechtwerdende Praxis ist eine Fähigkeit, die an Schulen nicht immer gelernt werden kann. In einem Gespräch mit einer Erzieherin im Kinderhaus Hamburg fiel folgende Bemerkung: ». . . als ich von der Schule kam und hier in der Initiative zu arbeiten anfing, hab' ich gemerkt, daß ich eigentlich ganz viel und ganz schnell Sachen vergessen sollte, die ich in der Schule gelernt habe. Natürlich nicht alles . . . Ich hab' manchmal so das Gefühl, daß die eigentliche Ausbildung erst jetzt angefangen hat . . .«

Im Kinderhaus München machten Eltern die Erfahrung, daß Vorpraktikanten (also Praktikanten, die vor Beginn ihres Studiums ein Jahr Praktikum absolvieren müssen) die Idee und die Inhalte des Kinderhauses weit besser verstanden haben und darauf reagieren konnten als Sozialpädagogen/Sozialpädagoginnen mit vielen guten Noten im Zeugnis. Vor allen Dingen die Elternarbeit, das Zusammenarbeiten mit Eltern, das Begreifen der unterschiedlichen Situationen bei einzelnen Eltern, die Wirkung der häuslichen Verhältnisse auf das Verhalten des Kindes und – nicht zuletzt – das Anerkennen der Erziehungskompetenz der Eltern fallen mancher Bezugsperson mit Diplom nicht immer leicht. Das drückt sich dann in Spannungen im Verhältnis zwischen »Profi« und »Laien« aus. Auch Eltern verlieren ihre Sicherheit in Sachen Erziehung, wenn sie mit »Profis« konfrontiert sind, die das »gelernt« haben.

Es ist schwer, Kriterien aufzustellen, nach denen die »richtige« Bezugsperson gefunden werden kann. Dazu sind die einzelnen Eltern-Kind-Initiativen und die Ansprüche der Eltern zu unterschiedlich. Dennoch sollen einige grundsätzliche Gedanken zum

Thema Ansprüche an die Bezugspersonen, und welche Voraussetzungen – außer der schulischen Qualifikation – erfüllt sein sollen, aufgeschrieben werden.

Beim Thema Konzept ist schon einiges über das gemeinsame Erarbeiten von Inhalten gesagt worden. Das Konzept ist das Ergebnis einer permanenten Auseinandersetzung über Inhalte und Erfahrungen und einer Reflexion der Praxis. Im Falle der Anstellung einer Bezugsperson, muß sie in diesen Prozeß einbezogen werden. Sie sollte zum gleichwertigen Mitglied der Elterngruppe werden. Sie hat nicht mehr Rechte als die anderen Eltern, obwohl sie Erziehung studiert hat, sie hat aber auch nicht weniger (auch wenn sie kein eigenes Kind hat). Wenn man sich klarmacht, daß die angestellte Bezugsperson der Informant der täglichen Praxis ist, der eine kontinuierliche Auseinandersetzung innerhalb der Elterngruppe erst ermöglicht, ist es selbstverständlich, daß sie gleichberechtigt in die Elterngruppe integriert wird.

Die Bezugsperson muß sich auf die Auseinandersetzung mit den Eltern einlassen, sich nicht nur auf ihre Kenntnisse berufen, sondern ihre eigenen Vorstellungen und Methoden mit den Wünschen der Eltern vergleichen und über den Weg der gemeinsamen Diskussion unter Umständen auch verändern.

Die Vermittlung der täglichen Praxis erfordert Offenheit und Direktheit.

Offenheit heißt in diesem Zusammenhang, auch über persönliche Erfahrungen sprechen zu können, die im Zusammenleben mit Kindern gemacht werden. Es kommt ziemlich häufig vor, daß bestimmte Verhaltensweisen der Kinder die Erwachsenen betroffen machen, Freude oder auch Traurigkeit auslösen. In der Elternarbeit ist es wichtig, nicht nur die tatsächlichen Abläufe von Spielsituationen und Konflikten sachlich – womöglich distanziert – zu berichten und darüber zu sprechen, sondern auch über die gefühlsmäßige Betroffenheit.

Während eines Ferienaufenthaltes der Kindergartengruppe des Kinderhauses München kam es zu folgender Konfliktsituation: Drei fünfjährige Jungen gerieten beim Frühstück über die Sitzordnung miteinander in Streit. Nach einer Weile, und ohne erkennbaren Grund, hielten plötzlich zwei der drei Streithähne einen Vierjährigen fest, während der dritte auf ihn einschlug. Der Vierjährige hatte bisher mit dem Streit überhaupt nichts zu tun. Eine der beiden anwesenden Bezugspersonen war – offensichtlich aus eigenen, persönlichen Gründen – derart betroffen, daß sie weinend das Zimmer verließ.

Auf dem Elternabend, im Anschluß an diesen Ferienaufenthalt (er fand auf einem Bauernhof in Niederbayern statt und dauerte insgesamt zwölf Tage), kam die Geschichte im Rahmen eines Berichtes zur Sprache. Die betreffende Bezugsperson vermittelte dabei nicht nur die Fakten, sondern auch ihre eigene Betroffenheit. Die Eltern der vier Kinder waren nicht minder betroffen.

Die Tatsache, daß die Information nicht rein sachlich war, schaffte eine Voraussetzung, daß beide Parteien (die Bezugsperson als Informant und die Eltern als die Informierten) eine Basis fanden, um nach Hintergründen und Zusammenhängen für ein solches Verhalten zu suchen. Bei einer distanzierten und »objektiven« Berichterstattung besteht leicht die Gefahr, daß Eltern, über deren Kinder »schlimme Sachen« erzählt werden, sich in eine Verteidigungsposition zurückziehen, weil sie sich angegriffen fühlen. Die das Ereignis schildernde Bezugsperson wird dann oft als »Ankläger« empfunden, der den Eltern beschreibt, wie schwierig, aggressiv oder kompliziert ihr Kind ist. Unter Umständen taucht auch noch der Verdacht auf: »Die hat was gegen mein Kind ...« Dieses »Sich-angegriffen-Fühlen« verhindert eine ehrliche Auseinandersetzung und hilft keinem der Betroffenen (weder den Eltern noch den Bezugspersonen) bei der Suche nach Möglichkeiten, Probleme, die Erwachsene mit dem Verhalten der Kinder haben, zu lösen.

Offenheit ist nicht das einzige, aber sicher das Wichtigste. In vielen Elterngruppen ist heute eine undefinierbare Angst vor »Psychostreß« zu spüren. Diese Angst hat ihre Berechtigung aufgrund der Erfahrungen im Umgang mit mehr oder weniger dilettantischen psychologischen Experimenten, die Mode geworden sind. Dennoch ist Offenheit unter Eltern und zwischen Eltern und Bezugspersonen wichtig, wenn es um Fragen geht, die für die weitere Entwicklung der Kinder eine entscheidende Rolle spielen.

Schauen wir uns die Kinder selbst an, mit welcher Offenheit sie Konflikte angehen, soziale Kontakte knüpfen und Lösungen finden (zum Beispiel ist nachtragend sein ein typisches Erwachsenenverhalten). Wenn die Erwachsenen ein kleines Stück von den Kindern annehmen, dann merken sie, daß Offenheit kein Problem mehr ist und nichts mit »psychologischen Spielchen« zu tun hat. Offenheit beinhaltet eine weitere Forderung, die Eltern an ihre zukünftige Bezugsperson stellen können – nicht nur an sie, auch an sich selbst.

Über die Direktheit als Kriterium für eine Bezugsperson ist folgendes zu sagen: Im Laufe eines Kindergruppenalltags passieren so viele Dinge, über die die Eltern Bescheid wissen wollen, aber nicht immer Bescheid wissen, weil sie nicht dabeisein können (wenigstens bruchstückhafte Informationen erhalten sie, wenn sich die Elterngruppe auf einen »Elterndienst« zur Unterstützung der Bezugsperson einigen kann). Über die Informantenrolle der Bezugsperson habe ich schon einiges gesagt. Ergänzt werden muß noch, daß die meisten Eltern ihre Kinder nicht ohne Schwierigkeiten, ohne Angst, einer »Fremdbetreuung« anvertrauen. Daher ist, um den Kindern ein größtmögliches Selbstverständnis zu ermöglichen (die Schwierigkeiten, die die Eltern haben, wirken sich häufig als Unsicherheit bei den Kindern aus), eine schnelle und direkte Vermittlung an die Eltern notwendig. Die Eltern erhalten mehr Sicherheit, wenn sie sicher sein können, daß sie alles über ihr Kind und die Kindergruppe ehrlich erfahren. Das schafft Vertrauen in die Bezugsperson, und Vertrauen ist die Basis für eine gemeinsame Zusammenarbeit.

Beschönigende Geschichten über den Kinderalltag und das Verhalten einzelner Kinder garantieren diese für Eltern so notwendige Sicherheit nicht. Sie bringen die Bezugsperson eher in die Rolle eines »Märchenerzählers«. Wenn Eltern fragen: »Wie war's denn heute – wie ging's meinem Kind?« und die Antwort darauf stereotyp lautet: »Gut ging es, es gab keine Probleme«, wird das Vertrauen zwischen Eltern und Bezugspersonen gefährdet. Die Eltern wissen sehr gut, daß ihre Kinder Probleme haben und anderen Kindern Probleme machen können.

In solchen Situationen, bei solchen Fragen, wird nicht die Gruppensituation abgefragt, es geht vielmehr um Informationen über das eigene Kind – zur eigenen Beruhigung. Beruhigt können die Eltern nicht sein, wenn sie nur hören, daß ihr Kind »lieb«, »brav«, »toll« war, sondern nur dann, wenn sie die Tatsachen erfahren. An diesem Punkt überschneidet sich die Forderung nach Direktheit mit der nach Offenheit. Verhaltensweisen einzelner Kinder in Spiel- und Konfliktsituationen sollten mit der eigenen Betroffenheit vermittelt werden können – so wie es wirklich war. Die Bezugsperson sollte Eltern nicht »schonen« wollen, indem sie Situationsbeschreibungen verändert, Details wegläßt oder anfügt.

Zusammenfassung: All das, was Eltern innerhalb der Elterngruppe von sich gegenseitig verlangen – Engagement, Bereitschaft zur Zusammenarbeit, Offenheit, Direktheit, eine grundsätzliche Übereinstimmung mit den konzeptionellen Inhalten –, können sie auch von den Bezugspersonen verlangen. Nur so ist eine gleichwertige und gleichberechtigte Zusammenarbeit garantiert. Die Frage, wie kontrolliert werden kann, wenn jemand verbal allen Forderungen zustimmt, um den gewünschten Job zu bekommen, praktisch sich dann aber anders verhält, ist nicht konkret zu beantworten. Die eigene Sensibilität, das Gespür und auch die Sympathie spielen bei der Entscheidung eine wichtige Rolle.

Bezugspersonen, die ernsthaft eine Arbeit in einer Eltern-Kind-Initiative übernehmen wollen, bringen wahrscheinlich eine Lernbereitschaft mit und sollten die Chance erhalten, gemeinsam und mit Unterstützung der Eltern in diese Aufgabe hineinzuwachsen. Forderungen stellen ist richtig, akzeptieren können, daß eine Bezugsperson – die den Prozeß der Entstehung einer Eltern-und-Kinder-Gruppe nicht miterlebt und in der Schule andere Inhalte gelernt hat – mit der neuen Situation erst umzugehen lernen muß, ist wichtig!

Bezugspersonen sollten nie alleine in einer Kindergruppe arbeiten. Es geht dabei nicht um gegenseitige Kontrolle, sondern um versicherungsrechtliche Probleme oder um die Möglichkeit, daß eine zweite Bezugsperson die Kindergruppe versorgt, wenn einem Kind etwas zustößt und sich eine Bezugsperson ausschließlich um dieses Kind kümmern und unter Umständen sogar zum Arzt muß.

Wenn die Elterngruppe es sich leisten kann, Elterndienste einzurichten, reicht eine Bezugsperson aus. Ist das nicht der Fall, sollte auf jeden Fall eine zweite Bezugsperson eingestellt werden. Das hat auch den Vorteil, daß sich die beiden Bezugspersonen in Situationen, in denen ein eindeutiges Verhalten von seiten der Erwachsenen schwierig ist, untereinander besprechen, die Situationen gemeinsam einschätzen können.

Den meisten Eltern-Kind-Initiativen ist es aber aus finanziellen Gründen nicht möglich, zwei qualifizierte Bezugspersonen einzustellen. Bestehende Eltern-Kind-Initiativen haben in solchen Fällen fast ausnahmslos positive Erfahrungen mit Praktikanten gemacht. Die Einstellung einer Praktikantin oder eines Praktikanten setzt für die Elterngruppe jedoch voraus, daß sie von der betreffenden Schule, an der die/der Praktikant(in) studiert oder nach Ablauf des Praktikums studieren will, als offizielle Praktikumsstelle anerkannt wird.

Die Zusammenarbeit zwischen einer qualifizierten Bezugsperson und einer Praktikantin bzw. einem Praktikanten erweitert den Forderungskatalog um die Bereitschaft zur Teamarbeit. Der Unterschied in der schulischen Qualifikation soll das System der Gleichberechtigung nicht in Frage stellen, das ist für die Elternarbeit ein wichtiger Grundsatz. Eltern müssen aufpassen, daß sich zwischen den beiden Betreuern keine Hierarchie entwickelt, die die Praktikantin bzw. den Praktikanten zu einem Befehlsempfänger degradiert.

Die praktische Organisation

Die geeigneten Räumlichkeiten

Auf diese Frage ist eine allgemeingültige Antwort nicht möglich, da zu viele Faktoren eine Rolle spielen können. Dazu gehören: die Infrastruktur der Gegend, in der die Initiative entsteht oder entstanden ist, die Immobilienangebote, die Miethöhe, die Aktivitäten und die Hilfsbereitschaft der ortsansässigen Verbände und öffentlichen Einrichtungen.

Es können daher nur Tips gegeben werden, die auf die Erfahrungen von Eltern-Kind-Initiativen zurückgehen, und Hinweise auf die Vorschriften, die im Jugendwohlfahrtsgesetz die Beschaffenheit von Räumlichkeiten für den Bereich der freien Jugendhilfe regeln.

Beim Bericht über die Entstehung des Kinderhauses München sind die manchmal recht großen Schwierigkeiten beschrieben worden, die bei der Suche nach geeigneten Räumen auftreten können. In der Zwischenzeit ist es sicher nicht einfacher geworden.

Wichtig ist zunächst, Räume zu finden – die eventuell auch nur vorübergehend genutzt werden können –, damit die Elterngruppe, parallel zur Diskussionsphase, praktische Erfahrungen in der Kinder- und Elternarbeit sammeln kann. Für solche Übergangslösungen empfiehlt es sich, am Ort ansässige Organisationen zu fragen und dem Ziel der Initiative entsprechende Nutzungsvereinbarungen auszuhandeln, zum Beispiel:

kirchliche Einrichtungen sämtlicher Konfessionen,
Gemeinderäume oder Bürgerzentren,
Versammlungsräume von Wohlfahrtsverbänden und Parteien,
Räume von Volkshochschulen, die tagsüber oft nicht genutzt werden,
Vereinsheime, Jugendheime oder Jugendzentren.

Bei solchen Einrichtungen besteht unter Umständen sogar die Möglichkeit, daß Räume infolge der Doppelnutzung gegen sehr geringe Miete, vielleicht sogar unentgeltlich, zur Verfügung gestellt werden.

Während der Übergangsphase haben die Eltern dann mehr Spielraum, sich intensiv um die Anmietung fester Räume für die Kindergruppe zu bemühen. Dafür bieten sich folgende Kontaktmöglichkeiten an:

der freie Wohnungsmarkt, der allerdings nicht immer die günstigsten Angebote parat hat,

Wohnungsbaugesellschaften oder -genossenschaften,

Großunternehmen mit eigenem Immobilienbesitz, zum Beispiel Brauereien,

die Liegenschaftsämter, die den kommunalen Grund- und Hausbesitz verwalten.

Wenn Eltern diese Möglichkeiten ins Auge fassen, ist es sinnvoll, daß nicht eine Privatperson als Mieter auftritt, sondern eine »juristische Person«, ein Verein also (siehe »Vereinsgründung«, S. 98 ff.).

Es ist auch sinnvoll, wenn der Verein bei seinen Verhandlungen mit den potentiellen Vermietern eine Zusammenfassung der wichtigsten (und dem Vermieter verständlichen!) konzeptionellen Punkte vorlegen kann.

Es ist leider so, daß die meisten Vermieter – speziell auf dem freien Wohnungsmarkt – nicht sehr aufgeschlossen gegenüber Projekten mit Kindern sind. Sie vermieten lieber an ein »ruhiges, älteres Ehepaar« oder an ein »tierliebendes, kinderloses Ehepaar«. Aus diesem Grund ist es ganz wichtig, bei der Suche nach Räumlichkeiten und bei den Verhandlungen eine bestimmte, aber keine unterwürfige Strategie zu praktizieren.

Als hilfreich hat sich oft erwiesen, wenn sich die Elterngruppe (der Verein) bei negativen Erfahrungen mit den Wohnungs- oder Hausbesitzern an die Presse wandte und so ein gewisses Maß an Öffentlichkeit herstellte. Andererseits müssen nicht erst negative Erfahrungen abgewartet werden. Eine Pressekampagne, die die Zielsetzung, die Interessen und das Engagement der Eltern in den örtlichen öffentlichen Medien schon vor Beginn von konkreten Verhandlungen mit Maklern, Hausbesitzern etc. beschreibt, hat oft geholfen, Vorurteile gegenüber Eltern-Kind-Initiativen aus dem Wege zu räumen.

Einen nicht unwesentlichen Nebeneffekt haben Kontakte zur Presse, die die Eltern-Kind-Initiative später im Rahmen ihrer Öffentlichkeitsarbeit – für Aktionen, Feste, Benefizveranstaltungen, Bazare etc. – erneut nutzen kann.

Die Größe und Beschaffenheit der Räume hängt von der Art und Zielsetzung der Eltern-Kind-Initiative ab. Hausaufgabenhilfe, Gesprächskreise und unregelmäßige Betreuung von Kleinkindern (Säuglingen, Krabblern) durch die Eltern können, wenn die räumlichen Bedingungen ausreichen, jederzeit in den Wohnungen der einzelnen Eltern durchgeführt werden. Auch das regelmäßige Zusammenkommen von Kindergruppen kann in der eigenen Wohnung stattfinden, solange keine »Fremdbetreuung« geplant ist oder stattfindet.

Dabei denken Sie immer daran, daß Kinder – gerade dann, wenn die Eltern die Betreuung der Kindergruppe selbst nicht übernehmen können – feste Orientierungspunkte, auch räumliche Orientierungsmöglichkeiten, brauchen. Ein häufiger Wechsel der Räume (zum Beispiel, wenn die Eltern sich in der Betreuung der Kinder abwechseln und das jeweils in der eigenen Wohnung machen) ist sowohl für die Entwicklung eines Gruppengefühls als auch für die Stabilität des einzelnen Kindes nicht gerade förderlich.

Wenn die Elterngruppe Antrag auf teilweise öffentliche Finanzierung stellt, ist weitgehend durch Gesetz, Richtlinien und Erlasse vorgeschrieben, wie Räume, die für einen Kindergarten oder eine Krippe genutzt werden sollen, beschaffen und eingerichtet sein müssen.

Die Bestimmungen, die die Details regeln, sind in den einzelnen Bundesländern unterschiedlich. Es empfiehlt sich, bevor eine Gruppe auf die Suche nach Räumen geht, Kontakt mit den zuständigen Behörden aufzunehmen oder bei einem Wohlfahrtsverband die entsprechenden Informationen einzuholen (im Anhang sind die Adressen der Wohlfahrtsverbände aufgeführt).

Wie solche Vorschriften im einzelnen aussehen können, soll am Beispiel der Richtlinien für Heime und andere Einrichtungen nach Paragraph 78 des Gesetzes für Jugendwohlfahrt für das Land Bayern gezeigt werden:

Unter Punkt 1, »Allgemeines«, heißt es dort über den Geltungsbereich:

1.1: Die nachstehenden Richtlinien gelten für Heime und andere Einrichtungen, in denen Minderjährige dauernd oder zeitweise, ganztägig oder für einen Teil des Tages, jedoch regelmäßig betreut werden oder Unterkunft erhalten (§ 78 Abs. 1 JWG).

Punkt 1.2 der genannten Richtlinien befaßt sich mit der Planung, dem Bau und der Ausstattung von Einrichtungen:

1.2 Planung, Bau und Ausstattung

a) Jede Einrichtung soll möglichst günstig und geschützt liegen und leicht erreicht werden können, nicht an verkehrsreichen Straßen oder Plätzen oder in der Nähe von Anlagen liegen, in denen gesundheitsgefährdende oder erheblich belästigende Gase, störende Gerüche, Staub oder Lärm entstehen.

b) Die Einrichtung ist in einem guten baulichen Zustand zu erhalten.

c) Für über ein Jahr alte Kinder muß eine ausreichende Spielfläche im Freien vorhanden sein, die – soweit möglich vom Gruppenraum aus – gut übersehbar sein soll. Das Spielgelände soll halbschattig und für kleine Kinder mit einem Sandkasten mit Sitzgelegenheit, für die größeren mit ausreichenden Bewegungsgeräten ausgestattet sein. Für Säuglinge soll eine Möglichkeit zum Liegen im Freien (Terrasse usw.) vorhanden sein.

(Für schulentlassene Minderjährige siehe auch 3.43b und 3.46.)

d) Die Einrichtungen müssen insbesondere den baurechtlichen*, gesundheitsrechtlichen, lebensmittelrechtlichen, wasserrechtlichen Bestimmungen und den Feuerverhütungsvorschriften entsprechen. Jedes Stockwerk ist mit mindestens einem Handfeuerlöscher auszustatten. Auf die »Richtlinien zur Aufstellung einer Feuerlöschordnung für Anstalten und Sammelunterkünften« vom 6. September 1959 (MABl. S. 653) wird hingewiesen.

---

* Bayer. Bauordnung vom 1. August 1962 (GVBl. S. 179, ber. S. 250) und Hinweise zur Bayer. Bauordnung vom 31. August 1962 (MABl. S. 531).

e) In einem mehrstöckigen Mietwohnhaus soll eine Einrichtung in der Regel nur im Erdgeschoß, möglichst mit anschließendem Garten untergebracht sein.

f) In Neubauten sollen gesonderte Eingänge für die Wohnungen des Personals geschaffen werden.

g) Die Fußböden müssen splitterfrei und möglichst fugenlos sein. Für Wohn- und Schlafräume sind Stein- und Zementfußböden unzulässig. In sanitären und Wirtschaftsräumen müssen die Fußböden wasserundurchlässig und gleitsicher sein. Innerhalb eines Geschosses sollen Schwellen und Stufen vermieden werden.

h) Die Sockel der Wände der Kinderwohnräume, der Isolier- und Krankenzimmer, der Treppenhäuser und Flure sollen abwaschbar und möglichst stoßfest sein. Die Sockel in Isolierräumen und Krankenzimmern müssen mindestens 1,20 m hoch sein. In den sanitären Räumen und Küchen aller Einrichtungen ist ein abwaschbarer Wandbelag von mindestens 1,50 m Höhe erforderlich. In Wohnräumen sind Steinfliesen zu vermeiden.

i) Die Aufenthaltsräume sollen günstig zur Sonne liegen; ihre Fensterfläche soll etwa ⅙ der Bodenfläche betragen und mit Sonnenschutz versehen sein. Die Ausstattung soll wohnlich und zweckmäßig sein. Spielecken und -nischen, Sitz- und Leseecken für größere Kinder sind wünschenswert. Bänke sind mit Rücklehnen zu versehen. Spielzeug, Beschäftigungsmaterial und Bewegungsgeräte müssen jeder Altersstufe entsprechend in ausreichender Zahl vorhanden sein und ständig ergänzt werden. Für die Aufbewahrung müssen Spielzeugschränke vorhanden sein.

k) Die Schlafräume schulpflichtiger Buben und Mädchen sollen so voneinander getrennt sein, daß eine sittliche Gefährdung der Minderjährigen verhindert wird.

l) Eine Trennung der sanitären Anlagen für das Personal und die Minderjährigen ist anzustreben.

Die Toiletten des Personals sollen in der Nähe der Arbeitsbereiche sein.

In Einrichtungen für mehr als 50 Minderjährige ist für das Küchenpersonal eine eigene Toilette notwendig.

Für Buben und Mädchen sind die Toilettenanlagen (in Heimen auch die Waschräume) zu trennen.

Die Größe und Höhe der Toiletten und Waschbecken soll der

Größe der Kinder entsprechen. Die einzelnen Toiletten sind in Kabinen (Höhe der Wände 1,20 m bis 1,90 m je nach Einrichtung) aufzustellen.

Zu jedem Toilettenraum gehört ein Vorraum mit Handwaschbecken. Kinderduschen müssen so angelegt sein, daß sich die Kinder nicht verbrühen können.

In den Waschräumen der Gruppen ist das gekennzeichnete Pflegematerial in Abständen von 20 cm so aufzubewahren, daß es auch für Kinder erreichbar ist.

m) Werden Minderjährige und Erwachsene in der gleichen Einrichtung aufgenommen, so sind sie in der Regel räumlich voneinander getrennt unterzubringen.

n) In Fluren muß der freie Durchgang mindestens 1,70 m breit sein. Sie müssen gut belichtet und belüftet werden können. Lange Flure sollen vermieden werden.

o) Die Treppen sollen mindestens 1,30 m breit sein. Die Treppenstufen sollen nicht höher als 17 cm und wenigstens 28 cm tief sein. Das Treppengeländer ist so zu sichern, daß es nicht zum Rutschen benutzt werden kann. Werden Sprossen verwendet, ist der Abstand so zu bemessen, daß niemand gefährdet wird.

p) Die Kleiderablage ist außerhalb der Aufenthalts- und der Waschräume gesondert einzurichten. Ausreichendes Licht und gute Lüftung sind erforderlich. Eine Trockenmöglichkeit für regennasse Kleidung und Schuhe soll vorhanden sein.

q) In Heimen für Minderjährige ab dem schulpflichtigen Alter soll für jeden Minderjährigen ein ausreichendes Kleider- und Wäschefach oder ein Schrank zur Verfügung stehen.

r) Das Geländer von Balkonen und Dachgärten muß eine dem Alter der Kinder entsprechende Höhe haben und gegebenenfalls zusätzlich gesichert sein.

s) In Räumen für Kinder ist ein besonderer Fenster-, Heizkörper- und Steckdosenschutz erforderlich. Zentrale Wärme- und Warmwasserversorgung sind anzustreben.

(Quelle: siehe Anhang)

Die sinnvolle Einrichtung

Im Paragraph 78 des Gesetzes für Jugendwohlfahrt haben sich die Behörden unter dem Stichwort »Ausstattung« vor allem Gedanken über die pflegerischen und hygienischen Gesichtspunkte gemacht. Die Aufteilung, die Gestaltung und die Einrichtung mit Möbeln (Tische, Sofas etc.) ist weitgehend der Phantasie der Eltern überlassen. Die Einrichtung soll, dem Alter entsprechend, kindgerecht sein. Was heißt das?

Die Höhe von Tischen und Stühlen oder Bänken muß der Größe der Kinder angepaßt sein. Das ist nicht nur beim Essen wichtig, sondern auch beim Malen, Basteln und Kneten.

Wenn wir die Kinder zu Hause beobachten, wie sie mit den Erwachsenenmöbeln zurechtkommen, fällt auf, daß sie die Fläche eines Tisches nur dann überblicken, wenn sie auf dem Stuhl (der Bank) stehen oder knien. Sitzt ein Kind normal auf dem Stuhl, reicht es meist gerade mit dem Kinn bis zur Tischplatte. Einen Überblick hat das Kind nur, wenn es von oben auf den Tisch schauen kann. Für Erwachsene ist eine Tischhöhe angenehmen, wenn sie mit angewinkelten Ellbogen auf einem Stuhl sitzen können und die Tischplatte bis zum Ellbogen reicht. So sollte es auch für Kinder sein. Stellen wir uns doch einmal ein Kind (anderthalb Jahre) vor, das anfängt, mit Messer, Gabel und Löffel selbständig zu essen. Es sitzt am Tisch, das Kinn reicht gerade bis zum Tellerrand. Es bleibt ihm gar nichts anderes übrig, als das Essen über den Tellerrand hinweg in den Mund zu schieben. Eine »Kleckerei« (manchmal ärgerlich für die Erwachsenen) ist unausbleiblich. Und dem Kind fehlt ein Erfolgserlebnis beim Lernen im Umgang mit dem Eßbesteck. Sicher ist diese Aussage ein »alter Hut«. Trotzdem ist in vielen Wohnungen und in vielen Kindergärten das Wissen um diesen »alten Hut« nicht umgesetzt, zum Beispiel durch passende Möbel.

Kindgerechte Möbel haben auch einen ganz entscheidenden Nachteil: Sie wachsen nicht mit, wenn die Kinder größer werden, wenn sich die Relationen zwischen Sitzfläche und Tischoberkante verschieben. Es ist zwar relativ einfach, Tischbeine abzuschneiden, um den Tisch in die richtige Höhe zu bringen. Beim Anstückeln der Beine wird es schwieriger, doch es geht!

Noch eine andere Eigenschaft sollen Kindermöbel haben! Sie müssen variabel und sehr stabil sein. Für Kinder ist ein Stuhl nicht immer nur ein Stuhl zum Draufsetzen. Er wird zum Auto, zum Rennboot oder zu sonst einem Gegenstand, der gerade zu einem Spiel gebraucht wird (die Kinder haben da unendlich viel Phantasie). Mit den Tischen sieht es nicht anders aus. Eine Dekke wird darüber gehängt, schon ist er kein Tisch mehr, sondern eine Wohnung, ein Zelt, ein Versteck etc. Oder umgekehrt, die Tischbeine nach oben, ist er ein herrliches Schiff, ein Schlitten oder ähnliches.

Wenn die Möbel nicht stabil sind und die Erwachsenen ständig Angst haben, daß Tische und Stühle durch das »Entfremden der Gebrauchsgegenstände« kaputtgehen, werden die Kinder in der Entfaltung ihrer Phantasie (das heißt aber auch bei der Verarbeitung ihrer Umwelterfahrung) eingeschränkt.

Diese Aussage bezieht sich aber nicht nur auf Tische und Stühle. Sie betrifft alle Einrichtungsgegenstände. Vor allem Matratzen üben auf Kinder einen besonderen Reiz aus. Matratzen können, je nach Beschaffenheit (zum Beispiel ob sie fest oder weich sind), Schiffe, Seen (zum Hineinspringen), Sprungbretter, die Umrandung einer Zirkusarena und vieles, vieles mehr darstellen. Manchmal werden sie auch zum Ausruhen und Schlafen gebraucht. Das Kinderhaus München hat sich Schaumstoffwürfel angeschafft (50 cm × 50 cm × 20 cm), die Eltern haben sie mit einem strapazierfähigen Stoff bezogen. Mit ihnen läßt sich eine große Liegewiese herstellen (für Schmusespiele), wenn die Matratzen nicht gerade für Tobespiele oder zum Häuserbauen gebraucht werden. Man kann solche Würfel auch selbst machen, wenn man sich bei einer schaumstoffverarbeitenden Firma Reste besorgt (spenden läßt) und diese dann mit einem Spezialkleber zusammenklebt. Das Überziehen der Matratzen dürfte dann kein Problem mehr sein.

Für die Aufbewahrung von Spielsachen, Mal- und Bastelmaterial eignen sich am besten Regale. Regale, keine Schränke, damit die Kinder so jederzeit sehen können, was alles da ist. Wenn zum Beispiel bei Kindern im Laufe eines Tages ein Gefühl der Langeweile auftaucht oder sie bei einem Rollenspiel der anderen Kinder nicht mitmachen wollen (vielleicht weil sie sich im Moment ausruhen wollen), können sie die offen in einem Regal liegenden Sachen sehen, das sogenannte »passive Angebot« wahrnehmen und ihre Langeweile oder die Ruhepause mit einem individuellen Spiel überbrücken. Sie können sich die Sachen selbst holen oder von einem Erwachsenen geben lassen. Durch dieses Selbst-entscheiden-Können bei der Auswahl des Spielmaterials, entsteht auch eine stärkere Mitverantwortung für die angebotenen Sachen.

Nach diesen Aussagen zu Einrichtungsgegenständen noch ein paar Sätze zur Einrichtung insgesamt: Für jede Kindergruppe sollte ausreichend Platz für Spiel- und Tobemöglichkeiten und außerdem Platz für Ruhe- und Rückzugsmöglichkeiten vorhanden sein. Kein Kind hält einen ganzen Tag – auch bei einer Halbtagsunterbringung ist das nicht möglich – in voller Aktion durch. Ein Platz, an dem die Kinder sich ausruhen können, wo Geschichten erzählt oder vorgelesen werden, ist daher ungemein wichtig.

Wenn eine Eltern-Kind-Initiative Räumlichkeiten gefunden hat, in denen die unterschiedlichen Bedürfnisse in verschiedenen Zimmern befriedigt werden können, ist das natürlich ideal. Aber auch dann, wenn nur ein Raum zur Verfügung steht, müssen die unterschiedlichen Interessenlagen einkalkuliert und der Raum entsprechend eingerichtet werden. Das läßt sich relativ einfach durch eine Trennwand, mit einem Paravent oder mit einem dicken Vorhang bewerkstelligen. Variable Möglichkeiten (Vorhang oder Paravent) sind sinnvoll, weil zu gegebener Zeit der gesamte Raum von allen Kindern genutzt werden kann und die Trennung zwischen Spiel- und Ruheabteil dann hergestellt werden kann, wenn die Situation es notwendig macht.

Zu der Definition »Ruheecke«, »Rückzugsmöglichkeiten« etc. muß noch ein wichtiger inhaltlicher Punkt angeführt werden. Nicht immer handelt es sich um Rückzug, Ruhepause oder Langeweile, wenn Kinder sich von den turbulenten Spielen der anderen Kinder absetzen. Oft spielt dabei das Bedürfnis nach Zärtlichkeit, nach Geborgenheit eine wichtige Rolle. Unter Berücksichtigung dieses – für die Entwicklung der Kinder ganz wesentlichen – Gesichtspunktes muß die Gestaltung der verschiedenen Räumlichkeiten (auch wenn es in einem einzigen Zimmer ist) betrachtet werden. Die Eltern können dabei ruhig ihren eigenen Maßstab anlegen, wenn es um die Gestaltung von Räumlichkeiten geht, die für Erholung, Ausruhen und Zärtlichkeiten geeignet sein sollen. Für beide Bereiche (Spiel- und Ruheabteil) spielt auch die Farbgebung der Wände, Vorhänge und Möbel eine Rolle. Es gibt Analysen über die Wirkung von Farben auf die Stimmung der Menschen. Es ist aber grundsätzlich falsch, die Wände grün zu streichen, »um die Kinder ruhig zu halten«. Es geht dabei vielmehr um eine gesamte ästhetische Atmosphäre, in der sich Kinder und Eltern wohl fühlen können. In welchen Farbschattierungen sich das abspielt, muß die Elterngruppe – vielleicht nach einem Gespräch mit den Kindern – selbst entscheiden.

Noch mal ganz kurz zurück zu den Möbeln: Es gibt seit langer Zeit einige Firmen, die sich auf die Herstellung und den Verkauf von Möbeln speziell für Kindergärten und Kleinkindeinrichtungen spezialisiert haben. Außer über den Preis läßt sich über die Funktion dieser Möbel wenig diskutieren. Vielleicht noch, daß sie nicht immer der vorher schon erwähnten »Entfremdung« gewachsen sind. Daher ist ein Hinweis auf einen Erfahrungswert vieler Initiativen sicher ganz sinnvoll. Die Beschaffung des Rohmaterials ist erstens billiger als der Kauf fertiger Möbel. Zweitens macht es viel Spaß und hat nebenher auch noch kommunikative Wirkung, wenn Eltern die Möbel nach ihren eigenen Vorstellungen entwerfen und bauen.

Zum Spielbereich oder zum Spielzimmer kann aus der Beobachtung bei vielen Eltern-Kind-Initiativen noch ein Detail berichtet werden. Neben den üblichen Materialien (siehe auch das Kapitel »Das Spielmaterial«) haben sie im Raum ein Klettergerüst – teilweise mit integrierter Rutsche und vielen anderen kleinen Spielereien (wie Kletterseile, Strickleiter, Tunnels etc.) – gebaut.

Die Idee zu diesen Klettergerüsten ist teilweise aus der Not geboren, da die Eltern-Kind-Intitiativen nur Räume anmieten konnten, bei denen kein Garten für den freien Auslauf der Kinder dabei war. Einige liegen sogar mitten in Wohngebieten, nur von Häusern und Straßen umgeben. Sogar der Park oder die Grünanlagen sind so weit weg, daß sie – vor allen Dingen mit

Kleinkindern – nur sehr mühsam erreichbar sind. Teilweise entstanden sie auch einfach aus der Lust der Eltern heraus, ein Klettergerüst basteln zu wollen, um damit ihren Kindern die Möglichkeit zu schaffen, auch bei Regen und Kälte nicht auf das Klettern, Turnen und Rutschen verzichten zu müssen.

Zwei weitere Gesichtspunkte tauchten bei einigen Eltern-Kind-Initiativen auf. Einmal war durch das Klettergerüst das Problem der Raumaufteilung optimal gelöst (das Gerüst hat eine massive Rückwand und trennt so den Spielbereich von der Ruheecke), und es entstand durch eine zweite Ebene mehr Spielraum. Die Kinder können jetzt auf dem Boden und auf der zweiten Ebene (die natürlich entsprechend abgesichert ist) spielen. Der andere Gesichtspunkt befaßt sich mit der Frage nach der Körperertüchtigung zur Vermeidung von Haltungsschäden (eine durchaus weitverbreitete Zivilisationserscheinung). Einen »normalen« Turnunterricht mit Gymnastik und gezielten Übungen wollten die Eltern nicht einführen (ein paar Eltern hatten in dieser Richtung schon schlechte Erfahrungen gemacht). Sie schufen statt dessen durch das Klettergerüst eine Möglichkeit für »spontanes Turnen«. – »Die Kinder können jetzt, wann immer sie wollen, ihre körperlichen Fähigkeiten trainieren – und haben auch noch Spaß dabei«, sagte ein Vater aus einer Münchener Eltern-Kind-Initiative.

Der Phantasie bei der Gestaltung eines Klettergerüstes sind praktisch keine Grenzen gesetzt. Die Größe des Zimmers setzt zwar bestimmte Grenzen, erfahrungsgemäß ist das jedoch grundsätzlich kein Hindernis. Notwendige Sicherheitsvorkehrungen sollen den körperlichen Fähigkeiten der Kinder, in zweiter Linie erst den Ängsten der Eltern, angemessen sein.

Das Spielmaterial

Den Ausführungen zum Thema Spielmaterial soll ein Auszug aus einem Referat von Frau Helga Müller* vorangestellt werden, das

---

* Frau Müller wurde unter anderem bekannt durch das Buch: *Die Welt, die uns umgibt. Erleben – begreifen – gestalten*, Freiburg 1982.

sie im Februar 1984 im Rahmen einer Fortbildung des DPWV zum Thema: »Spiegelt sich im Kindergarten die reale Umwelt wider?« gehalten hat:

»... Das Kleinkind, mit dem wir es im Kindergarten zu tun haben, ist in einer Lebensphase, in der Erstbegegnungen mit der Umwelt seine Erfahrungen bestimmen. Diese Erstbegegnungen sind prägend für sein weiteres Leben. Wir wissen aus eigener Erfahrung, wie prägend für unsere Einstellung erste Begegnungen, z. B. mit einem Menschen, einem Baum, einem Buch oder dem Arbeitsplatz sind.«

Wie realistisch gestalten wir Kindern diese ersten Erlebnisse (Holzbausteine, Legosteine mit Druckknopfsystem)? Verstellen wir den Kindern die Wirklichkeit, wenn wir ihnen weitgehend »verflachte« Wirklichkeit in Bildern, oberflächengeglättetes Spielzeug (zum Beispiel Muggelsteine), vereinheitlichte Möbel usw. anbieten? Oder ist das schon unsere Realität geworden? Schlägt sich das vielleicht auch auf unsere Erwartungen an das Verhalten der Kinder nieder (schnell beurteilte Verhaltensauffälligkeiten)?

Im Vorwort zu *Organismus und Technik* von Hugo Kükelhaus schreibt Frederic Vester, daß wir im Laufe der letzten Jahrhunderte unseren kognitiven Gehirnbereich überdimensional entwickelt und die Kreativität und Intuition, die Fähigkeit, Wesentliches zu erkennen, die haptische Intelligenz vernachlässigt haben. »Das heißt aber nichts anderes, als daß sich auch hier wiederum in erster Linie in unserer Ausbildung etwas ändern muß: an dem Faktor, der jenes unvernetzte Denken zunächst zementiert hat; an den Lernformen, die uns, vom ersten Schultag an, das mit der Realität vernetzte Denken austreiben. Wenn ein Vorschulkind noch sagt: ›Ein Stuhl ist, wenn man sich darauf setzen kann‹, so wird jenes mit der Umwelt verflochtene Ding in der Schule sehr bald unter dem Begriff ›Möbelstück‹ eingeordnet. In einem Haus wird bald nicht mehr etwas gesehen, ›worin man wohnen und leben kann‹, sondern das Haus wird zum ›Gebäude‹. Gelb, rot oder blau sind nicht mehr eine Blume, das Feuer, der Abendhimmel, sondern sie existieren nur noch als ›Farbe‹. Der Sommer ist nicht, ›wenn die Frösche quaken, wenn warmer Wind weht, wenn es nach Heu riecht‹, sondern er wird unter die ›Jahreszeiten‹ eingeordnet. Der Zusammenhang verschwindet, und übrig bleibt eine Art Kreuzworträtsel-Intelligenz. Wenn man das Verhältnis zwischen Mensch und Umwelt in unserer Industriegesellschaft untersucht, so wundert es nicht, daß sich in der Tat die Unfähigkeit, die Realität in ihren wahren Zusammenhängen zu erkennen, immer mehr breitmacht.

Welche Möglichkeiten haben wir im Kindergarten noch, Zusammenhänge aufzuzeigen? Viele Spielsachen im Kindergarten ermöglichen nicht mehr, diese Zusammenhänge zu erkennen. Beim Holzspielzeug kann ich die Kinder mit dem Holz, dessen Ursprung und Verarbeitung, vertraut machen, beim Plastikspielzeug ist mir das nicht möglich . . .«

Dieser Referatsauszug kann als Grundgedanke zu der Frage »Welches Spielzeug brauchen Kinder?« stehen. Er macht gleichzeitig darauf aufmerksam, daß die Eltern bei der Suche nach geeigneten Spielsachen nicht zuerst auf den die Intelligenz fördernden Inhalt (didaktisches Spielmaterial) achten sollen, sondern auf die die Phantasie des Kindes anregenden Möglichkeiten, die ein Spielzeug hat. Das kann deutlich gemacht werden, wenn wir das fabrikgefertigte Spielzeug dem Material gegenüberstellen, das Kinder im Freien, im Wald, im Garten selbst finden.

Um mehr und gezielter in Einzelheiten gehen zu können, wird der Begriff Spielmaterial im folgenden in fünf Bereiche aufgegliedert:

1. Allgemeines Spielmaterial (Grundmaterial)

Darunter wird in erster Linie ein möglichst breites Angebot an Farben (Wasser- und Fingermalfarben, Wachs-, Filz- und Buntstifte), Malpapier, Scheren, Klebstoff, Pinsel etc. verstanden, das ständig in ausreichender Menge vorhanden sein soll.

Dieses Material brauchen Kinder häufig. Nicht nur, um »schöne Bilder« zu malen, sondern auch, um ihre vielfältigen Erfahrungen zu verarbeiten, ihre Stimmung auszudrücken, unter Umständen auch, um Unsicherheit und Hilfebedürfnis zu signalisieren.

Häufig benutzen Kinder dieses Grundmaterial auch (Malen und Musterausschneiden), um den Übergang zwischen zwei Rollenspielen zu überbrücken, eine Ruhepause zu machen oder eine Zeit der Langeweile zu nutzen.

Zur Grundausstattung gehören aber auch, neben den aufgelisteten Materialien, Stofftiere, Kuschel- und Schmusetiere. Dies ist ganz wichtig für Baby-, Krabbel- und Kleinstkindgruppen. Bei den größeren Kindern (zum Beispiel Kindergarten) kommen dann noch die verschiedensten Puppen dazu, die bei den Rollenspielen (»Familienspielen« oder »Vater, Mutter, Kind«) zu den von Kindern übernommenen Rollen ergänzende Funktionen übernehmen.

2. Baumaterial

Unter diesem Begriff werden Bausteine aller Art zusammengefaßt, ebenso Puzzles, Memorys, Kaufladen, Puppenküchen und all die Dinge, mit denen die Kinder »gegenständlich« spielen.

Das gesamte Material wird auf dem Spielwarenmarkt in großer Anzahl und in den verschiedensten Ausführungen (für jede Altersstufe gibt es praktisch etwas Eigenes) angeboten. Aber nicht alles ist für Kinder sinnvoll und im Sinne der eingangs gemachten Ausführungen verwertbar. Außer daß die Dinge teilweise furchtbar teuer sind, ist ihre Benutzung oft sehr begrenzt und läßt ein phantasievolles Spiel der Kinder nicht zu.

Es ist keine leichte Aufgabe für Eltern, aus dem Riesenangebot das auszuwählen, was für die Kindergruppe geeignet ist. Das fängt schon bei der Frage nach den ganz einfachen Bausteinen an. Wählt man die holzfarbenen oder die bunten, hochglanzlakkierten? Die bunten Bausteine sind »pflegeleichter«, leicht zu waschen und zu desinfizieren. Die holzfarbenen dagegen können von den Kindern selbst angemalt werden.

Bei den Puzzles und Memorys wird die Frage noch komplizierter. Stehen bei der Auswahl durch die Eltern dabei die Lernmöglichkeiten (Ausdauer, Kombinationsvermögen, Beobachtungsvermögen, Konzentration etc.) im Vordergrund oder einfach der Spaß, den Kinder am Sortieren von Bildern haben können? Zum Beispiel haben Kinder bei Memorys oft eine erfolgreichere Methode, als Erwachsene.

Wie verhalten sich Eltern, wenn die Kinder die Einzelteile von Puzzles oder Memorys nicht ihrem gedachten Zweck entsprechend verwenden, wenn diese Teile zum Beispiel als »Zahlungsmittel« bei einem Kaufladenspiel verwendet werden?

Bei der Entscheidung, welches Material für die einzelne Eltern-Kind-Initiative sinnvoll ist, sollten all diese Gesichtspunkte im Interesse der Kinder überlegt werden (jede einzelne Elterngruppe wird noch diese oder jene Überlegung anfügen können).

Noch ein Beispiel zu den Bausteinen: Bei den glatten Holzbausteinen können die Kinder die Erfahrung machen, daß trotz sorgfältiger Bauweise ein Turm nur eine bestimmte Höhe erreichen kann, weil die Steine nur aufeinanderliegen. Bei Legosteinen können sie sogar – gegen jede statische Erkenntnis – Treppen in den freien Raum hineinbauen, weil sie ihre Stabilität nicht der Sorgfalt des »Baumeisters« verdanken, sondern dem Stecksystem.

Wie die Entscheidungen für oder gegen ein bestimmtes Baumaterial fallen, bleibt letztlich den Bezugspersonen und den Eltern (der Elterngruppe) überlassen – und der Art, wie sie den Kindern die Verwendbarkeit der angebotenen Materialien vermitteln; oder besser: mit welcher Großzügigkeit sie den Kindern die Entscheidung über den Umgang damit selbst überlassen.

Doch muß auch daran gedacht werden, wieviel phantasievoller ein Haus aus Stöcken, Moos, Kieselsteinen, Tannenzapfen und anderen im Wald oder im Freien gefundenen Materialien gebaut ist als ein Haus aus zum Teil vorgefertigten Teilen – zum Beispiel aus Legosteinen.

3. Bücher

Bei Büchern (Bilder- oder Vorlesebüchern) ist die Frage, für welche man sich entscheiden soll, nicht unkomplizierter. Es gibt viele schön gemalte Bilderbücher, die aber vom Text her nicht immer den gesellschaftlichen Realitäten entsprechen. Bunt und phantasievoll gemalte Geschichten, in denen die Mutter am alten Bauernherd steht, die Wäsche per Hand im Bottich schrubbt und der Vater mit Thermosflasche und Brotzeitbox zur Arbeit geht, entsprechen selten den Erfahrungen, die die Kinder im Zusammenleben mit ihren Eltern machen.

Das ist jedoch weiter gar nicht so tragisch, wenn sich die Bezugspersonen oder die Eltern, die mit den Kindern solche Bücher anschauen und sie vorlesen, nicht stur an den gedruckten

Text halten, sondern, unabhängig vom gedruckten Text, Geschichten dazu erzählen, die mit der inhaltlichen Zielsetzung der Eltern-Kind-Initiative übereinstimmen. Eine Bezugsperson aus dem Münchener Kinderhaus hat einmal gesagt: ».... aus jedem Bilderbuch, und wenn es noch so schlecht ist, kann man eine phantasievolle Geschichte machen ...« Dazu gehört aber viel Übung und vor allen Dingen die richtige Einschätzung dessen, was Kinder der verschiedensten Altersstufen begreifen können. Dazu gehört es auch, die Phantasie und die Assoziationen der Kinder, die beim Betrachten der Bilder aufkommen, in die Geschichte mit einzubeziehen. Allzu leicht kommt sonst eine moralisierende Interpretation auf, die oft nicht besser ist als der Text des Bilderbuches.

Es gibt aber auch sehr viele gute, ausgezeichnete Bilder- und Kinderbücher. Es ist allerdings eine sehr mühsame Arbeit, sich durch die Buchhandlungen zu lesen, um das Richtige zu finden. Außerdem sind fast alle Kinderbücher nicht billig.

Um die für die Kindergruppe anzuschaffenden Bücher inhaltlich einigermaßen aufeinander abzustimmen, hat eine Eltern-Kind-Initiative aus Braunschweig eine Liste sämtliche Bilderbücher zusammengestellt, die die Eltern für ihre Kinder zu Hause angeschafft haben. Sie haben die einzelnen Bilderbücher auf Elternabenden durchgeschaut und -gelesen und dann die Auswahl getroffen, welche Bücher für die Gruppe angeschafft werden sollten. Die Eltern haben dadurch untereinander Anregungen erhalten, welche Bücher sie zusätzlich für zu Hause haben wollten.

Es ist für die Kinder in keiner Weise frustrierend, wenn sie in der Kindergruppe die gleichen Bücher vorfinden wie zu Hause. Jedes Kind liest sein Bilderbuch nicht nur einmal, sondern hat zu ganz bestimmten Anlässen ein ganz bestimmtes Buch (zum Beispiel zum Einschlafen oder wenn es traurig ist), wenigstens zeitweise. Das Wiederfinden dieses »Trösters« garantiert eher Sicherheit als Frust.

4. Fahrzeuge

Dreirad, Roller, Kettcar und Fahrrad sollten zum festen Inventar einer Kindergruppe gehören. Voraussetzung ist natürlich, daß der notwendige Platz zur Benutzung der Fahrzeuge vorhanden ist (das ist leider nicht immer der Fall, hängt auch letztlich nicht immer von der Entscheidungsfreiheit der Eltern ab – leider).

Alle genannten Fahrzeuge haben für das Begreifen der Bewegungskoordination und das Erleben der Körperbeherrschung eine wichtige Funktion. Ähnlich ist es zwar auch beim Klettern in Bäumen (weniger schon wieder beim Klettern in Klettergerüsten, wie sie häufig auf Spielplätzen angetroffen werden, wo alle Stangen gleich stark und die Abstände dazwischen gleich ausgemessen sind)*, dennoch gibt es dabei einen gewissen Unterschied, weil noch Komponenten wie Geschwindigkeit, Vorwärtsbewegung und Gleichgewicht eine wichtige Rolle dabei spielen.

Wenn es also irgendwie möglich ist, sollten Fahrzeuge, deren Benutzung dem Alter der Kinder entspricht, vorhanden sein.

5. *Musikinstrumente*

Im Zusammenhang mit dem Anspruch nach einer musischen Erziehung ist die Anschaffung von Musikinstrumenten wohl der teuerste Posten. In einigen Bundesländern ist ein gewisser Grundstock an Musikinstrumenten vorgeschrieben.

Für die Beschaffung der notwendigen Grundausstattung gilt im Prinzip das gleiche, wie es schon zu den anderen Einrichtungsgegenständen formuliert wurde. Man kann sich das erforderliche Material über Spenden organisieren oder – wenigstens teilweise – selbst herstellen. Eine Gitarrensaite über ein Brett mit Steg gespannt, eine mit Pergamentpapier bespannte Waschpulvertrommel, ein Kamm mit Butterbrotpapier sind für Kinder oft viel interessanter als eine komplette Orff-Ausrüstung.

Zum Schluß dieses Kapitels noch ein paar Gedanken zur Beschaffung von Spielmaterial. Es ist nur teilweise notwendig, beim Beginn der Kindergruppenarbeit das gesamte Spielmaterial neu anzuschaffen. Die meisten Eltern-Kind-Initiativen lösen das Problem in der Anfangsphase, indem sie zu Hause, gemeinsam mit ihren Kindern, die Kinderzimmer ausmisten. Das, was die Kinder zu Hause nicht mehr benutzen oder nur noch ganz selten brauchen, ist dann das »Startmaterial«. Es war auch sehr häufig zu beobachten, daß gerade das Material, mit dem die einzelnen

---

* Siehe dazu im Anhang »Ein Klettergerüst, ein Baum – eine Gegenüberstellung«.

Kinder zu Hause gar nicht mehr spielen wollten, in der Kindergruppe eine ganze neue Attraktivität erfahren hat. Besitzansprüche innerhalb der Kindergruppe an das eigene, von zu Hause mitgebrachte Spielzeug kamen dabei äußerst selten vor und lassen sich – wenn sie auftreten – durch vermittelnde Erklärung von seiten der Bezugspersonen und der Eltern leicht lösen.

Eine andere Möglichkeit, Spiel und Bastelmaterial zu organisieren, sind Spendenbriefe an Spielzeughersteller oder an spielzeugvertreibende Firmen. Wichtig dabei ist, daß die spendenden Firmen die Möglichkeit haben, die gespendeten Waren im Gegenwert von der Steuer abschreiben zu können; das heißt, die Eltern-Kind-Initiative sollte von der Einkommens- und Umsatzsteuer befreit sein, sie sollte eine Anerkennung als gemeinnütziger Verein im Sinne des Steuergesetzes haben (dazu später noch eine ausführlichere Stellungnahme). Einige Firmen schicken auf solche Anfragen Sachen, die die Eltern-Kind-Initiative vielleicht nicht unmittelbar für ihre Arbeit mit den Kindern einsetzen will. Das Material kann aber jederzeit bei einem Bazar, einem Flohmarkt oder einem Kinderfest versteigert bzw. verkauft werden und so zur Aufbesserung der Finanzen beitragen.

Eine andere Möglichkeit ist, Annoncen und Inserate in Regional- oder Stadtteilanzeigern aufzugeben: »Eltern-Kind-Initiative sucht gebrauchtes Spielzeug (hier kann sogar genau angegeben werden, was gesucht wird) gegen Spendenbescheinigung, geschenkt oder billig . . .«

Mit solchen oder ähnlichen Anzeigen haben wir sehr positive Erfahrungen gemacht, wenn auch nicht immer alle Spenden gebraucht werden konnten. Ein Teil war immer dabei, den die Kindergruppe verwenden konnte. Der Rest kann zum Weiterschenken oder für Flohmärkte verwendet werden.

Auch Bausteine müssen nicht immer gekauft werden. Viele Schreinereien, besser noch Möbelschreinereien, sind froh, wenn Holzreste, die oft die Formen und Ausmessungen von auf dem Markt angebotenen Holzbaukästen haben, abgeholt werden. Diese Bausteine können dann selbst bemalt oder zum Basteln verwendet werden.

Auch Kinderbücher müssen nicht gekauft werden. Inzwischen gibt es überall Leihbüchereien mit einem umfassenden Angebot

– auch an Kleinkindliteratur. Wenn sich einige Eltern verpflichten, die geliehenen Bücher regelmäßig zurückzubringen und neue auszuleihen, kann sich eine Eltern-Kind-Initiative eine ganze Menge Geld sparen. In diesem Falle müssen die Betreuer (Eltern oder Bezugspersonen) jedoch auf einen von der Bücherei akzeptierten Zustand achten, damit sie keine Bücher ersetzen müssen. Die Verantwortlichkeit für den Zustand der Bücher müßte den Kindern – vielleicht mit Ausnahme der ganz kleinen – vermittelbar sein.

Eine andere Möglichkeit, Bücher zu bekommen, ist die Nachfrage bei Trägern von Regeleinrichtungen (kommunale, kirchliche oder andere öffentliche Träger), die in unregelmäßigen Abständen ihre Kinderbuchbestände abstoßen und durch Neuanschaffungen wieder auffüllen. Diese Bücher sind zwar nicht immer im besten Zustand, können aber in gemeinsamer Elternarbeit mit relativ wenig Aufwand (Tesafilm, Klebstoff und etwas Zeit) wiederverwendbar gemacht werden. Das Aussortieren der brauchbaren Bücher (siehe oben) dürfte dabei die aufwendigste Arbeit sein.

Zusammenfassend einige Sätze zu diesem Thema:

Die Eltern schaffen in erster Linie das Spielmaterial an; damit spielen sollen in erster Linie die Kinder.

Phantasieloses Material ist kein Spielzeug für Kinder, höchstens eine Beschäftigungsmöglichkeit.

Es kommt nicht darauf an, wieviel Spielmaterial vorhanden ist und wie teuer es war, entscheidender ist, wie die Kinder damit umgehen können und, ihren Möglichkeiten entsprechend, damit umgehen dürfen. »Nicht die Menge macht's, sondern die Qualität.«

Vorgefertigtes Spielmaterial (das es zum Kaufen gibt) ist selten so optimal wie selbstgebasteltes oder in der Natur zusammengesammeltes.

Fahrzeuge kann sich eine Eltern-Kind-Initiative ebenfalls auf dem Wege gezielter Inserate beschaffen. Häufig sind die angebotenen Vehikel zwar reparaturbedürftig, aber immer noch billiger als eine Neuanschaffung. Zudem ist es für die Kinder sehr interessant, bei der Reparatur zuschauen oder sogar schon mithelfen zu dürfen/können.

Richtlinien und Verordnungen

Um es gleich vorweg zu sagen, die Auseinandersetzung mit diesem Thema ist sehr, sehr komplex. Es gibt – von Bundesland zu Bundesland – unterschiedliche und vielfältige Richtlinien, Erlasse, Verordnungen mit dazugehörigen Ausführungsbestimmungen und Gesetzen, die es einfach nicht möglich machen, für eine einzelne Eltern-Kind-Initiative interessante Fragen im Detail zu beantworten. Deshalb sei – wie schon so oft in diesem Text – darauf hingewiesen, daß die neuesten Informationen und Auslegungen von gesetzlichen Bestimmungen am ehesten von den zuständigen Behörden und von den Wohlfahrtsverbänden zu erhalten sind.

Während der Vorbereitung auf eine Elterninitiativtagung in Oberwesel im Jahre 1980 wurde versucht, eine generelle tabellarische Übersicht über die wichtigsten Voraussetzungen und rechtlichen Bestimmungen zusammenzustellen. Diese Tabelle ist im Anhang abgedruckt. Sie gibt nicht auf alle Fragen eine Antwort, sie zeigt aber die wichtigsten Aspekte auf und soll als Anregung verstanden werden, bei den zuständigen Behörden die richtigen Fragen stellen zu können.

Eltern-Kind-Initiativen haben meistens große bis allergrößte Schwierigkeiten mit den Behörden. Das hat seine Ursachen nicht nur in der sozialpolitischen (in Verbindung mit der finanzpolitischen) Entwicklung, sondern auch in der Tatsache, daß Eltern-Kind-Initiativen, als Träger der freien Jugendhilfe, behördlicherseits schwer einschätzbar (inhaltlich) und kaum kontrollierbar sind. Aufgrund des chronischen Geldmangels im Haushaltsetat der Bundesregierung steht auch der »Abschuß« der finanziell geförderten, öffentlich anerkannten freien Erziehungseinrichtungen (Eltern-Kind-Initiativen u. a.) ganz oben auf der Liste. Sie sollen ersetzt werden durch ehrenamtlich und unentgeltlich geleistete Erziehungsarbeit im Rahmen des Konzeptes »Reden ist Silber, Helfen ist Gold« (beachte die groß angelegte Kampagne des Bundesfamilienministeriums).

Dennoch gilt im Umgang mit den Behörden und Kommunalverwaltungen die Devise: Die Behörden sind für die Bürger da! Nach Paragraph 15, Sozialgesetzbuch I, besteht eine Auskunftspflicht. Niemand braucht sich deshalb von irgendwelchen Behörden ohne die erwünschte Auskunft wieder wegschicken zu lassen. Bestehen Sie auf der Information, die Sie haben wollen! Auf den unmittelbaren Umgang mit dem Personal innerhalb der Behörden kommen wir später noch einmal zurück.

Den ersten Kontakt mit Behörden haben Eltern-Kind-Initiativen in der Regel, wenn sie sich als Verein eintragen lassen wollen.

Es ist daher sinnvoll, die Frage nach der Vereinsgründung als Voraussetzung für Anträge, Anmietung von Räumen, Einstellen einer festen Bezugsperson etc. als erstes zu beantworten.

1. Vereinsgründung
Es hängt weitgehend von den selbstgewählten Zielen und den selbstgestellten Aufgaben einer Elterngruppe ab, ob sie einen Verein gründen möchte oder nicht. Eine Spielgruppe, die sich unregelmäßig trifft und in der Eltern und Kinder gemeinsam einige Stunden Freizeit verbringen, braucht keinen Verein zu gründen.

Aufgeteilt in die Kategorien »notwendig«, »sinnvoll« und »nicht notwendig« ergibt sich dabei folgendes Bild:
»Ein Verein ist notwendig, wenn:
die Elterngruppe sich einem Wohlfahrtsverband anschließen will,
die Elterngruppe nach § 9 JWG anerkannt werden will,
die Elterngruppe festangestellte Bezugspersonen beschäftigen will,
die Elterngruppe öffentliche Mittel (Investitionszuschüsse, Betriebskostenzuschüsse etc.) beantragen will,
die Elterngruppe Versicherungen (Berufsgenossenschaft, Gebäude- und Haftpflichtversicherungen) abschließen will.«
Die beiden ersten Punkte greifen ineinander über, weil in den meisten Fällen bei einem Anschluß an einen Träger der freien

Wohlfahrt (Wohlfahrtsverband) die Anerkennung als Träger der freien Jugendhilfe nach Paragraph 9 JWG keine Schwierigkeiten mehr bereitet. Das ist aber nicht immer so.

An dieser Stelle scheint es zweckmäßig, den Text dieses ominösen Paragraphen zu zitieren:

»§ 9 JWG (Jugendwohlfahrtsgesetz)

Träger der freien Jugendhilfe dürfen nur unterstützt werden, wenn sie die Gewähr für eine den Zielen des Grundgesetzes förderliche Arbeit und für eine sachgerechte, zweckentsprechende und wirtschaftliche Verwendung der Mittel bieten sowie öffentlich anerkannt sind.«

Nachdem die Wohlfahrtsverbände als solche, dem Paragraphen 9 JWG entsprechend anerkannt sind, scheint der Beitritt zu einem dieser Verbände sinnvoll zu sein. Die Behörden haben aber jederzeit die Möglichkeit, unabhängig von der Mitgliedschaft bei einem Träger der freien Wohlfahrt, die Verfassungstreue des einzelnen Vereines zu überprüfen (das Kinderhaus in Hamburg wurde trotz Mitgliedschaft beim DPWV erst nach vier Jahren als förderungswürdig anerkannt).* Vier Jahre mußten durch Eigenleistungen, durch zeitaufwendiges und kostspieliges Engagement der betroffenen Eltern überbrückt werden.

Zurück zur Vereinsgründung. Sie ist sinnvoll, wenn:

die Elterngruppe mögliche Risiken (auch finanzieller Art) auf viele Schultern (alle Eltern) verteilen will,

die Elterngruppe Räume fest anmieten will und mehr Verhandlungschancen sieht, wenn sie als »juristischer« Ansprechpartner auftritt.

Eine Vereinsgründung ist nicht notwendig, wenn die Elterngruppe sich zu Elternstammtischen, Gesprächskreisen, Gesamtschulinitiativen, Spielkreisen o. ä. trifft. Voraussetzung ist, daß sie keine fest gemieteten Räume hat und die eventuelle Kinderbetreuung nur durch am Arbeitskreis betroffene Eltern geschieht.

Eine Vereinsgründung ist eigentlich unproblematisch. Zur Gründungsversammlung trifft sich die Elterngruppe (es müssen

---

* Eine Dokumentation dieser Auseinandersetzung mit dem Hamburger Senat ist erhältlich beim Kinderhaus Hamburg, Heinrichstr. 14, 2000 Hamburg 50.

mindestens sieben sein) und wählt aus ihren Reihen einen Vorstand. Dieser besteht in der Regel aus drei Personen: dem ersten Vorsitzenden, dem Schriftführer/der Schriftführerin und dem Kassierer/der Kassiererin. Es können jederzeit mehr Vorstandsmitglieder gewählt werden, die bestimmte Aufgaben der Eltern-Kind-Initiative verantwortlich übernehmen. Das Kinderhaus München hat zum Beispiel einen Vorstand, der sich aus sieben Personen zusammensetzt. Jede Person (im Vorstand sind Eltern und Bezugspersonen vertreten) hat ihr eigenes Aufgabengebiet, zum Beispiel:

die juristische Vertretung (für Verhandlungen mit dem Vermieter, offizielle Verhandlungen mit dem Jugendamt und den zuständigen Ministerien),

die Verwaltung der Finanzen (zuständig für die Erstellung der jährlichen Bilanz und des Haushaltsplanes für das kommende Jahr),

die Kontakte zu den zuständigen Behörden (wenn es zum Beispiel um Anträge auf Zuschüsse geht oder wenn Verwendungsnachweise über erhaltene Gelder zusammengestellt werden müssen und Jahresberichte zu schreiben sind, darüber hinaus, um grundsätzlich einen lockeren Kontakt zu den Aufsichtsbehörden zu halten),

die Planung und Organisation einer Öffentlichkeitsarbeit (Feste vorbereiten, Informationen über die Kinder- und Elternarbeit zusammenstellen, Spendenbriefe schreiben etc.),

die konzeptionelle Situation des Kinderhauses (darunter ist primär die Auseinandersetzung mit dem theoretischen Konzept und der pädagogischen Praxis zu verstehen),

die Hausmeisterei (Feststellen von Schäden im Gebäude und die Organisation von Putz- und Renovierungswochenenden),

der Haushalt (Organisieren des Kochdienstes der Eltern, Eintreiben des Essensgeldes, der Großeinkauf von Grundnahrungsmitteln und die Koordinierung des Speiseplanes).

Es muß dazu noch gesagt werden, daß die einzelnen gewählten Vorstandsmitglieder ihre Aufgabenbereiche nicht alleine ausüben sollen oder müssen. Sie organisieren sich ihrem Thema entsprechende Arbeitskreise und beziehen so viele Eltern wie möglich in die Bewältigung ihrer Arbeit mit ein.

Die Gründungsversammlung muß neben der Wahl des Vorstandes auch die Vereinssatzung beschließen.

Eine Satzung muß ganz bestimmten formalen Kriterien entsprechen. Das Schreiben einer Satzung ist erfahrungsgemäß die schwierigste Prozedur bei einer Vereinsgründung. Es ist deshalb im Anhang eine Mustersatzung abgedruckt, die die wichtigsten Punkte einer Satzung nennt.

Von der Gründungsversammlung ist ein Protokoll anzufertigen, das von mindestens sieben Eltern unterschrieben sein muß. Dieses Protokoll soll so ausführlich wie möglich sein, muß jedoch das Abstimmungsergebnis für den Versammlungsleiter und den Wahlleiter enthalten. Nützlich ist es, wenn gleich zu Beginn der Versammlung ein Schriftführer bestellt wird, der den Ablauf der Ereignisse protokolliert.

Der Schriftführer muß nicht gewählt werden, er kann auf Zuruf bestimmt werden.

Der Schriftführer fertigt das Protokoll über den Ablauf der Gründungsversammlung an, aus dem – aus rein formalen Gründen – hervorgehen muß, daß alle Anwesenden mit der Gründung des Vereins einverstanden waren. Die Eltern, die über die Gründung des Vereins abgestimmt haben, sind entweder im Protokoll oder in einer dem Protokoll beiliegenden Anwesenheitsliste aufzuführen.

Es sollte außerdem im Protokoll stehen, daß sich die anwesenden Eltern auf die Satzung geeinigt haben. (Es ist daher zweckmäßig, den Satzungsentwurf schon bei vorhergehenden Elternzusammenkünften zu diskutieren – und nicht erst bei der Gründungsversammlung, die bei entsprechender Vorbereitung nur noch formalen Charakter hat.)

Die Wahl des Vorstandes muß beschrieben werden, und die Namen der gewählten Vorstandsmitglieder müssen aufgeführt werden. Das Protokoll sollte vom gewählten ersten Vorsitzenden, dem Schriftführer und vom Versammlungsleiter (falls der nicht zum ersten Vorstand gewählt wurde) eigenhändig unterschrieben werden.

Wenn die Satzung anerkannt, der Verein gegründet und der Vorstand gewählt ist, das heißt, wenn die Eltern beschlossen haben, den Verein im Vereinsregister eintragen zu lassen, muß die

Eintragung angemeldet werden. Für die Anmeldung braucht die Elterngruppe die Satzung in Urschrift (im Original) und in Abschrift (die übrigens nicht beglaubigt sein muß) und das Protokoll der Gründungsversammlung.

Zu beachten ist noch, daß an die Form der Anmeldung gewisse formale Ansprüche gestellt werden.

Die Anmeldung erfolgt an das Registergericht im zuständigen Amtsgericht. Es reicht nicht, wenn der neugewählte Vorstand des Vereins einen Brief mit der Bitte um Eintragung ins Vereinsregister an das Registergericht schreibt. Die Anmeldung zum Vereinsregister ist von den Mitgliedern des Vorstandes durch eine öffentlich beglaubigte Erklärung zu bewirken (Paragraph 77 BGB). Diese Erklärung muß schriftlich abgefaßt sein, die Unterschriften der Erklärenden müssen von einem Notar beglaubigt werden (Paragraph 129 Absatz 1 Satz 1 BGB; Paragraphen 1, 40 Beurkundungsgesetz).

Es ist also ein Brief an das Amtsgericht – Registergericht – zu schreiben, in dem steht, wann der Verein gegründet wurde und daß die Unterzeichnenden von den bei der Gründungsversammlung anwesenden Mitgliedern zum zeichnungsberechtigten Vorstand gewählt wurden. Die Unterschriften unter diesem Brief müssen notariell beglaubigt werden. Der Anmeldung zur Eintragung ins Vereinsregister müssen die Ur- und Abschrift der Satzung sowie das Protokoll der Gründungsversammlung beiliegen. Das Ganze klingt vielleicht etwas kompliziert, ist es im Grunde genommen aber nicht, wenn die Elterngruppe entsprechend vorarbeitet.

Noch drei wichtige Hinweise, die bei der Gründung und Eintragung eines Vereins zu beachten sind:

Bevor man einen Namen für den Verein festlegt, sollte man sich beim Amtsgericht erkundigen, ob es schon einen Verein mit dem gleichen Namen gibt. Ist dies der Fall, wird er nämlich nicht anerkannt.

Jede nachträgliche Änderung der Satzung oder die Neuwahl eines Vorstandes u. ä. sind von einem Notar ins Vereinsregister eintragen zu lassen (und das kostet immer wieder Geld).

Gegen die Eintragung ins Vereinsregister kann innerhalb von sechs Wochen Einspruch erhoben werden (zum Beispiel durch eine Verwaltungsbehörde, die der Meinung ist, daß nach dem öffentlichen Vereinsrecht der anzumeldende Verein nicht erlaubt ist oder verboten werden kann). Diese Einspruchsmöglichkeit hängt fast ausschließlich von den formalen Kriterien ab, die bei der Formulierung der Satzung und des Gründungsprotokolles zu beachten sind. Konkret heißt dies, daß der Verein frühestens sechs Wochen nach der Anmeldung ins Vereinsregister eingetragen werden kann.

2. Antrag auf Gemeinnützigkeit

Unter Vorlage der Satzung des neugegründeten Vereins, eines Haushaltsplanes und eventuell der Bilanz des letzten Rechnungsjahres kann beim zuständigen Finanzamt die Gemeinnützigkeit beantragt werden. Dieser Antrag ist nicht nur sinnvoll, weil nach Anerkennung der Gemeinnützigkeit Spendenbescheinigungen ausgestellt werden können. Vereine, die nicht als gemeinnützig anerkannt sind, unterliegen der Verpflichtung, Körperschaftssteuer bezahlen zu müssen.

Als Vereine mit gemeinnützigen Zwecken gelten insbesondere die Förderung der Jugendhilfe (darunter fallen auch freie Kindergärten und Schülerhorte), der Altenhilfe, des öffentlichen Gesundheitswesens, des Wohlfahrtswesens und des Sports, die Förderung von Wissenschaft und Forschung, Bildung und Erziehung, Kunst und Kultur, der Religion, der Völkerverständigung, der Entwicklungshilfe, des Umwelt-, Landschafts- und Denkmalschutzes sowie des Heimatgedankens (Paragraph 52 Absatz 2 der Abgabenordnung).

Es dürfte daher keine Schwierigkeiten geben, wenn in der Satzung, bei der Beschreibung des Vereinszweckes, die realen Ziele und die im Rahmen der Konzeptdiskussion besprochenen Inhalte stichwortartig angegeben werden. Auch ist der Hinweis auf die Gemeinnützigkeitsverordnung vom 24. Dezember 1953 in der Satzung zweckmäßig.

Das Finanzamt entscheidet über die Gemeinnützigkeit eines Vereines. Ein besonderes Verfahren für die Anerkennung gibt es dabei nicht.

Nach Überprüfung der Satzung und der anderen Unterlagen (wie Haushaltsplan und/oder Bilanz) spricht das zuständige Finanzamt in der Regel eine vorläufige Anerkennung als gemeinnütziger Verein aus. Das Finanzamt ist dann berechtigt, in gewissen Zeitabständen zu prüfen, ob die Voraussetzungen der Gemeinnützigkeit erfüllt sind. Das geschieht durch Einsichtnahme in die Buchführung und Überprüfung der Satzung auf eventuelle Änderungen in der Zielsetzung des Vereins. Eine solche Überprüfung findet regelmäßig alle drei Jahre statt.

3. Antrag auf Anerkennung als Träger der freien Jugendhilfe

Ein Verein kann nur dann Zuschüsse aus öffentlichen Mitteln beantragen, wenn er als freier Träger der Jugendhilfe nach Paragraph 9 JWG anerkannt ist. Den entscheidenden Text (Paragraph 9 Absatz 1 JWG) haben wir schon im Zusammenhang mit der Vereinsgründung* zitiert. Es bleibt an dieser Stelle also nur noch zu erwähnen, wie und wo der Antrag auf Anerkennung gestellt werden muß. Eine Eltern-Kind-Initiative kann nur dann »öffentlich anerkannt« werden im Sinne des Paragraph 9 JWG, wenn sie:

1. ein eingetragener (im Vereinsregister beim zuständigen Amtsgericht) Verein ist,
2. die Gemeinnützigkeitsbescheinigung vom zuständigen Finanzamt hat (das heißt von der Körperschaftssteuer befreit ist),
3. einem Spitzenverband der freien Wohlfahrt angeschlossen ist.

Der Verein muß den Antrag an das zuständige Jugendamt der Stadt oder des Kreises stellen (sollten zum Beispiel in einer Großstadt diverse Unterabteilungen für solche Anträge zuständig sein, kann der Fachberater des Wohlfahrtsverbandes, dem sich die Eltern-Kind-Initiative angeschlossen hat, weiterhelfen). Das zuständige Jugendamt leitet den Antrag dann mit einer Stellungnahme an den Jugendwohlfahrtsausschuß weiter. Dieser entscheidet, ob die Anerkennung als Träger der freien Jugendhilfe ausgesprochen werden kann. Dieser Weg ist in den meisten Bundesländern üblich. In Bayern wird die Anerkennung automatisch

---

* Wer noch mehr Details und juristische Information sucht, sollte sich das Buch *Wie gründe und leite ich einen Verein?* von Herbert Kempfler, München 1983, anschaffen.

ausgesprochen, wenn der Verein Mitglied in einem Spitzenverband der freien Wohlfahrt ist. Für die Antragstellung sind in jedem Fall folgende Unterlagen notwendig:

die Satzung des Vereins,

der Auszug aus dem Vereinsregister, der die Eintragung bestätigt,

eine Auflistung der Vorstandsmitglieder mit Namen und Adressen,

Bescheinigung über die Freistellung von der Körperschaftssteuer (= die Gemeinnützigkeitserklärung),

eine schriftliche Begründung über die Notwendigkeit der Einrichtung.

In dieser Begründung muß die Elterngruppe beschreiben, warum sie eine Eltern-Kind-Initiative für notwendig erachte: zum Beispiel, weil am Ort keine entsprechenden Möglichkeiten gegeben sind, um Kinder halb- bzw. ganztags zu betreuen. Oder weil das Angebot an Kinderkrippen bzw. Kindertagesstätten nicht den inhaltlichen Vorstellungen der Eltern entspricht. Oder weil sie durch die Gründung einer Eltern-Kind-Initiative eine modellhafte Einrichtung schaffen wollen, die sich auf der Grundlage der neuesten wissenschaftlich-sozialpädagogischen Erkenntnisse für die Bedürfnisse und Interessen der Kinder einsetzt. In der Regel ist eine einigermaßen ausführliche Projektbeschreibung ausreichend, aus der unter anderem auch hervorgeht, warum Elterngruppen einen Verein gegründet haben (inhaltlich).

Ich habe zu Beginn des Kapitels gesagt, daß eine Eltern-Kind-Initiative dann öffentliche Mittel beantragen kann, wenn sie als Träger der freien Jugendhilfe nach Paragraph 9 JWG anerkannt ist. Das heißt aber nicht in allen Fällen, daß ein Anspruch auf Gewährung öffentlicher Mittel anerkannt ist. Die Gewährung von Zuschüssen hängt oft von anderen Kriterien ab (beispielsweise von der Bedarfsplanung des Landes, der Kommune etc.). Auch die Frage nach der Vertrauenswürdigkeit des Vereins wird bei der Bewilligung von Zuschüssen mancherorts in Betracht gezogen. Es ist in jedem Falle zweckmäßig, sich bei dem Fachberater des Wohlfahrtsverbandes (bei dem der Verein Mitglied ist) oder bei den zuständigen Sachbearbeitern in den entsprechenden Ministerien darüber zu informieren, welche Zuschußmöglichkeiten derzeit gegeben sind und unter welchen Voraussetzungen sie gewährt werden können. Ein Rechtsanspruch besteht für Eltern-Kind-Initiativen nur dann, wenn in den einzelnen Bundesländern die Bezuschussung per Gesetz oder eine andere Bestimmung (Erlaß, Richtlinie etc.) garantiert ist. Und das ist in allen Bundesländern unterschiedlich (siehe dazu auch im Anhang »Übersicht der rechtlichen Situation ...«). In Bayern beispielsweise besteht für Kindertagesstätten (Kinder von drei bis sechs Jahren) ein Rechtsanspruch nach dem Bayerischen Kindergartengesetz (wenn die Voraussetzungen hierfür erfüllt sind). Kein Rechtsanspruch besteht dagegen für Krippen oder Horte. Über eine eventuelle Bezuschussung solcher Einrichtungen wird nach dem Ermessen und den momentanen finanziellen Möglichkeiten des Landes bzw. der Kommune entschieden.

Die Rolle der institutionellen Aufsicht oder einer sogenannten Heimaufsicht

Zu diesem Thema ein Auszug aus der Arbeitsmappe »Eltern helfen Eltern« (BZgA, Mai 1982):

»Die zuständige Behörde führt die Aufsicht über Einrichtungen, in denen Minderjährige dauernd oder zeitweise, ganztägig oder für einen Teil des Tages, jedoch regelmäßig, betreut werden oder Unterkunft erhalten (vgl. JWG § 78 [1]). Als Einrichtungen in diesem Sinne werden im allgemeinen jedoch Kindergärten, die von Elterninitiativen betrieben werden , dann nicht betrachtet, wenn die Betreuung der Kinder überwiegend bei den Eltern selbst verbleibt, also nicht angestelltem Personal übertragen wird. Die Einzelheiten regeln die Länder durch eigene Rechtsvorschriften, Richtlinien und Erlasse.

Unterliegt die Einrichtung der Heimaufsicht, so hat das Landesjugendamt zu prüfen, ob ›in der Einrichtung das leibliche, geistige und seelische Wohl gewährleistet ist‹. Die Betreuung muß dann durch geeignete Kräfte sichergestellt sein« (Paragraph 78 Absatz 2 Satz 1 und Absatz 3 Satz 1 JWG).

Die zuständigen Sachbearbeiter(innen) des jeweiligen Landesjugendamtes vereinbaren in der Regel mit der Elterngruppe einen Termin für eine Ortsbesichtigung. Es hat sich in der Praxis als günstig erwiesen, vor der ersten Ortsbesichtigung die beabsichtigte Planung, zum Beispiel der Räumlichkeiten, mit den Sachbearbeiter(innen) und Fachberater(innen) des zuständigen Wohlfahrtsverbandes zu besprechen.

An der Ortsbesichtigung können auf Einladung des Landesjugendamtes auch andere Behörden (Gesundheitsbehörde, Bezirksinspektionen) teilnehmen. Es sollte aber auf jeden Fall ein Vertreter der Elterngruppe und des zuständigen Wohlfahrtsverbandes teilnehmen.

Der Elterngruppe wird nach dem Besuch die Befreiung von der Heimaufsicht schriftlich erteilt. Gleichzeitig können weitere Auflagen erteilt werden, deren Erledigung die Befreiung erst wirksam werden läßt. Die Befreiung selbst kann als befristet oder unbefristet betrachtet werden, wobei letzteres begründet werden muß.

Wir haben schon in dem Kapitel, in dem über die notwendigen Räumlichkeiten geschrieben wurde, darauf hingewiesen, daß es sich bei den Bestimmungen des Paragraphen 78 JWG in erster Linie um sanitäre und hygienische Aspekte der Einrichtung und Raumaufteilung (zum Beispiel der Toiletten) handelt. Die Gestaltung der Räume, solange sie dem Alter der Kinder entsprechend zweckmäßig eingerichtet sind, kann die Elterngruppe selbst bestimmen.

Auch wenn die Befreiung von einer Heimaufsicht ausgesprochen wurde, kann die Aufsichtsbehörde in unregelmäßigen Abständen die Eltern-Kind-Initiative besuchen und kontrollieren, ob die Bedingungen, die zur Befreiung geführt haben, noch gegeben sind.

Auch die Gesundheitsbehörde kann stichprobenartig die Einrichtung überprüfen. Diese Überprüfung muß nicht angemeldet werden. Wenn in der Einrichtung die Mahlzeiten für die Kinder hergestellt und verteilt werden, ist auch noch das Gaststättengewerbeaufsichtsamt (die Bezirksinspektion) für die hygienischen Verhältnisse in Küche und Eßzimmer zuständig.

Solche Besichtigungen müssen nicht angemeldet werden. Die entsprechenden Behörden »sollen« aber den zuständigen Fachberater des Wohlfahrtsverbandes, dem die Eltern-Kind-Initiative angehört, vor einem Besuch informieren und ihm die Gelegenheit geben, dabeizusein. Wenn sich die Elterngruppe um einen guten Kontakt und eine mögliche Zusammenarbeit bemüht, wird es selten zu unangemeldeten Besuchen kommen.

Über den Umgang mit Behörden

Die Behörden sind für die Bürger da; niemand braucht sich ohne eine zufriedenstellende Auskunft wegschicken zu lassen! Wir haben diese Feststellung schon in dem Kapitel getroffen, in dem wir über die Möglichkeiten, Voraussetzungen und den Sinn einer Vereinsgründung geschrieben haben.

Diese Aussagen haben ihre Berechtigung. Es ist sogar gesetzlich geregelt, inwieweit die Behörden verpflichtet sind, Auskunft zu erteilen (Paragraph 15, Sozialgesetzbuch I). Nur eines sollen sich die Eltern vor Augen halten, wenn sie Kontakt zu Behörden aufnehmen (zum Beispiel wegen der Vereinsgründung, der Befreiung von der Heimaufsicht, der Anerkennung als Träger der freien Jugendhilfe nach Paragraph 9 JWG etc.): Der Begriff »Behörde« ist eine relativ abstrakte Bezeichnung für einen verwaltungstechnischen Apparat, der die Aufgabe hat, bestimmte Gesetze auszuführen und auf die Einhaltung der entsprechenden Bestimmungen zu achten. Die Arbeit innerhalb der Behörden wird jedoch von Sachbearbeitern/Sachbearbeiterinnen geleistet, die durchaus nicht immer damit einverstanden sind, wenn sie mit der »Behörde« identifiziert werden.

Es gibt in den verschiedenen Behörden Angestellte und Beamte, die glauben, aufgrund der ihnen übertragenen Aufgaben Macht ausüben zu können, Menschen, die Paragraphen »reiten« und stolz darauf sind, den Bestimmungen buchstabengetreu Genüge getan zu haben.

Die Auseinandersetzung einer Elterngruppe mit den Behörden muß aber nicht geprägt sein von einer grundsätzlich negativen Einstellung. Das persönliche Verhältnis und die individuelle Erfahrung mit dem zuständigen Sachbearbeiter oder der Sachbearbeiterin ist entscheidend für die Form und unter Umständen für den Erfolg der Kontaktaufnahme mit Behörden.

Eine 29jährige Mutter, die von der Eltern-Kind-Initiative zur »Behördenkontaktfrau« gewählt wurde, formuliert das so: »Ausgangspunkt für mich ist: Ich will was vom Sachbearbeiter, will, daß er so unbürokratisch wie möglich verfährt und Verständnis für meine Probleme hat – oder besser: für die Probleme unseres Vereins. Also ist es logisch, daß ich versuche, auch für seine Situation als Vertreter einer Behörde Verständnis zu haben – er hat die Bestimmungen nicht gemacht. Ich handle dabei nicht opportunistisch, sondern angemessen – einfach normal.«

Diese Aussage kann das Verhältnis zwischen Eltern-Kind-Initiativen und Behörden grundsätzlich beschreiben und zeigt auch einen begehbaren Weg im Umgang mit diesen. Sie steht außerdem in unmittelbarem Zusammenhang mit inhaltlichen Vorstellungen von Initiativen, die eine kritische Betrachtungsweise bestimmter, nicht immer eindeutig definierbarer Autoritäten in ihrem Erziehungskonzept diskutiert haben (Kritikfähigkeit als Erziehungsziel). Kritische Betrachtungsweise heißt Möglichkeiten abschätzen, Zusammenhänge und Hintergründe begreifen.

Um richtig verstanden zu werden, das heißt nicht, als Antragsteller bei Behörden vor lauter Verständnis auf die Durchsetzung eigener Interessen zu verzichten oder sie einzuschränken – zumal es nicht ausschließlich um eigene (im Sinne von persönlichen, privaten) Interessen geht, sondern um die Interessen einer Elterngruppe, die nach ausführlichen Diskussionen einen (flexiblen) Rahmen für die Möglichkeiten, Bedürfnisse und Perspektiven ihrer Kinder entwickelt hat.

Den Perspektiven und Bedürfnissen der Kinder nutzt es nichts, wenn Eltern ihre Autoritätskonflikte mit Behörden oder deren Vertretern austragen. Auch dann nicht, wenn sie dabei vorgeben, die Interessen ihrer Kinder zu vertreten.

Es ist deutlich, daß der Umgang mit Behörden nicht immer einfach ist – und vor allen Dingen nicht jedermanns Sache. Erschwerend kommt hinzu, daß die Bestimmungen, Richtlinien, Erlasse und sonstigen bürokratischen Vorschriften häufig genau das Gegenteil von dem vorschreiben, was konzeptionell und inhaltlich von den Elterngruppen diskutiert wurde.

So ist zum Beispiel in den Ausführungsbestimmungen zu den Richtlinien für Heime und andere Einrichtungen nach Paragraph 78 JWG für das Land Bayern vorgeschrieben, daß zwischen den Kindertoiletten Trennwände anzubringen sind. Das heißt, jede Toilette muß sich in einem für sich abgeschlossenen Raum befinden (und das ist sicher nicht nur in Bayern so). Ob das aus hygienischen, moralischen oder sonstigen Gründen so ist, war nicht zu erfahren. Erfahren haben jedoch viele Eltern, daß eine gemeinsame Sitzung auf dem Klo für Kinder ein völlig normales und wichtiges Erlebnis ist. In bezug auf die Sexualerziehung, bei der die Sauberkeitserziehung eine wichtige Rolle spielt, scheint diese Bestimmung absurd und unlogisch.

In Initiativen mit altersübergreifendem Ansatz sind sogenannte offene Klos die beste Möglichkeit für Kleinkinder, zu lernen, »sauber« zu werden. Sie gehen mit den anderen – schon größeren – Kindern auf den Topf oder aufs Klo und sehen, wie die es machen ... Es entsteht ein selbstverständliches Begreifen der Körperfunktionen im Umgang mit den Größeren – im Zusammenhang mit dem Bedürfnis, sie nachzuahmen. Ein weiteres Hindernis im Umgang mit den Behörden ist die weitverbreitete, fast schon generelle Angst der Behörden, Elterninitiativen seien schwer zu kontrollieren, sie »sahnten« nur ab, hielten sich aber selten an die vereinbarten Abmachungen. Trotz einer bundesweiten Kampagne, die zur Selbsthilfe auffordert (Reden ist Silber, Helfen ist Gold). Und dieses Vorurteil hat seine Begründung ganz sicher unter anderem in dem Widerspruch zwischen bürokratischen Bestimmungen und inhaltlichen Überlegungen der Eltern-Kind-Initiativen.

Schon längst sollten behördlicherseits sinnvolle Konzepte entwickelt worden sein, die die Erziehungskompetenz der Eltern fördern (und nicht wie bisher unterdrücken) und die Mitsprache der Eltern bei der Formulierung von Erziehungsinhalten garantieren. Dagegen gibt es Gesetze und Richtlinien, die dem Schutz der Kinder (vor wem?) dienen sollen.

Um all diese – und sicher noch mehr – Konfliktstoffe im Umgang mit den Behörden besser in den Griff zu bekommen, ohne die Interessen der Eltern-und-Kinder-Gruppen zu vernachlässigen, sind drei Gesichtspunkte in Betracht zu ziehen:

1. Für die Behörde bzw. für den Sachbearbeiter/die Sachbearbeiterin ist es einfacher, wenn er/sie, die Verhandlungen und

Auseinandersetzungen mit einer Eltern-Kind-Initiative betreffend, eine kontinuierliche Kontaktperson hat, sie kennt und sich längerfristig auf deren persönlichen Stil und Argumentationsweise einstellen kann. Das in vielen Eltern-Kind-Initiativen übliche – und auch sinnvolle – Rotationsprinzip erschwert eine konsequente Auseinandersetzung mit dem Verwaltungsapparat, der nicht so flexibel ist, wie es eine Eltern-Kind-Initiative sein kann.

Wenn auch das Rotationsprinzip – gerade in Eltern-Kind-Initiativen mit einer überwiegenden Mehrheit von berufstätigen oder alleinerziehenden Eltern – einen ganz wichtigen Stellenwert im Hinblick auf die Entlastung der einzelnen Eltern darstellt (aufgrund der einigermaßen gleich verteilten beruflichen Belastung sollen die Arbeiten, die eine Eltern-Kind-Initiative ohne hauptamtlichen Verwaltungsapparat zu bewältigen hat, auf alle Eltern gleichmäßig verteilt werden), so ist dieses Verfahren beim Umgang mit den Behörden differenziert zu betrachten und sollte der Struktur und Arbeitsweise der Behörden entsprechend gehandhabt werden.

Es ist sinnvoll, kontinuierliche Kontaktpersonen für den Umgang mit Behörden zu wählen, die eine ausreichende Kenntnis der gesetzlichen Regelungen und anderweitiger Bestimmungen haben. Wenn eine Eltern-Kind-Initiative keine Kontakte zu Personen hat, die sich im Umgang mit juristischen Texten und bürokratischen Formulierungen auskennen (zum Beispiel einen Anwalt/eine Anwältin als Elternteil oder einen Bekannten/eine Bekannte, der/die die Eltern-Kind-Initiative unterstützen will), so muß sich die Behördenkontaktperson in die nicht immer übersichtliche Materie einarbeiten.

Es ist klar, daß die Elterngruppen bei der Verteilung einer solchen für die Existenz der Initiative sehr wichtigen Aufgabe die verschiedenen Fähigkeiten und Kenntnisse der einzelnen Eltern berücksichtigen soll.

2. Grundsätzlich sollen, wenn irgend möglich, alle Aufgaben, die in einem Verein zu verteilen sind (Finanzen, Öffentlichkeitsarbeit, Behördenkontakte, Konzeptfragen etc.), nicht von einzelnen, sondern von zwei oder drei Personen erledigt werden.

Das hat seinen Grund nicht im Mißtrauen einzelnen Eltern gegenüber. Vielmehr ist Teamarbeit nicht unwesentlich für eine funktionierende Kommunikation und das Zusammengehörig-keitsempfinden einer Gruppe.

Es gibt aber noch einen anderen Aspekt. Wenn aus irgendwel-chen Gründen ein Elternteil nicht in der Lage ist, seine Aufgabe den Vereinsinteressen entsprechend wahrnehmen zu können (Krankheit, berufliche Überforderung, familiäre Probleme etc.), muß jemand einspringen können, dem die Thematik nicht ganz fremd ist. Jemand, der fortsetzen kann, was durch den Ausfall des betreffenden Elternteils unterbrochen wurde.

Das gilt auch, wenn ein Elternteil seine Aufgabe – aus Grün-den, die er der Elterngruppe mitteilen muß – abgeben möchte. Er muß noch so lange mit seinen Informationen und Kenntnissen zur Verfügung stehen, bis sich der Nachfolger/die Nachfolgerin einarbeiten kann. Bei Behördengängen geschieht das am ehe-sten, wenn das erfahrene Gruppenmitglied mit dem »Neuling« zusammen hingeht. Durch einen »offiziellen Wechsel« wird auch der zuständige Sachbearbeiter/die Sachbearbeiterin keine Schwierigkeiten haben.

Zwei oder drei Elternpaare, die gemeinsam den Kontakt zu den Behörden pflegen, geben sich gegenseitig moralische Unter-stützung, die manchmal notwendig ist, um mit Sicherheit auftre-ten zu können. Oft ist eine gehörige Portion Sicherheit notwen-dig – gerade im Hinblick auf die bei vielen Erwachsenen anzu-treffende »Behördenangst« –, um sich nicht mit unverständlichen Antworten oder unzureichenden Informationen wieder nach Hause schicken zu lassen.

3. Bei der Aufgabenverteilung innerhalb einer Eltern-Kind-Initiative ist die ständige Information der Elterngruppe über den Verlauf der Arbeit in den einzelnen Bereichen von größter Wich-tigkeit. Nur wenn die Elterngruppe über die einzelnen Schritte informiert ist, darüber gesprochen hat und alle Eltern wissen, welche Entscheidungen zu welchem Thema anstehen, können die Behördenkontaktpersonen den Sachbearbeiter(inne)n ent-sprechende Zusagen machen oder Auskunft über die Gruppen-meinung geben.

Wenn ein Mitarbeiter der Aufsichtsbehörde in die Initiative kommt, um die Einhaltung bestimmter Auflagen zu überprüfen, wird er sich sicher nicht mit der Auskunft zufriedengeben: »Davon haben wir nichts gewußt, das macht für uns immer Frau Sowieso.«

Die Kontaktpersonen vertreten nicht sich selbst, sondern die Eltern-Kind-Initiative!

Bei der Information der Elterngruppe ist zu berücksichtigen, daß es weder Sinn hat, den Eltern angst zu machen (»Die haben es darauf angelegt, die Kindergruppe zu schließen«), noch Fakten herunterzuspielen und so zu tun, als wäre das kein Problem (»Das kriegen wir schon hin, die können uns nichts anhaben«).

Nur sachliche Informationen können Gegenstand der Diskussion in der Elterngruppe sein. Die Elterngruppe kann sich unter Umständen die Diskussion und die zu treffenden Entscheidungen erleichtern, wenn sie sich bei anderen Eltern-Kind-Initiativen in der näheren Umgebung – soweit wie möglich – erkundigt oder sich an die Kontaktstellen des Bundesverbandes Neue Erziehung in Bonn wendet (Adressen sind im Anhang abgedruckt).

Kontakte zu den Behörden sind nicht andauernd sehr umfangreich oder manchmal sogar bedrohlich. Lediglich in der Anfangsphase, wenn der Verein gegründet wird und die Möglichkeit einer öffentlichen finanziellen Förderung geklärt werden muß, sind die Kontakte zu den verschiedenen Behörden relativ intensiv. Danach ist es sehr viel einfacher.

Es empfiehlt sich dennoch, auch nach der Anfangsphase einen ständigen und freundschaftlichen Kontakt zu den Behörden aufrechtzuerhalten – nicht zuletzt auch wegen des Negativbildes von Eltern-Kind-Initiativen als schwer einschätzbare und undankbare Gesprächspartner.

Besonders wichtig ist ein »guter Draht« zu den Fachbereichsleiter(inne)n des zuständigen Trägers der freien Wohlfahrt (Deutscher Paritätischer Wohlfahrtsverband, Arbeiterwohlfahrt, Caritas, Innere Mission usw.). Diese sollen zu den gelegentlichen Kontrollbesuchen der Aufsichtsbehörde eingeladen werden. Und es zahlt sich immer aus, wenn zwischen der Initiative und dem Wohlfahrtsverband ein partnerschaftliches Verhältnis besteht – nicht nur eine einseitige Nutznießung.

Wenn der Besuch einer Behörde (sei es das Gesundheitsamt, die Bezirksinspektion oder eine andere Aufsichtsbehörde) da ist, heißt es in erster Linie: Ruhe bewahren. Hektisches Umherrennen, um noch einige Sachen in Ordnung zu bringen, hilft nicht weiter. Viel besser ist es, eine entspannte Atmosphäre zu schaffen, zum Beispiel durch Anbieten von Kaffee, durch persönliche Gespräche und nicht zuletzt durch inhaltliche Aussagen zum Konzept und den Erziehungsinhalten der Initiative.

Eltern-Kind-Initiativen sollten den Behörden immer wieder vor Augen halten, daß die gesamte Arbeit, die zur Erhaltung und Führung einer Einrichtung notwendig ist, von den Eltern selbst mit sehr viel Engagement und Freizeitopfern geleistet werden muß (zum Beispiel Umbau, Renovierung, Einrichtung, Verwaltung, Kochen usw. – und das alles größtenteils durch Eigenfinanzierung).

Finanzmittel

Um diesen Bereich zu bewältigen, der wegen der Vielfalt der gesetzlichen Bestimmungen einerseits und der phantasievollen Möglichkeiten andererseits recht kompliziert ist, soll er in zwei Bereiche aufgeteilt werden: 1. Einnahmen, 2. Ausgaben.

1. Einnahmen*

Eltern-Kind-Initiativen, die sich entschlossen haben, ihre Kinder-und-Eltern-Arbeit nicht durch eine Vereinsgründung zu formalisieren oder zum Teil zu institutionalisieren, müssen ihre Kosten durch Eigenleistungen decken. Es sei denn, sie finden einen Mäzen (zum Beispiel Großeltern, die ohne die Vorteile einer steuerlichen Begünstigung – uneigennützig und nur an der Idee interessiert – in der Lage sind, die Elterngruppe finanziell zu unterstützen. Die Elterngruppe muß aber auch in diesem Fall aufpassen, daß sie nicht unter die Bestimmungen der institutionellen Aufsicht fällt (vgl. Paragraph 78 Absatz 1 JWG.

Hat sich eine Eltern-Kind-Initiative für die Vereinsgründung entschlossen und ist die Gemeinnützigkeit nach den Paragraphen

---

* Angelehnt an die Ausführungen in *Eltern helfen Eltern* (BZgA Bonn 1983).

51 ff. der Abgabenordnung des Körperschaftssteuergesetzes erteilt worden, können Spenden, die neben den Eigenleistungen dem Verein zugute kommen, von der Steuer abgesetzt werden (Paragraph 10 b des Einkommensteuergesetzes). Die Möglichkeiten, finanzielle Hilfe von Verwandten, Bekannten, Freunden, aber auch von Firmen zu bekommen, sind also sehr viel größer.

Dennoch – ob Vereinsgründung oder nicht –, die Hauptlast der finanziellen Absicherung des Projektes (der Eltern-Kind-Initiative) bleibt dem Verein (der Elterngruppe).

Als anerkannter Träger der freien Jugendhilfe (siehe auch das Kapitel »Über den Umgang mit Behörden«) nach Paragraph 9 JWG kann die Eltern-Kind-Initiative öffentliche Mittel beantragen. Diese Anträge sind an das zuständige Jugendamt zu richten und können zu Investitions- und Betriebskosten gestellt werden. Aber auch diese Regelung ist, wie viele andere im Bereich der Jugendhilfe, in fast allen Bundesländern unterschiedlich. Es ist daher in jedem Falle zu empfehlen, sich bei den Landesstellen der Wohlfahrtsverbände zu erkundigen, wo und nach welchen formalen Gesichtspunkten solche Anträge zu stellen sind.

Wichtig ist noch: Wenn ein Antrag auf Investitionskosten gestellt wurde, dürfen vor der Bewilligung durch die zuständige Behörde keine Investitionen vorgenommen werden, für die eine Förderung beantragt wurde.

Welche Möglichkeiten gibt es, Gelder einzunehmen und so die Arbeit der Eltern-Kind-Initiative – zumindest im finanziellen Bereich – abzusichern?

Die schon erwähnte Eigenleistung durch die Eltern ist wohl die gebräuchlichste Möglichkeit. Sie wird hauptsächlich in Form von »Elternbeiträgen« geleistet. Eigenleistung muß jedoch auch noch in anderer Weise definiert werden. Unter diesem Begriff wird zum Beispiel auch das Einbringen von Materialien (Holz zum Tische- und Bänkebauen, Stoff zum Matratzenüberziehen etc.) und der eigenen Arbeitsleistung verstanden. Wenn Eltern viele Stunden ihrer Freizeit damit verbracht haben, die Räume für die Kindergruppe zu renovieren, umzubauen, die Einrichtung zu basteln, ist dies ein nicht unbedeutender finanzieller und zeitlicher Aufwand, der zur Eigenleistung gerechnet werden kann – zusätzlich zur regelmäßigen Beitragszahlung.

Bei der Verteilung und Wertung der zusätzlichen Eigenleistung sollte die Elterngruppe die unterschiedlichen Fähigkeiten der einzelnen Eltern berücksichtigen und versuchen, Spannungen zu verhindern, die auftreten können, wenn einzelne viel, andere dagegen nicht oder nur wenig mitarbeiten (können).

Eine andere weitverbreitete, aber oft nicht effektiv genutzte Möglichkeit ist, Spenden von Mitgliedern und anderen »natürlichen« oder »juristischen« Personen zu erbitten. Es wurde schon erwähnt, daß diese Möglichkeit nur dann in größerem Rahmen möglich ist, wenn die steuerliche Absetzbarkeit der Spende garantiert ist.

Im folgenden sollen einige Ideen beschrieben werden, die verschiedene Eltern-Kind-Initiativen entwickelt haben, um ihre Einnahmen mit Hilfe von Spenden aufzubessern und – wenigstens zeitweise –zu stabilisieren:

a) Eine Eltern-Kind-Initiative aus dem Münchener Raum verpflichtet alle Eltern, die im Verein Mitglieder werden, bei den Großeltern der Kinder ernsthaft zu versuchen, einen Dauerauftrag von monatlich mindestens zehn DM zugunsten der Initiative zu bekommen. Letztendlich ist es bei der Diskussion über dieses Thema doch bei der Formulierung »versuchen« geblieben, weil eine ganze Reihe von Eltern argumentierten, die Erziehungsvorstellungen ihrer Eltern seien mit den eigenen Vorstellungen so stark different, daß sie mit einer finanziellen Unterstützung von seiten der Großeltern nicht rechnen könnten. Einen »ernsthaften Versuch« würden sie aber unternehmen.

Die Idee zu dieser Aktion entstand, als ein Teil der Eltern bei der Diskussion über die ganztägige Unterbringung in einer Kindergruppe den Anspruch, den die Großeltern stellen, einbrachten. Großeltern haben verständlicherweise den Wunsch, ihre Enkel zu sehen oder mit ihnen etwas zu unternehmen. Bei der Unterbringung in einer Kindergruppe bleibt ihnen praktisch nur das Wochenende – und das beanspruchen die Eltern selbst. Auch organisieren die Kinder sich über die Erfahrungen in der Kindergruppe hinaus in ihrer »kindergruppenfreien Zeit« häufiger mit anderen Kindern als mit den Großeltern. Das heißt, deren Anspruch ist nicht immer realisierbar. Es bleibt aber ein Problem der Auseinandersetzung zwischen den Initiativeltern mit ihren eigenen Eltern über Ziele und Inhalte der gewählten Erziehungs-form.

Ein fast in allen Eltern-Kind-Initiativen anzutreffendes Erziehungsziel ist, daß die Kinder lernen sollen, sich offen und direkt mit ihren Bedürfnissen auseinanderzusetzen, dabei aber auch die individuellen Bereiche des Partners zu akzeptieren. Warum machen Erwachsene diese Forderung zu einem konzeptionellen Bestandteil für ihre Kinder, wenn sie selbst diese Auseinandersetzung mit ihren eigenen Eltern nicht mehr führen (wollen)?

Rein finanziell gesehen, erhält die erwähnte Eltern-Kind-Initiative monatlich per Dauerauftrag der Großeltern 150 DM Unterstützung bei sechzehn Kindern (es sind auch Daueraufträge über zehn DM dabei). Die Großeltern werden zu allen Festen und Veranstaltungen der Eltern-Kind-Initiative eingeladen (die meisten kommen auch) und erhalten einmal im Jahr einen ausführlichen, zusammenfassenden Bericht über die Entwicklung der Kinder mit vielen Fotos.

b) Die gleiche Möglichkeit, sich mit Hilfe von Spendengeldern einen finanziellen Zuschuß zu sichern, besteht auch bei anderen Verwandten (Onkel, Tante, Geschwister), Bekannten und Freunden.

Eine Beziehung, wie sie in den meisten Fällen zwischen Großeltern und Kind besteht und eine Spendenbereitschaft wahrscheinlicher macht, ist bei diesem Kreis der Spender nicht immer vorhanden. Diese nicht vorhandene intensive Beziehung kann aber durch entsprechende Informationen einigermaßen ausgeglichen werden. Das heißt, Verwandte, Bekannte und Freunde müssen den Informationen entnehmen können, was die Eltern-Kind-Initiative macht, warum sie es macht (politische und pädagogische Perspektiven) und auch wie die wirtschaftlichen (finanziellen) Bedingungen sind. Ob das durch regelmäßige schriftliche Infos geschieht oder im privaten Gespräch mit dem einzelnen Spender, ist dabei nicht so sehr entscheidend. Das hängt letztlich mit von dem Arbeitspensum ab, das eine Elterngruppe neben dem beruflichen und privaten Engagement noch innerhalb des Vereins leisten kann.

c) Neben den beiden bisher genannten Möglichkeiten gibt es noch die »Firmenspende« oder sogenannte Bittbriefe. Diese

Briefe müssen kurz sein (weil sie sonst nicht mehr gelesen werden), aber trotzdem inhaltlich genau aussagen, was die Eltern-Kind-Initiative macht. Betonen kann man dabei die verschiedenen Aspekte, die vielleicht für den potentiellen Spender (die Firma) interessant sein können. Das ist immer sehr unterschiedlich (Schreibwarengeschäfte haben ganz andere Interessen als Elektrogroßhandlungen). Das Kinderhaus München hat sich in einem Spendenbrief an eine große Spielwarenfabrik, als Gegenleistung für eine Geld- oder Sachspende, bereit erklärt, Werbefotos machen zu lassen. Das Kinderhaus erhielt daraufhin ein großes Paket mit Material (Knete, Stifte, Sandspielsachen), das Angebot, für Werbezwecke zu fotografieren, wurde allerdings nicht in Anspruch genommen.

Von Firmen kommen in den meisten Fällen Sachspenden, über deren finanziellen Gegenwert die Spendenbescheinigungen (die erhält der Verein als Vordrucke bei der Anerkennung als gemeinnütziger Verein) ausgestellt werden müssen, wenn der Spender das verlangt. Aber auch Sachspenden aller Art können von Eltern-Kind-Initiativen gut gebraucht werden (siehe die Ausführungen zum Thema Spielmaterialbeschaffung, S. 90 ff.).

d) Nicht mehr in die Kategorie Spenden fällt der Verkauf von »Bausteinen«. »Bausteine« sind zum Beispiel Postkarten, Bilderbücher, Kinderbilder und vieles andere mehr, was zum Zwecke der Stabilisierung der Initiativfinanzen gezielt an bestimmte Leute oder auch ganz allgemein verkauft wird. Die Postkarten können zum Beispiel von den Kindern selbst (eventuell mit Plakafarben) bemalt werden, oder es sind vergrößerte Fotos von lustigen Szenen aus dem Kinderalltag. Beim Ausdenken von Motiven und Bildern gibt es da bestimmt keine Grenzen.

Im Kinderhaus München hat sich eine Kindergruppe von vier Kindern im Alter von fünf Jahren mit einer Bezugsperson zusammen eine Geschichte ausgedacht (die Geschichte vom Zauberbaum) und dazu passende Bilder in Wasserfarbe gemalt. Mit Hilfe einer kleinen Druckerei (günstigste Kalkulation und Preisnachlaß) wurde die Geschichte vierfarbig gedruckt und als Buch gebunden. In diesem Buch wurde auf den letzten Seiten die geschichtliche und inhaltliche Entwicklung des Kinderhauses kurz beschrieben und der Verwendungszweck des Erlöses aus dem

Verkauf erklärt. Bei allen Kinderhausfesten und anderen öffentlichen Veranstaltungen (zum Beispiel Veranstaltungen des DPWV) ist das Buch gern gekauft worden. Viele Leute haben das Buch gekauft, um es als Geschenk für Freunde zu verwenden.

Auf jedem »Baustein«, der so verkauft wird, muß vermerkt sein, daß die Einnahmen aus dem Verkauf ausschließlich dem Zwecke des gemeinnützigen Vereins zugeführt werden.

Zusammengefaßt und in Stichworten abschließend noch ein paar andere Einnahmemöglichkeiten:

der Verein kann sich in die Bußgeldliste beim zuständigen Amtsgericht eintragen lassen,

er kann Überschüsse aus dem Prämiensparen der Stadtsparkassen beantragen,

er kann sich an der Lotterie der Wohlfahrtsverbände beteiligen,

durch den Verkauf von Wohlfahrtsmarken,

die Eltern können sich an den Straßen- oder Haussammlungen der Wohlfahrtsverbände beteiligen

und sie können Anträge auf Unterstützung an Parteien, Gewerkschaften, Kirchen, Wohnungsbaugesellschaften u. a. stellen.

Sobald ein Verein als gemeinnützig anerkannt ist, muß er über alle seine Einnahmen und Ausgaben Buch führen, damit er den Nachweis führen kann, daß seine tatsächliche Geschäftsführung den Erfordernissen des Gemeinnützigkeitsrechts entspricht.

2. Ausgaben

Zum Thema Ausgaben ist wesentlich weniger zu sagen als zu dem der Einnahmen. Mit den Ausgaben haben die Eltern-Kind-Initiativen auch nur Probleme, weil sie oft zu hoch sind und deshalb alle Möglichkeiten genutzt werden müssen, um sie durch die Einnahmen wieder auszugleichen.

Wir können uns hier auf die Arbeitsmappe »Eltern helfen Eltern« (herausgegeben von der Bundeszentrale für gesundheitliche Aufklärung)* beziehen, die zum Thema Ausgaben folgendes schreibt:

---

* Diese Mappe ist zu beziehen beim Bundesverband Neue Erziehung, Oppelner Straße 130, 5300 Bonn 1, oder direkt bei der BZgA.

»Eine Eltern-Kind-Initiative muß mit folgenden Kosten rechnen:

1. mit Investitionskosten und
2. mit Betriebskosten.

Beide sind von der Größe des Vorhabens abhängig.

Investitionskosten sind:

1. Baukosten
2. Umbaukosten
3. Einrichtungskosten

Die Höhe dieser Kosten hängt von der Größe des geplanten Vorhabens ab. Sobald besondere Räume für erforderlich gehalten werden bzw. vorgeschrieben sind (siehe ›Die geeigneten Räumlichkeiten‹, Seite 78), können sie sehr hoch werden. Dies insbesondere dann, wenn Bau und Einrichtungskosten zusammenfallen. Zu beachten ist, daß Anträge auf eine öffentliche Förderung vor dem Beginn einer Maßnahme gestellt *und* bewilligt werden müssen.

Betriebskosten sind:

1. Personalkosten
2. Sachkosten

Den Löwenanteil nehmen hier die Personalkosten ein. Sie liegen ca. zwischen 60–80 % bei einer festen Anstellung des Personals.

Personalkosten:

Wesentlich für die Höhe der Kosten ist die Art der Anstellung. Ehrenamtliche Mitarbeit wird unentgeltlich geleistet. Es können allerdings Kosten für eine Aufwandsentschädigung entstehen.

Bei Beschäftigung einer Honorarkraft besteht Sozialabgabefreiheit, wenn die Kraft z. Zt. nicht über 390,00 DM pro Monat verdient. Arbeitnehmer und Arbeitgeber sparen so Sozialabgaben, und der Arbeitgeber zahlt nur eine pauschale Steuer von 10,7 %.

Bei der festen Einstellung von Personal werden die Kosten durch den Bundesangestelltentarifvertrag (BAT) oder den Mantel-Tarifvertrag für Arbeitnehmer (MAT) bestimmt. Durch die genannten Tarifverträge werden auch die Lohnnebenkosten, wie Urlaubsgeld, 13. Gehalt usw., geregelt. Darüber hinaus muß der Arbeitgeberanteil zur Sozialversicherung abgeführt werden.

Sachkosten:

Die Sachkosten sind in der Regel nicht vorhersehbar. Es entstehen aber Kosten in den folgenden Bereichen:

Miete

Heizung

Strom

Telephon

Versicherungen

Verbrauchsmaterial

Spielmaterial

Putzmittel

bei Ganztagseinrichtungen die Unkosten für Essen.

Wird eine Eltern-Kind-Initiative durch öffentliche Mittel gefördert oder will sie sich fördern lassen, so wird von dem Träger und damit von den Eltern immer ein eigener Anteil, die finanzielle Eigenleistung, aufzubringen sein.« Soweit die Ausführungen, zitiert aus der genannten Arbeitsmappe.

Wenn die Eltern-Kind-Initiative beschlossen hat, eine Bezugsperson fest anzustellen, muß sie sich mit der Rolle des Arbeitgebers vertraut machen. Diese Doppelrolle der Eltern, gleichzeitig Partner und Arbeitgeber zu sein, ist weder für sie noch für die Bezugspersonen immer leicht. Aus dieser Konstellation haben sich schon in vielen Eltern-Kind-Initiativen Konflikte entwickelt, die nur durch Offenheit in der Auseinandersetzung und durch direkte Formulierung der jeweiligen Ansprüche geklärt werden konnten.

Wenn die Initiative Bezugspersonen fest anstellen will, muß ein Verein gegründet werden, der insbesondere (als juristische Person) verantwortlich ist für:

pünktliche Lohnzahlung,

pünktliche Zahlung der Sozialversicherungsbeiträge an die Krankenkasse,

die Zahlung der Steuern ans Finanzamt,

die Gewährung des Urlaubs,

die Lohnfortzahlung im Krankheitsfall,

die Mitgliedschaft in der Berufsgenossenschaft

und für die Bereitstellung von Möglichkeiten für die Fortbildung der Beschäftigten.

In dieser Zusammenfassung sind alle Ausgaben enthalten, die zwangsläufig auf eine Eltern-Kind-Initiative zukommen. Die Höhe der Kosten ist unterschiedlich und hängt von der Art, der Größe und dem (auch inhaltlichen) Anspruch der Initiative ab. Weitere Informationen (zum Beispiel über die Buchungstechnik – bei Vereinen genügt eine einfache Buchführung) können bei den Landesverbänden der Wohlfahrtsverbände eingeholt werden. Am besten informiert ist darüber der Deutsche Paritätische Wohlfahrtsverband, dem die meisten Eltern-Kind-Initiativen angeschlossen sind, und vielleicht noch die Arbeiterwohlfahrt (siehe auch das Kapitel »Über den Umgang mit Behörden«).

Die Wohlfahrtsverbände

Nachdem mehrmals die Notwendigkeit oder die Möglichkeit eines Anschlusses an einen Wohlfahrtsverband (= Träger der freien Wohlfahrt) erwähnt wurde, soll hier mehr über diese Verbände gesagt werden.

In der Bundesrepublik gibt es insgesamt sechs Spitzenverbände der freien Wohlfahrt:

die Arbeiterwohlfahrt (AW),

das Diakonische Werk der evangelischen Kirche,

den Deutschen Caritasverband,

den Deutschen Paritätischen Wohlfahrtsverband (DPWV),

das Deutsche Rote Kreuz (DRK),

die Zentralwohlfahrtsstelle der Juden in Deutschland.

Bei der Arbeit von Eltern-Kind-Initiativen haben sich vor allen anderen der Deutsche Paritätische Wohlfahrtsverband und die Arbeiterwohlfahrt bewährt. Die überwiegende Zahl der Initiativen, Elternselbsthilfegruppen oder Eltern-Kind-Initiativen hat sich dem Deutschen Paritätischen Wohlfahrtsverband angeschlossen, weil er aufgrund seiner pluralistischen Struktur den Interessen und Zielvorstellungen der einzelnen Gruppen am ehesten entspricht. Einige haben sich auch als Mitgliedsorganisationen der Arbeiterwohlfahrt angeschlossen.

Die Möglichkeiten einer Beratung oder Hilfestellung durch den Wohlfahrtsverband sind in den einzelnen Bundesländern unterschiedlich. Das hat seine Ursachen in der Organisation der Spitzenverbände. Die Spitzenverbände der Träger der freien Wohlfahrt setzen sich aus den einzelnen Landesverbänden zusammen, die weitgehend eigenständig, unter Berücksichtigung der Bedingungen des jeweiligen Landes, arbeiten und eigene Geschäftsordnungen erstellen.

Um als Träger der freien Jugendhilfe anerkannt zu werden, muß man Mitglied bei einem Träger der freien Wohlfahrt sein. Die Wohlfahrtsverbände (insbesondere der DPWV und die AW) bieten im übrigen Dienstleistungen an, die für eine Eltern-Kind-Initiative eine Erleichterung der Arbeit sein können; beim DPWV zum Beispiel:

»Berechnung der Lohn- und Gehaltskosten über Computer
Kontoführung für Einnahmen und Ausgaben (einfache Buchführung) über Computer
Fachberatung durch Fachberater auf regionaler Ebene
günstige Versicherungsangebote gegen Sach- und Personenschäden
Fort- und Weiterbildung von Erzieher(n)/innen und Eltern durch und von Mitgliedsorganisationen«
(aus: Arbeitsmappe des BZgA, »Eltern helfen Eltern«, a. a. O.)

Die Fachberatung der Verbände bezieht sich auf alle Probleme, mit denen Eltern-Kind-Initiativen konfrontiert sind. Die Verbände beraten bei der Vereinsgründung, der Antragstellung auf Zuschüsse aus öffentlichen Mitteln, geben Hilfestellung bei der Raumsuche usw.

Die Anschriften der Bundesverbände, über die weitere Informationen eingeholt werden können (zum Beispiel die Anschriften der Landesverbände oder der regionalen Geschäftsstellen), sind im Anhang zu finden.

Versicherungen

Die meisten Eltern haben schon oder werden spätestens, wenn das Kind ins Krabbelalter kommt, eine private Haftpflichtversicherung abgeschlossen haben. Solange sich die Elterngruppe in der Vorbereitungs- oder in der Diskussionsphase befindet und sich in den Wohnungen der anderen Eltern trifft, ist darüber hinaus keine weitere Versicherung notwendig.

»Verfügt die Eltern-Kind-Initiative über eigene Räume bzw. über eigenes Gelände, empfiehlt es sich, eine Haftpflicht- und Gebäudeversicherung (Feuer, Wasser, Einbruch usw.) abzuschließen. Dazu muß die Elterngruppe sich allerdings als Verein eintragen lassen, damit als Versicherungsnehmer eine ›juristische‹ Person vorhanden ist.

Werden regelmäßig Kinder bzw. Minderjährige betreut, ohne daß die leiblichen Eltern dabei sind, ist eine gesonderte Haftpflichtversicherung abzuschließen, die sich auf die Betreuer (Bezugspersonen) als Aufsichtspflichtige ausdehnt.

Falls die Eltern-Kind-Initiative aus einer Babygruppe oder Krabbelstube besteht, ist eine Unfallversicherung in Erwägung zu ziehen. Bei Kindergärten sind die Kinder in der Einrichtung und auf dem Wege zur Einrichtung durch die gesetzliche Unfallversicherung der Kommunen bzw. des Landes versichert.

Gegebenenfalls ist bei öffentlich finanzierten Einrichtungen eine Betriebsunfallversicherung abzuschließen. Die in einer Einrichtung fest Beschäftigten sind über die zuständige Berufsgenossenschaft (in den meisten Fällen die Berufsgenossenschaft für Gesundheitsdienst und Wohlfahrtspflege) versichert.

Eltern-Kind-Initiativen, die einem Wohlfahrtsverband angeschlossen sind, können die teilweise günstigeren Versicherungspakete, die auf die Bedürfnisse von Initiativen zugeschnitten sind, in Anspruch nehmen« (aus: Arbeitsmappe des BZgA, »Eltern helfen Eltern«, a. a. O.).

Im Kapitel »Zur Gründung einer Eltern-Kind-Initiative am Beispiel eines bestehenden Hauses« haben wir erwähnt, daß sich die Eltern zu sogenannten »Fahrdiensten« zusammengeschlossen haben, um den Zeitaufwand einzelner Eltern zu reduzieren und die verschiedenen Berufssituationen zu berücksichtigen. In solchen Fällen ist auf jeden Fall für die am Fahrdienst beteiligten Eltern (nach Rücksprache mit der in Frage kommenden Versicherung) eine Insassenversicherung empfehlenswert.

Bei allen Versicherungsfragen ist es wichtig, die Versicherungsbedingungen genau zu prüfen und alles zu lesen, was auf den Formularen gedruckt ist. Oft sind die Bedingungen so formuliert, daß man glaubt, man sei gegen dies oder jenes versichert, und erst im Schadensfall stellt sich heraus, daß die betreffende Formulierung anders ausgelegt werden kann.

Öffentlichkeitsarbeit

Die Notwendigkeit der Öffentlichkeitsarbeit ergibt sich für eine Eltern-Kind-Initiative aus zwei Überlegungen heraus:

1. Die Eigennützigkeit

Wenn eine Eltern-Kind-Initiative finanzielle Probleme hat, sei es, weil die behördlichen Zuschüsse zu gering sind, um den Gesamthaushalt kostendeckend zu bewältigen, und die Beiträge der Eltern die Grenze der finanziellen Belastbarkeit erreicht haben; sei es, weil die Zuschüsse zwar bewilligt, aber noch nicht ausgezahlt sind und die finanziellen Verpflichtungen (Miete, Gehälter) eingelöst werden müssen; sei es, weil einmalige höhere Ausgaben aufzubringen sind, zum Beispiel, weil Auflagen zu erfüllen sind (Renovierungen, Umbau etc.), die den Gesamthaushalt überstrapazieren.

In solchen Fällen sind Appelle an die Öffentlichkeit um finanzielle Unterstützung hilfreich. Wenngleich damit nur eine vorübergehende finanzielle Entlastung der Eltern-Kind-Initiative bewirkt werden kann. Eine kontinuierliche finanzielle Hilfe durch regelmäßige Spender (monatlicher Dauerauftrag) zählt in dieser Hinsicht ebenfalls zur »eigennützigen Öffentlichkeitsarbeit«, auch wenn damit andere Verpflichtungen verbunden sind (Informationen über die Arbeit der Eltern-Kind-Initiative, Einladung zu Initiativfesten etc.).

Wie eine zweckorientierte Öffentlichkeit hergestellt werden kann, wurde bereits ausführlich beschrieben (siehe »Einnahmen«, S. 114 ff.).

2. Der gesellschaftspolitische Stellenwert der Öffentlichkeitsarbeit

Wenn die Arbeit von Eltern-Kind-Initiativen eine Alternative zur Arbeit in Regeleinrichtungen darstellen soll, weil sie nicht nur leistungsorientiert ist, sondern bei den grundsätzlichen Bedürfnissen der Kinder ansetzt und hilft, eine Kindheit – ein »Kind-sein-Dürfen« – sicherzustellen, muß auch die Auseinandersetzung mit der Öffentlichkeit über die Inhalte und Ziele dieser Alternative stattfinden. Besonders dann, wenn die Eltern-Kind-Initiative Zuschüsse der öffentlichen Hand beansprucht. Regeleinrichtungen sind so in das gesellschaftliche System integriert, daß diese Auseinandersetzung nicht mehr notwendig erscheint. Elterninitiativen haben demgegenüber einen anderen Stellenwert.

Sie stellen einmal die Richtigkeit des methodischen Ansatzes und die inhaltliche Zielsetzung (Leistung und Anpassung) in Frage und formulieren kindgerechte und gesellschaftspolitisch relevante Erziehungsinhalte (Phantasie, Recht auf eigene Persönlichkeit, Kritikfähigkeit, soziales Verhalten usw.).

Dieser Unterschied in der Beurteilung von Inhalten in der Erziehungsarbeit sollte nicht im privaten Freiraum einer Eltern-Kind-Initiative ausgetragen werden. Oder konsequenter formuliert, privatistisch und im Bewußtsein des »Ich mach' es besser«.

Wenn die Eltern die inhaltliche Auseinandersetzung mit der Öffentlichkeit scheuen, besteht die Gefahr, daß die Kinder eines Tages – spätestens bei der Einschulung – einer Öffentlichkeit begegnen, vor der sie bisher abgeschirmt wurden.

Öffentlichkeitsarbeit heißt also, Kinder nicht nur in ihrer Gruppe zu belassen, sondern auch den Kontakt zu Kindern und Erwachsenen zu halten, die mit den Vorstellungen und Inhalten einer Eltern-Kind-Initiative nichts zu tun haben. Dies geschieht ungezwungen und ist nicht pädagogisch aufgesetzt, wenn die Kinder öfter mit öffentlichen Verkehrsmitteln fahren (statt nur in Autos der Initiativeltern befördert zu werden), öffentliche Spielplätze besuchen, ins Kindertheater, zum Schwimmen, in den Zoo gehen etc.

Kinder haben bei solchen Gelegenheiten meist keine Probleme, sich so zu verhalten, wie sie es in der Kindergruppe gelernt haben und im Umgang mit den Erwachsenen gewohnt sind oder wie es ihrer momentanen Stimmung entspricht. In den meisten Fällen werden die Erwachsenen spüren – und teilweise peinlich berührt sein –, daß es Unterschiede im spontanen Verhalten und der entsprechenden Reaktion der Erwachsenen darauf gibt.

Zum Beispiel: Bei einem Zoobesuch der Kinder des Kinderhauses München stehen die Kinder fasziniert vor dem Löwenkäfig. Eine Mutter kommt mit ihrem Kind (zirka drei Jahre alt) dazu. Alle schauen den neugeborenen Löwenbabys zu. Das Kind spricht die anderen Kinder an und wird ganz selbstverständlich in die Gespräche und Betrachtungen über Löwen und Löwenbabys miteinbezogen. Plötzlich erinnert die Mutter ihr Kind daran, daß es doch eigentlich zu den Affen wollte. Das Kind sagt, es bleibe jetzt lieber hier. Es macht den Eindruck, daß ihm die Kinder vor dem Käfig wichtiger sind als die Löwen hinter den Gittern. Die Mutter drängt und erinnert immer wieder an eine getroffene Absprache (zu den Affen zu gehen), aber das Kind will nicht.

Als die Mutter ihr Kind einfach wegziehen will, fängt es an zu heulen. Die Mutter wird ungeduldig und gibt ihrem Kind schließlich eine Ohrfeige. Das Kind weint zwar weiter, geht aber mit, als die Mutter es aus dem Raubtierhaus hinauszieht.

Die Kinder vom Kinderhaus haben den Vorgang mit großen Augen, aber reaktionslos beobachtet, die Bezugsperson ist hilflos.

Auf dem Heimweg ins Kinderhaus gibt es längere Gespräche zwischen der Bezugsperson und den Kindern über die Berechtigung der Ohrfeige, aber insgesamt haben alle Kinder kein Verständnis für die Reaktion der Mutter. Öffentlichkeitsarbeit in dieser Situation würde bedeuten, durch ein Gespräch zwischen der anwesenden Bezugsperson und der Mutter den Konflikt zwischen Mutter und Kind zu entschärfen und über den neuen Aspekt (die Kinder), der die vorhergegangene Absprache (zu den Affen zu gehen) veränderte, zu reden.

Das gleiche gilt im umgekehrten Fall. Wenn die Kinder aus der Eltern-Kind-Initiative in der Straßenbahn toben, nicht ruhig sitzen bleiben, sondern ihre Spiele und Gespräche weiterführen, rumlaufen oder an den Haltestangen Karussell spielen und die Fahrgäste in ihrer Ruhe stören, ist es nicht richtig, die Kinder zurechtzuweisen und zur Ruhe zu veranlassen. Wichtiger im Rahmen einer Öffentlichkeitsarbeit ist es dann, daß die angesprochenen Eltern (oder die Bezugspersonen) den Konflikt mit den anderen Erwachsenen austragen und die diskutierten Erziehungsinhalte auch in einer konflikteschaffenden Öffentlichkeit vertreten.

Will die Initiative aus öffentlichen Mitteln gefördert werden, muß sie sich auch der Öffentlichkeit stellen. Viele Eltern wehren sich gegen das »Verbuttern« von öffentlichen Geldern für Zwecke, die nicht einsichtig sind oder nicht nachgewiesen werden.

Für öffentlich finanzierte Eltern-Kind-Initiativen besteht die beste Möglichkeit, die Verwendung der Gelder zu legitimieren, wenn sie bekanntgibt, warum und wofür sie die finanziellen Mittel beantragt und bewilligt bekommen hat.

Die Legitimation der Öffentlichkeit gegenüber muß nicht immer eine todernste Angelegenheit sein. Straßenfeste, Stadtteilfeste und Feste in den Räumen der Eltern-Kind-Initiative für interessierte Eltern, Informationsveranstaltungen, die Beteiligung an größeren Veranstaltungen (zum Beispiel Deutscher Jugendhilfetag, Infostände bei örtlichen Volksfesten oder Veranstaltungen der Wohlfahrtsverbände etc.) bieten gute Gelegenheiten, andere Eltern über die Verwendung der öffentlichen Mittel, die Notwendigkeit von Selbsthilfe und über die inhaltlichen Zielsetzungen der Eltern-Kind-Initiative zu informieren.

Im Hinblick auf die Wirksamkeit einer Öffentlichkeitsarbeit darf die Zusammenarbeit mit anderen Eltern-Kind-Initiativen nicht vergessen werden.

Das Zusammenstellen des Informationsmaterials, das für solche Anlässe notwendig ist, ist eine grundsätzliche Notwendigkeit. Ob dies in der Presse durch Artikel geschieht oder mittels einer bebilderten Dokumentation über die Arbeit der Initiative, darüber müssen sich die Eltern einigen. Dies hängt auch stark von den technischen und finanziellen Möglichkeiten einer Elterngruppe ab.

Informationsmaterial muß nicht kostenlos verteilt, es kann auch verkauft werden. Ob die Elterngruppe eine gezielte Öffentlichkeitsarbeit beabsichtigt oder sich mit Selbstgenügsamkeit zufriedengibt, wird sich bei der Diskussion über das Selbstverständnis der Eltern-Kind-Initiative herausstellen.

Der Alltag

Die Kinder lernen sich und ihre Bezugspersonen kennen

Die Kinder lernen sich mit größter Wahrscheinlichkeit nicht erst dann kennen, wenn die Kindergruppe regelmäßig zusammenkommt, sondern sicher schon während der Planungs- und Vorbereitungsphase.

Schon ganz am Anfang, wenn sich einige Eltern, die an der Gründung einer Eltern-Kind-Initiative interessiert sind, treffen, um einzelne Schritte und konzeptionelle Gesichtspunkte zu überlegen und zu diskutieren, werden die Kinder nicht ausgeschlossen sein. Es sei denn, die Eltern treffen sich immer erst abends, wenn die Kinder schon schlafen. Aber auch das ist kein Hinderungsgrund für ein frühes Sichkennenlernen der Kinder.

Die Eltern, die gemeinsam ein Projekt planen und organisieren wollen, die ähnliche Vorstellungen in Sachen Kindererziehung haben, werden sicher auch andere Berührungspunkte feststellen, die ihnen zum Beispiel eine gemeinsame Freizeitgestaltung ermöglichen. Bei solchen Unternehmungen (Ausflüge, eventuell sogar Wochenendausflüge, Baden, Bootfahrten, Bergtouren, Skifahren, Zelten etc.) haben die Kinder die Chance, sich durch ein zwangloses Zusammenkommen näher kennenzulernen. Durch die Anwesenheit der Eltern ist sogar eine Situation gewährleistet, in der sich die Kinder mit größerer Sicherheit zum erstenmal aufeinander einlassen können. Auch den Eltern bieten sich Möglichkeiten, mehr über die Persönlichkeit der anderen Eltern zu erfahren als im Gespräch über organisatorische Probleme oder inhaltliche Aspekte eines Konzeptes.

Gemeinsame Aktionen dieser Art von Eltern und Kindern haben im Hinblick auf das gegenseitige Kennenlernen natürlich einen ganz anderen Charakter, als dies der Fall sein wird, wenn der Kontakt zu den anderen Kindern mit der Trennung von den

Eltern zusammenfällt. Deshalb wird dieser Gesichtspunkt unter dem Stichwort »Eingewöhnungszeit« ausführlicher behandelt. Ein anderer zu diesem Thema passender Aspekt taucht auf, wenn aus einer bereits bestehenden Gruppe Kinder weggehen (zum Beispiel aus Gründen einer beruflichen Veränderung der Eltern oder anderen Gründen, die ihre Ursache im Verhalten der Eltern haben) oder wenn neue Kinder in die Gruppe aufgenommen werden, doch davon später.

Bei den Ausführungen über die Qualifikation der Bezugspersonen und die Ansprüche der Eltern an sie ist zu dem Verhältnis zwischen Bezugspersonen und Kindern schon Grundsätzliches gesagt worden. Die schulische Qualifikation ist die eine Sache, die Bereitschaft, sich mit den Eltern über die pädagogischen Inhalte und Methoden auseinanderzusetzen, die andere.

Ähnlich den unterschiedlichen Möglichkeiten des Kennenlernens von Eltern und Kindern, die eine Eltern-Kind-Initiative gründen wollen, kann – und wenn irgend möglich, soll sie das auch – die in Frage kommende Bezugsperson auch schon bei den Vorgesprächen mit einbezogen werden. Das gleiche gilt natürlich auch für gemeinsame Unternehmungen der Elterngruppe. Dabei sammeln nicht nur die Kinder und die Bezugspersonen ihre ersten Erfahrungen im Umgang miteinander, die Eltern können auch erleben, ob die in Gesprächen geäußerte Bereitschaft – emotional (nicht nur distanziert, pädagogisch abstrakt) – auf die Kinder eingehen zu wollen, auch praktisch umgesetzt wird, ob die Bezugsperson mit ihrer eigenen Persönlichkeit auf die Kinder reagiert oder lediglich mit ihrem schulischen Wissen.

Die Gruppe muß allerdings aufpassen – um die Chance der Gleichberechtigung zwischen Eltern und Bezugspersonen zu wahren –, daß diese gemeinsamen Unternehmungen von Eltern, Kindern und Bezugspersonen nicht in eine ausschließliche Beobachtungs- und Kontrollsituation für die Bezugsperson umschlagen. Es besteht die Gefahr, daß diese unter Beobachtungsstreß (Überwachung) nicht authentisch sein kann, sondern eine gewünschte und erwartete Ruhe spielt (sicher kennen viele dieses Problem aus der Probezeit im eigenen Berufsleben).

Ein Sichkennenlernen auf verständnisvoller und humaner Ebene verringert für alle Parteien individuelle Schwierigkeiten.

Noch ein wichtiger Punkt: Erfahrungsgemäß finden die Kinder aus ihrer persönlichen Situation heraus mit eigenen Möglichkeiten Zugang zu für sie noch unbekannten Erwachsenen. Die einen sind dabei schneller und unkomplizierter, die anderen brauchen dazu mehr Zeit. Beide Möglichkeiten sagen nichts über die Intensität aus, die eine Beziehung hat. Es bringt nichts, wenn – um die Vertrautheit herstellen zu wollen, die für eine Zusammenarbeit zwischen Kindern und Bezugspersonen notwendig ist – die Kinder von ihren Eltern angehalten oder animiert werden: »Nun spiel mal schön mit deiner neuen Bezugsperson ...«

Eine Vermittlung der Realität, die Erklärung der Situation, ist für Kinder jeden Alters verständlicher und nachvollziehbarer als pädagogische Tricks.

Dazu zwei Beispiele, die bei einem Ausflug einer noch nicht gegründeten Eltern-Kind-Initiative auffielen. Sie bringen auf der einen Seite die Selbstverständlichkeit der Situation und im Gegensatz dazu die mögliche Verklemmtheit im Anspruchsverhalten der Eltern zum Ausdruck.

Fast die gesamte Elterngruppe mit ihren Kindern und der neuen Bezugsperson waren mit der S-Bahn aufs Land gefahren und wollten wandern, später in einer Kneipe einkehren. Die neun Kinder waren im Alter zwischen zwei und vier Jahren. S. – die neue Bezugsperson – traf die Kinder zum erstenmal, hatte allerdings schon länger Kontakt zur Elterngruppe. Die Kinder bezogen sich vorläufig überhaupt nicht auf sie, blieben bei ihren Eltern oder spielten zusammen, hatten doch S. irgendwie ständig im Auge, so als überlegten sie, was S. wohl wolle.

Einmal fiel ein Kind (drei Jahre) beim Rennen über seine offenen Schnürsenkel und verletzte sich leicht am Knie. S. war ganz in der Nähe, hob das weinende Kind auf und wollte es trösten. Das Kind wollte aber zu seiner Mami. Die Mutter kam, tröstete ihr Kind und erklärte ihm: ». . . das ist die S., sie kann dich auch trösten. S. macht mit euch Kindern demnächst auch solche Ausflüge; und wenn wir schöne Räume gefunden haben, bleibt sie den ganzen Tag bei den Kindern; dann haben wir mit ihr zusammen einen richtigen Kindergarten . . .« Das Kind schaute zwischen seiner Mutter und S. hin und her, sagte aber nichts. Als S. ihm dann anbot, die Schnürsenkel zu binden, nickte es und streckte ihr die Füße entgegen. Es blieb dabei auf dem Schoß seiner Mutter, die keine Versuche machte, ihr Kind an S. weiterzugeben.

Einige Zeit später passierte folgende Szene: Ein Vater, der während des bisherigen Ausfluges schon viel mit S. gesprochen hatte, erklärt seinem Sohn (drei Jahre), daß er jetzt einmal aufs Klo müsse. G. (der Sohn) solle in der Zwischenzeit mal bei S. bleiben. Er entfernte sich von der Gruppe, verschwand hinter einem Baum und beobachtete von dort, was sich tat. Er mußte nicht aufs Klo. Es war für ihn ein Vorwand, um eine Situation für die Beziehungsaufnahme zwischen S. und seinem Sohn zu organisieren. G. sah sich S. etwas ängstlich an, die während der Wanderung oft neben seinem Vater ging und mit ihm sprach. Sie wollte ihm die Hand geben. G. weigerte sich aber und rannte in die Richtung, in der sein Vater verschwunden war, und rief ständig: »Papi, Papi ...« Als der nicht gleich erschien, begann er zu weinen. Jetzt tauchte der Vater hinter dem Baum auf, nahm seinen Sohn auf den Arm und erklärte, daß S. ihm doch nichts tue: »... die ist doch ganz nett und wird bald deine Bezugsperson ...« G. versteckte sein Gesicht an der Schulter des Vaters und beachtete S. nicht (aus dem Gedächtnisprotokoll eines Vaters von einer Eltern-Kind-Initiative in Neustadt/Donau).

Die Elterngruppe hat ihre Erfahrungen mit der Kontaktaufnahme von seiten der Kinder zu S. und umgekehrt auf einem Elternabend sehr ausführlich besprochen.

Die Beispiele sind zwar sehr gegensätzlich, machen aber ganz gut deutlich, mit welchen Verhaltensmustern einzelne Eltern Situationen für ihre Kinder schaffen oder von selbst entstandene Situationen ausnutzen, um etwas zu erreichen. Um nochmals zusammenzufassen: Ehrlichkeit erleichtert den Kindern die Kontaktaufnahme zur neuen Bezugsperson und ganz allgemein zu »neuen« Leuten. Kinder reagieren unterschiedlich auf gleiche Situationen. Eine Vereinheitlichung der Verhaltensweisen erreichen zu wollen, widerspricht allem, was bisher über die individuelle Persönlichkeit des einzelnen Kindes gesagt wurde, und entspricht nicht den Interessen der Kinder.

Die Trennung von den Eltern am Morgen

Wenn die organisatorischen Probleme bewältigt sind und der Kindergruppenalltag beginnen kann, kommt die Zeit für Eltern und Kinder, da es Realität wird, daß die Kinder täglich in die Krippe oder den Kindergarten gehen. Viele Eltern merken vielleicht erst dann, daß es trotz ihres eigenen Wunsches, dem Kind die Möglichkeit einer Kindergruppe zu bieten, nicht immer ganz einfach ist, sich täglich vom Kind zu trennen.

Es ist in der Anfangsphase einer Eltern-Kind-Initiative sicher ganz normal, daß die Eltern unsicher sind und nicht wissen, wie ihr Kind einen ganzen Tag ohne Eltern verkraftet, wie es zu den anderen Kindern und zu der Bezugsperson Kontakt findet, ob es ihm gutgeht. Beim Entwickeln von Konzepten tun sich die Erwachsenen oft leichter – weil sie verbalisieren – als bei der Umsetzung des Konzeptes, weil die Theorie nun zu erlebbarer Praxis wird.

Um die neue Situation kennenzulernen und um mit ihr umgehen zu können, ist es ratsam, eine sogenannte »Eingewöhnungszeit« einzuführen. Eingewöhnung bedeutet praktisch: Die Eltern bringen das Kind in die Gruppe und bleiben so lange mit dabei, bis sie selbst sicher sein können, daß es ihrem Kind gutgeht. Diese Sicherheit, das Vertrauen ins eigene Kind und in die Bezugspersonen, ist erfahrungsgemäß der Moment, in dem die Eltern ihre Kinder »loslassen« können. Und auf diesen Moment kommt es ganz entschieden an, weil die Kinder Unsicherheiten spüren und entsprechend begeistert oder ablehnend auf das Projekt reagieren.

Das Problem der Trennungsphase taucht wieder auf, wenn neue Eltern und Kinder aufgenommen werden, die nicht vom ersten Tag an mit dabei waren. Die aufnehmenden Eltern (»Gründereltern«) müssen ständig berücksichtigen, wie es ihnen selbst am Anfang schwerfiel, mit welchen Unsicherheiten und Ängsten sie ihre Ansprüche in die Praxis umgesetzt haben.

Die *Eingewöhnungszeit* hat mehrere Gesichtspunkte: Einmal ist es im Interesse des Kindes, wenn die Eltern so lange in der Kindergruppe mit dabei sind, bis sie selbst das Gefühl haben, das Kind schafft den Wechsel von der Familie in die Kindergruppe.

Andererseits hat das Kind, solange die Eltern mit in der Gruppe sind, wesentlich weniger Möglichkeiten und auch weniger Notwendigkeiten, sich auf die Gruppe einzulassen, weil in irgendwelchen Situationen (ob bei Konflikten oder in ausgeglichenen Spielsituationen) die Mutter/der Vater jederzeit greifbar ist.

Das heißt, daß anwesende Eltern dem Kind den Einstieg in die neue Situation nicht immer erleichtern, sondern vielfach blockieren. Die Eingewöhnungszeit wird womöglich immer länger und die Motivation der Eltern und der Kinder immer zweifelhafter. Solche oder ähnliche Komplikationen kommen allerdings nur bei Eltern vor, die erst nach dem Funktionieren der Kindergruppe auf Arbeitssuche gehen oder die auch danach nicht berufstätig werden.

Eine ganz andere Situation stellt sich für Kinder dar, deren Eltern entweder schon berufstätig sind oder die schon während der »Diskussionsphase« (Konzeptphase) Arbeit suchten und bei Beginn der Kindergruppe gar keine oder nur begrenzt Zeit haben, die Eingewöhnungszeit ihren Bedürfnissen entsprechend (zeitlich) zu gestalten.

Praktisch kann das dann so aussehen: Ein Elternteil bringt sein Kind in die Gruppe und bleibt den ganzen Tag da. Ein anderer Elternteil bringt sein Kind und muß sich gleich von ihm verabschieden, es alleine in der Gruppe lassen, weil seine Arbeit beginnt.

Einige Eltern haben wochenlang Zeit, ihre Kinder an die Gruppe zu gewöhnen, während andere nur eine sehr begrenzte Zeit zur Verfügung haben. Das kann für Eltern zu emotionalen Belastungen (dadurch verstärkte Unsicherheiten) führen und führt ganz sicherlich innerhalb der Kindergruppe zu Spannungen. Zwischen einzelnen Kindern und deren Eltern entstehen Konflikte:

»... warum ist die Mami vom Jens immer da, und du gehst immer gleich wieder weg? Ich mag da nicht mehr hingehen.« Für alle Varianten gibt es einen konkreten Tip: Die Elterngruppe – ganz gleich, wie die Bedingungen für die Gestaltung der Eingewöhnungszeit aussehen – muß gemeinsam handeln und die Frage so solidarisch wie möglich klären. Solidarisch nicht in einem abstrakt moralischen Sinn, sondern in dem Bewußtsein, daß die

Elterngruppe etwas aufbauen und organisieren will, was sowohl den Kindern neue Möglichkeiten zur Entwicklung ihrer eigenen Persönlichkeit eröffnet als auch den Eltern mehr Spielraum bietet für die Verwirklichung ihrer eigenen Interessen (berufliche und persönliche).

Die Eltern sollten immer so offen und direkt wie möglich über ihre Betroffenheit, ihre Unsicherheiten, ihre Ansprüche sprechen (siehe auch die Ausführungen zum Thema »Die Mitarbeit professioneller Betreuer«). Wenn die Eingewöhnungszeit gut abgelaufen ist, die Kinder sich aneinander und an die Bezugsperson gewöhnt haben, ist die Frage: Wie gehen Eltern und Kinder mit der täglichen Trennung um? noch nicht gelöst. Unsicherheiten, Trennungsängste und manchmal auch Hilflosigkeit kommen oft auch noch nach Jahren der Mitgliedschaft in einer Eltern-Kind-Initiative vor.

Wichtig ist, daß in einer Eltern-Kind-Initiative die Eltern untereinander über ihre Probleme und ihre Vorstellungen sprechen können. Die Gefühle einzelner Eltern sollten nicht individuell im stillen Kämmerchen verarbeitet werden, Ängste und Unsicherheiten sollten besprochen werden.

Auch Gespräche über das Verhalten der Kinder, die unter anderem Aufschluß über die Richtigkeit der konzeptionellen Überlegungen geben sollen, sind ein wichtiger Bestandteil der Arbeit in Eltern-Kind-Initiativen. Natürlich kommen nicht immer nur positive Verhaltensweisen zur Sprache. Es wird auch nach Ursachen für abweichende Verhaltensweisen gefragt, die gemeinsam besprochen werden.

Unsicherheiten der Eltern und Schwierigkeiten der Kinder damit sind grundsätzlich vorhanden, wenn Kinder tagesüber von den Eltern getrennt betreut werden. Nur sollten sie in Eltern-Kind-Initiativen besprochen werden – sie dürfen nicht einfach totgeschwiegen werden. Kein Mensch kann sich bei den heutigen gesellschaftlichen Realitäten – trotz aller Anstrengungen und Bemühungen – hundertprozentig sicher sein, daß er das absolut Richtige für sein Kind tut. Auch wie Kinder die Bemühungen der Erwachsenen aufnehmen und verarbeiten, bleibt den Erwachsenen – bis auf ihre Möglichkeit der Interpretation kindlicher Verhaltensweisen – zum großen Teil nicht nachvollziehbar.

Beim Thema »Die Berechtigung von Elterninitiativen« habe ich schon darüber gesprochen und auch an Beispielen erklärt, daß die Betreuung von Kindern ausschließlich durch die Eltern keine Garantie für das Nichtvorhandensein von Unsicherheiten und Zweifeln im Umgang mit den Kindern bietet.

Zum Abschluß wenige Beispiele für das Trennungsverhalten von Eltern und Kindern, wie sie im Kinderhaus München und in einer Nürnberger Eltern-Kind-Initiative beobachtet wurden.

Ein Vater bringt jeden Morgen seinen dreijährigen Sohn in die Kindergruppe. Der Kindergarten liegt auf dem Weg zur Arbeit des Vaters. Der Kindergarten beginnt um halb neun, der Vater muß um neun Uhr im Büro sein. Die folgende Abschiedsszene wurde deshalb so ausführlich protokolliert, weil sie nicht nur einmal vorkam, sondern sich fast täglich wiederholte. Um auf dem Elternabend konkreter über das Verhalten des Vaters und die daraus entstehenden Konsequenzen für den Sohn sprechen zu können, wurde sie beobachtet und aufgeschrieben:

».. . die beiden kommen jeden Tag zwischen halb neun und neun Uhr ins Kinderhaus. Das Kind T. begrüßt seine Freundinnen und Freunde im Gruppenzimmer, während sich der Vater noch mit anderen Eltern, die ihre Kinder gebracht haben, unterhält. Der Vater möchte sich jetzt gerne verabschieden. Er ruft ins Zimmer: ›Tschüs T.‹ T. dreht sich zu ihm um und antwortet ebenfalls mit ›Tschüs‹, spielt dann aber sofort weiter. Der Vater bleibt noch eine Weile in der Tür stehen, schaut sich suchend im Zimmer um und sagt schließlich: ›Also T., tschüs dann, ich geh' jetzt.‹ T. antwortet wieder mit einem knappen ›Ja‹. Der Vater geht aber immer noch nicht. Er kommt ins Zimmer herein, hebt ein paar Anziehsachen der Kinder auf, bringt sie in die Garderobe, kommt ins Zimmer zurück, geht auf T. zu, nimmt ihn in den Arm und sagt: ›Krieg' ich noch einen Kuß, T.? Dein Papi muß jetzt in die Arbeit – also, bis heute abend dann, tschüs.‹ T., der jetzt auf dem Arm seines Vaters ist, sagt – der Ton klingt schon leicht jämmerlich: ›Papi, bleib noch, ich muß dir noch was zeigen.‹ Der Vater: ›Aber nur ganz kurz, ich muß echt gleich weg.‹ T. zeigt ihm die Kiste mit den getöpferten Sachen und beschreibt ihm die Bedeutung eines bizarren Klumpens aus trockenem Ton, erzählt ihm ausführlich eine Geschichte dazu.

Der Vater hört verständnisvoll zu und bestätigt, daß das eine ganz tolle Arbeit ist, schaut dabei aber immer wieder auf die Uhr. Schließlich sagt er: ›Nun spiel schön weiter, ich muß jetzt gehen.‹ T. wird traurig, bettelt, daß er noch etwas bleiben soll. Der Vater hat T. immer noch auf dem Arm und schlägt ihm vor, daß T. ihn noch bis zur Haustüre begleiten soll, dann müsse er aber endgültig gehen: ›Ich geb' dir auch noch einen dicken Kuß von der Mami.‹ Jetzt bricht T. zusammen, weint, will nicht, daß der Vater geht. Der hat aber inzwischen so viel Zeit verloren, daß er selbst ganz hektisch wird und sich mit sanfter Gewalt von T. befreien will, der sich weinend an ihn klammert. Es geht noch eine Weile hin und her mit ›Ich muß aber‹ und ›Du sollst aber nicht‹. Die Befreiungsversuche werden heftiger. Schließlich drückt er T. einer Bezugsperson auf den Arm: ›Übernimm du ihn bitte, ich muß wirklich gehen, sonst komm' ich schon wieder zu spät.‹ Er sieht elend aus, als er hinausgeht . . .«

Hier wird sehr deutlich, daß das Verhalten des Vaters wesentlich dazu beiträgt, aus dem anfangs gelassenen Abschied, den T. beim ersten »Tschüs« signalisiert, eine dramatische Szene werden zu lassen. Auf einem Elternabend, als über diese (und ähnliche Abschiedsszenen der Eltern) gesprochen wurde, meint der Vater nach einer längeren Zeit der Selbstverteidigung, daß es ihm »halt ganz einfach sehr schwerfällt«, sich von seinem Sohn zu trennen. Die Beziehung zu T.s Mutter sei auch gerade problematisch, und er habe Angst, seinen Sohn zu verlieren.

Der Vater machte aus dem Problem, das er selbst hatte, fast täglich noch eines für seinen Sohn. Das wiederum brachte seinem Sohn ein Problem beim Einsteigen in die Kindergruppe ein, in der er offensichtlich (das ließ sich am Verhalten von T. im Verlauf des weiteren Tages ganz gut beschreiben) seine eigenen Probleme wegen der Situation zu Hause etc. ganz gut verarbeiten konnte.

Es ist wesentlich, daß Eltern sich auf die Möglichkeiten der Elterngruppe beziehen, um Probleme zu bewältigen und konsequenter zu ihrer Entscheidung stehen zu können, das Kind in eine Kindergruppe zu geben. Inkonsequenz schafft den Kindern oft Probleme und Orientierungsschwierigkeiten, die sie eigentlich gar nicht haben und schon gar nicht brauchen können.

Im zweiten Beispiel geht es noch konkreter um konsequentes Verhalten der Eltern:

Eine alleinerziehende Mutter, die als freiberufliche Mitarbeiterin eines Verlages arbeitet und daher keine streng geregelte Arbeitszeit hat (»Was ich tagsüber nicht schaffe, muß ich eben nachts reinholen«), erzählt auf einem Elternabend über ihr Problem mit der morgendlichen Trennung: Ihre Tochter ist fünf Jahre alt und seit zwei Jahren in der Eltern-Kind-Initiative:

»... in letzter Zeit (seit knapp einem Dreivierteljahr) kommt es häufig vor, daß J. am Morgen sagt, sie wolle nicht in den Kindergarten. Ich frage sie dann, ob sie Streit mit den anderen Kindern hatte, was los war und warum sie nicht gehen will. J. erzählt dann ganz wüste Storys, was die Buben mit ihr gemacht haben, daß sie oft nicht mitspielen darf. Sie sagt zum Beispiel, S. hätte zu ihr gesagt, sie sei zu blöde zum Mitspielen, sie könne das nicht. Ich spreche mit ihr beim Frühstück darüber und versuche, ihr zu erklären, daß das vielleicht gar nicht so schlimm ist und es noch andere Kinder gäbe, mit denen sie spielen kann ... Je näher aber der Zeitpunkt kommt, wo wir los müssen, desto dringlicher wird ihre Forderung, daß sie zu Hause bleiben will. Wenn ich ihr dann klarmachen will, daß ich heute noch viel arbeiten muß und es für sie sicher langweilig wird, wenn ich schreibe und keine Zeit für sie habe, wird sie trotzig und sagt, sie bleibt aber daheim, und im übrigen könne sie mir helfen. Ich bin mir sicher, daß sie ganz genau weiß, daß sie mir nicht helfen kann ... Sie bleibt dabei, daß sie nicht geht, und meistens endet das Ganze in einer furchtbaren Heulerei, dann gebe ich nach und lass' sie wieder einmal zu Hause ...« (Auszug aus einem Tonbandprotokoll einer Nürnberger Eltern-Kind-Initiative, Elternabend im Sommer 1983). In dem darauffolgenden Gespräch kristallisiert sich nach einigen Rückfragen von Eltern und Bezugspersonen heraus, daß sie, wenn sie das Kind zu Hause läßt, immer ihre Arbeit liegenläßt und sich doch mit J. beschäftigt (»Ich kann doch das Kind nicht den ganzen Tag alleine lassen«). Weil sie deshalb nachts arbeiten muß, bekommt sie »ständig« Streit mit ihrem neuen Freund.

Das macht sie zusätzlich nervös. Manchmal ist sie wütend auf J., kann sich aber deren Forderungen nicht entziehen. Durch den

Bericht der Bezugspersonen über das Verhalten von J. in der Kindergruppe wird deutlich, daß sie zwar schon Streit mit den anderen Kindern hatte, besonders mit S., aber im Grunde genommen nicht häufiger als andere Kinder auch. Daß sie nicht mitspielen darf, stellte sich nach der Erzählung der Bezugspersonen als nicht ganz richtig heraus: »... sie will gar nicht mitspielen, verhält sich sehr passiv und zurückhaltend und geht auch nur selten auf Spielangebote der Erwachsenen ein ...« Diese Beobachtung wird auch durch Aussagen von Eltern, die Elterndienst machten, bestätigt. Die Eltern kommen nach einem groben Zusammenrechnen der »Fehltage« des letzten Monats zu der Vermutung, die Distanz oder die mangelnde Integration von J. in die Kindergruppe könne ihren Grund im häufigen Fehlen haben.

»... J. hat ja gar keinen Überblick mehr, was in der Gruppe wirklich los ist. Wenn die Kinder heute Zirkus spielen: J. ist nicht da. – Am nächsten Tag knüpfen sie an das Spiel von gestern an: Diesmal ist J. da, weiß aber nicht, was los war ... Wenn sie trotzdem mitspielen will, unterscheiden sich ihre Vorstellungen vom Zirkus von denen der anderen Kinder vielleicht so stark, daß sie wieder aussteigt, traurig oder gar sauer ist. Dann langweilt sie sich. Wenn sie dann zu Hause gefragt wird, was los war, erzählt sie ihre negativen Erfahrungen. Die hat sie gemacht, aber sie haben eine andere Ursache und sind nicht Auslöser ihrer Unlust. J. will durchsetzen, daß sie zu Hause bleiben kann ... Wenn sie dann wieder einmal ein oder zwei Tage zu Hause war, fängt der Konflikt von vorne an ... So wird sie nie in die Gruppe integriert, sie kann nur negative Erfahrungen machen ...« (so eine Mutter der Elterngruppe, aus dem gleichen Tonbandprotokoll, a. a. O.). Erfahrungsgemäß läßt sich dieser Kreislauf nur durchbrechen, wenn zwei Kriterien in Zusammenhang gebracht werden.

Erstens: Die Konsequenz im Verhalten der Eltern. Konsequenz heißt nicht, das Kind auf Biegen und Brechen in die Kindergruppe zu zwingen, bedeutet aber dennoch, durch die Strukturierung des eigenen Arbeitstages – dazu gehört auch das Durchsetzen der eigenen beruflichen und persönlichen (in diesem Falle der neue Freund) Interessen – eine für das Kind verständliche und vermittelbare Orientierung zu schaffen.

Zweitens: Die Kontinuität einer Präsenz in der Kindergruppe muß gewährleistet sein, um Situationen des Ausgeschlossenseins soweit wie möglich zu verhindern. Wenn Kinder sich regelmäßig mit der Gruppe auseinandersetzen können, sind sie auch eher in der Lage, ihre eigenen Möglichkeiten und Phantasien einzubringen und Erfolgserlebnisse zu haben. Sie können die anderen Kinder besser verstehen lernen und fühlen sich schließlich als Teil der Gruppe. Streit zwischen Kindern ist selten der alleinige Grund, Beziehungen abbrechen zu wollen.

Wenn beide Kriterien in Verbindung gebracht werden, heißt die Schlußfolgerung: Konsequenz im Verhalten der Eltern bedeutet Kontinuität für die Erfahrungen der Kinder. Für die Möglichkeiten, die eigenen Schuldgefühle in den Griff zu bekommen (daß die Mutter aus dem Beispiel Schuldgefühle hatte, läßt sich eindeutig aus der Schilderung des Erlebens ihrer Situation ableiten), ist die Elterngruppe in Zusammenarbeit mit den Bezugspersonen zuständig. Der Erfahrungsaustausch mit anderen Eltern (es geht ganz bestimmt vielen Eltern ähnlich) und die Beobachtungen der Bezugspersonen bieten einen positiven Ansatz für positive Ergebnisse für Eltern und Kinder.

Bei klaren, eindeutigen Verhaltensweisen der Eltern und einer grundsätzlich positiven Einstellung zur Eltern-Kind-Initiative (die bei einem Engagement der Eltern eigentlich vorausgesetzt werden darf und was keinesfalls heißen soll, daß keine Kritik notwendig ist oder geübt werden darf) haben die Kinder nur selten Schwierigkeiten mit der täglichen Trennung von ihren Eltern. Die Erfahrungen in der Kindergruppe sind oft so intensiv, daß die Kinder sogar mit den Unsicherheiten ihrer Eltern gut zurechtkommen.

In allen Eltern-Kind-Initiativen, deren Erfahrungen für dieses Buch ausgewertet wurden, ist es inzwischen ganz normal, daß auch nach Ende des Kindergruppenalltags viele Kinder mit anderen Kindern aus der Gruppe nach Hause gehen, dort übernachten und die eigenen Eltern erst am Abend des nächsten Tages wieder treffen. Dann vielleicht umgekehrt, zusammen mit einem Kind, das bei ihnen übernachten möchte.

Die neue Umgebung

Die Tatsache, daß sich die Eltern entschlossen haben, eine Eltern-Kind-Initiative zu gründen oder einer solchen beizutreten, bedeutet für die Kinder zwangsläufig eine Veränderung der Umgebung. Wenigstens tagsüber, wenn sie mit den anderen Kindern zusammen in einer Gruppe in gemieteten Räumen untergebracht sind.

Bei der Beschreibung der Entwicklung des Kinderhauses München wurde schon erwähnt, daß es den Kindern Schwierigkeiten machte, jeden Tag in einer anderen Wohnung zu sein. Es wurde auch gesagt, daß die räumliche Orientierung für die Kinder einen wichtigen Stellenwert hat. Schwierigkeiten treten zumal dann auf, wenn die Kinder, weil sie hier zu Hause sind, auf ihrem »Heimrecht« bestehen. Dabei entstehen Konflikte und Unzufriedenheiten – nicht nur in der Kindergruppe.

Erfahrungsgemäß kann aber eine Kindergruppe mit solchen Problemen besser umgehen als die Elterngruppe. Vielleicht gerade deshalb, weil es (für die Eltern) so stark nach nicht zu verarbeitenden Aggressionen aussieht, wenn ein Kind auf seinem Recht besteht.

Für die Kinder drücken Auseinandersetzungen momentane Verunsicherungen aus, deren Bewältigung wichtig für die Entwicklung der eigenen Persönlichkeit ist. Und bei diesen Bewältigungen ist die Hilfestellung der Erwachsenen (Eltern und/oder Bezugspersonen) von entscheidender Bedeutung (siehe auch »Das Konzept«).

Haben Eltern für die Kindergruppe Räume gefunden, so ist eine Konfrontation mit der neuen Umgebung nicht vermeidbar.

Das Erleben, Erobern und Begreifen der Umwelt (sowohl im engen als auch im weiteren Sinn) ist die Hauptbeschäftigung von Kindern. Die Form der Auseinandersetzung verändert sich mit der Entwicklung der intellektuellen Fähigkeiten. Das Ziel, anfangs die Umwelt alleine, später die Umwelt in bezug auf die eigene Person mit allen sozialen Ansprüchen zu begreifen, bleibt das gleiche.

Für Kinder stellt eine neue Umgebung eine Erweiterung des Bezugsrahmens dar, mit dem es sich auseinanderzusetzen gilt.

Wenn die Einstellung auf die neue Umgebung verbunden ist mit dem Entzug der bisherigen Vertrautheit (der Anwesenheit von Mutter, Vater, der bisherigen gewohnten Umgebung), treten sicher Momente auf, in denen das Kind zu erkennen gibt, daß es mit dem Umgebungswechsel nicht einverstanden ist.

Das heißt aber nicht, daß Umgebungsveränderungen nicht vorkommen dürfen. Wichtig ist, daß die Fähigkeiten, das Reaktionsvermögen und die Ängste des einzelnen Kindes berücksichtigt werden (im vorangegangenen Kapitel »Die Trennung von den Eltern am Morgen« gingen wir unter dem Stichwort »Eingewöhnungszeit« schon näher darauf ein).

Die Berufstätigkeit der Eltern (wobei die des Vaters nie in Frage gestellt ist, es geht eigentlich immer um die Legitimation der beruflichen Tätigkeit von Müttern) schafft oft Bedingungen, die je nach sozialer Lage problematischere Situationen schaffen als eine bewußt angegangene Veränderung der unmittelbaren Umgebung.

Wenn diese Veränderung sich in einem Rahmen abspielt, in dem die Eltern nicht ausgeschlossen sind, sondern bei der Gestaltung der räumlichen und inhaltlichen Bedingungen mitreden und mitarbeiten können – ja sollen –, ist der Vorgang der Akklimatisierung an die neue Umgebung ein weitaus geringeres Problem als bei herkömmlichen Regeleinrichtungen. Dort müssen Eltern und Kinder akzeptieren, was geboten wird. Eigeninitiative und Veränderungswünsche werden im allgemeinen nicht berücksichtigt.

Wenn die Kinder von Eltern, die eine Eltern-Kind-Initiative planen und gründen, miterleben, daß die ganze Arbeit von den Eltern mitgetragen wird, ist die wichtigste Voraussetzung für eine Identifikation mit der neuen Umgebung schon geschaffen. Die Kinder erleben, daß die neue Umgebung nicht alleine für die Kinder geschaffen ist, sondern auch für die Eltern. Wenn Eltern und Kinder sich gemeinsam in den neuen Räumen aufhalten, wird dies noch deutlicher (zum Beispiel bei Festen, aber auch bei Putz- oder Renovierungsaktionen, an denen die Kinder beteiligt werden können).

Unsicherheiten bei den Eltern, ob die Entscheidung für eine Kindergruppe richtig war oder nicht, ob die Wiederaufnahme der Berufstätigkeit den Interessen des Kindes widerspricht (dieses Problem entsteht fast ausschließlich bei Müttern), treten immer wieder auf. Besonders dann, wenn die Eltern merken, daß die Kinder mit der neuen Situation Schwierigkeiten haben. Oft werden Unsicherheiten den Kindern vermittelt, entweder durch übertriebene Zuneigung in der Freizeit und an Wochenenden oder durch die Vermittlung des eigenen schlechten Gewissens beim »Abgeben« am Morgen (»Es wäre doch viel schöner, wenn wir jetzt zusammenbleiben könnten« – siehe auch unter dem Stichwort »Trennungsverhalten«).

In solchen Situationen ist es wichtig, die Unsicherheiten nicht mit sich alleine und dem Kind auszutragen, sondern sie in der Elterngruppe anzusprechen. Die Elterngruppe bietet die Chance, mit persönlichen Unsicherheiten besser umgehen zu lernen.

Die Vermittlung des Kindergruppenalltags durch die Bezugsperson (ein Elternteil oder eine angestellte Bezugsperson) und ehrliche Informationen über das Verhalten des betreffenden Kindes in der Gruppe können für die Eltern bei der Bewältigung dieser Probleme hilfreich sein (siehe dazu auch das Kapitel »Der Elternabend«).

Der Tagesablauf

Wie ein Kindergruppenalltag aussehen kann und welche Strukturierungen eines Tages möglich sind, soll am Beispiel eines Tages im Kinderhaus München beschrieben werden. Im Anschluß an die Wiedergabe dieses Protokolls (das wegen seiner Genauigkeit einen etwas größeren Umfang hat) folgen zu einzelnen Punkten noch nähere Ausführungen. Im Hinblick auf die Frage, inwieweit der Ablauf eines Tages aus dem Kinderhaus generalisierbar und auf andere Eltern-Kind-Initiativen übertragbar ist, wird nochmals darauf hingewiesen, daß das Kinderhaus München einen altersübergreifenden Gruppenansatz praktiziert. Es gibt daher sehr viel mehr Variationen bei der Gestaltung eines Tages, als an einem Beispiel gezeigt werden kann. Über Probleme, die für die Kinder zu Beginn eines Kindergruppentages entstehen können – einerseits durch das Verhalten der Eltern (siehe »Die

Trennung von den Eltern am Morgen«), andererseits durch das Hinzukommen eines Kindes (siehe »Kinder gehen aus der Gruppe weg – neue kommen hinzu«) –, haben wir in den entsprechenden Kapiteln schon kritisch geschrieben. Im folgenden werden entsprechende Situationen deshalb nur noch beschrieben und nicht mehr problematisiert.

Zum besseren Verständnis:

Das Kinderhaus hat für berufstätige Eltern einen Frühdienst eingerichtet. Er dauert von halb acht bis neun Uhr. Den Frühdienst teilen sich alle Bezugspersonen (angestellte Bezugspersonen und Praktikanten/Praktikantinnen). Nach der letztgültigen Regelung kommen alle Bezugspersonen alle vierzehn Tage einmal an die Reihe. Dieser Frühdienst wird in der Regel nur von sieben bis acht Kindern/Eltern in Anspruch genommen. Der offizielle Beginn ist um neun Uhr.

Protokoll vom 4. Mai 1983:

»Die ersten sechs Kinder kommen pünktlich um halb acht Uhr ins Kinderhaus. Der Abschied von den Eltern war unproblematisch.

Es ist heute morgen noch leicht diesig, darum halten wir uns im großen Gemeinschaftsraum auf. Für das Frühstück decke ich mit den Kindern zusammen den Tisch. Es gibt Semmeln mit Marmelade und zum Trinken Milch – für mich Kaffee. L. (zweieinhalb Jahre) vermißt auf einmal die Kerzen auf dem Tisch: ›Die B. (eine andere Bezugsperson) hat immer noch Terzen antezündet . . .‹ Ich hole also Kerzen. Es dauert eine Weile, bis alle richtig brennen, weil jedes Kind eine Kerze anzünden will. Sechs Stück habe ich aber nicht gefunden. Es werden also immer wieder Kerzen ausgeblasen und neu angezündet, damit jedes Kind einmal drankommt.

Um acht Uhr kommt G. und bringt ihre Tochter T. (zwei Jahre). G. ist heute schon etwas spät dran und daher leicht nervös. Sie will sich ganz schnell verabschieden, was dann ausgerechnet heute nicht so recht klappt. T. will mit zur Arbeit gehen. G. verabschiedet sich relativ konsequent, nicht ohne vorher T. erklärt zu haben, daß es heute überhaupt nicht geht (sie hat verschiedene Termine, muß viel mit dem Auto herumfahren und trifft Leute, die für eine Anwesenheit von T. kein Verständnis hätten).

G. übergibt mir das Kind und geht, wobei deutlich ihre Unsicherheit zu spüren ist (sie zuckt entschuldigend mit den Schultern, verdreht die Augen und schleicht sich rückwärts zur Türe hinaus).

T. weint leise vor sich hin und klammert sich an mir fest. Ich nehme sie auf den Schoß und setze mich wieder an den Tisch. J. (vier Jahre) und M. (dreieinhalb Jahre) setzen sich links und rechts neben mich. J. streichelt T. sanft über den Rücken und kuschelt sich dabei an mich, während M. zu T. sagt, daß sie doch gar nicht traurig sein muß. Seine Mami sei ja auch in der Arbeit, und er wäre überhaupt nicht traurig, weil er weiß, daß sie ihn heute abend wieder mit nach Hause nimmt. – Dann plötzlich, ganz unvermittelt: ›Willst du ein Buch vorgelesen haben?‹ T. hört sofort zu weinen auf, nickt – noch leicht schluchzend – mit dem Kopf. M. ist schon unterwegs ins Gruppenzimmer, um ein Buch zu holen.

Die anderen vier Kinder – O., vier Jahre, V., vier Jahre, H., zweieinhalb Jahre, und L., zweieinhalb Jahre – haben inzwischen ihr Frühstück beendet, aus einer Klappbank eine Rutsche gebaut, von der sie abwechselnd ›vom Ufer ins Wasser‹ rutschen, auf dem Boden zurückschwimmen usw. Die abgesprochene Reihenfolge wird meistens eingehalten. H. hat öfter das Bedürfnis, sich vorzudrängen, wird aber lautstark an die Abmachung erinnert. Wenn es nicht klappt, rufen die anderen Kinder nur: ›Mensch, H.‹, lassen es aber zu und passen beim nächstenmal besser auf.

M. ist mit dem Buch zurück. T. ist mit M.s Auswahl zufrieden. Es ist das Buch *Der kleine Elefant*. Ich lese vor, T. und M. hören sich die ganze Geschichte an. J. ist schon nach der ersten Seite zu den vier Rutschkindern gegangen: ›Ach, die Geschichte kenn ich ja schon.‹ J. baut mit dem Einverständnis der anderen Kinder die Rutsche in eine Brücke um. Jetzt balancieren sie ›über einen gefährlichen Fluß in Afrika – und in dem Fluß sind ganz viele Krokodile, aber die tun uns nichts‹. T. hat sich schon während des Vorlesens beruhigt. Sie klammert nicht mehr, lacht wieder und erzählt eigene Geschichten zu den Bildern im Buch. M. macht das Spiel von und mit T. offensichtlich sehr viel Spaß.

So nach und nach kommen die anderen Kinder an. Sie kommen teils mit dem Fahrdienst, teils werden sie von ihren Eltern persönlich gebracht.

Die Bezugspersonen (die angestellten Erzieher/Erzieherinnen und die Praktikanten/Praktikantinnen) sind inzwischen auch alle da. Die Kinder der Kindergartengruppe (vier bis sechs Jahre) ziehen sich sofort ins Matratzenzimmer zurück und bauen aus den Matratzenwürfeln eine Geisterbahn: ›Da müssen dann die Erwachsenen durchkriechen, und die sollten wir dann ganz arg erschrecken . . .‹ Einige Eltern bleiben noch auf eine Tasse Kaffee da und sprechen miteinander oder mit einzelnen Bezugspersonen. Die Gespräche drehen sich hauptsächlich um den nächsten Gemeinsamen Elternabend, auf dem die Einstellung einer neuen Bezugsperson besprochen werden soll. Einige fragen auch bei ›ihren‹ Bezugspersonen nach, wie es ihrem Kind zur Zeit im Kinderhaus geht.

Es sind mittlerweile 39 Kinder da (mit einigen Nachzüglern ist noch zu rechnen), die sich auf die verschiedenen Zimmer des Hauses verteilen. Die Bezugspersonen bemühen sich, den Überblick über die einzelnen Spielgruppen zu behalten. Das ist schon deshalb nicht ganz einfach, weil es keine altersgleichen Gruppen gibt – es geht bunt gemischt zu.

Um zehn Uhr, zur festgelegten Zeit für das gemeinsame zweite Frühstück, sammelt L. (die Bezugsperson für die Babygruppe) ihre Kinder ein und geht mit ihnen ins Gruppenzimmer.

Die anderen Kinder (von zwei bis sechs Jahren) setzen sich im Gemeinschaftsraum um die Tische und warten auf ihr Müsli. Es geht dabei nicht gerade sehr leise zu (aus diesem Grund frühstücken die einjährigen Kinder auch in ihrem Gruppenraum). Aufgrund der Gespräche während des Frühstücks läßt sich schon jetzt für uns Erwachsene feststellen, welche Gruppenkonstellationen sich für die nächsten Stunden ergeben werden. J. (sechs Jahre) kommt zu mir mit dem Vorschlag, er, B. (fünf Jahre) und M. (fünf Jahre) wollten zu den Pferden gehen, ›aber ohne Erwachsene – alleine‹. A. (drei Jahre) hat das gehört und will auch mit. (200 Meter entfernt vom Kinderhaus ist eine Reitschule. Der Weg dorthin geht über eine Wiese und hat keinerlei Verbindung zu den Verkehrsstraßen. Die Kinder waren schon oft mit den Bezugspersonen dort.) Es gibt nur Bedenken wegen A., der Jüngsten. Die größeren argumentieren: ›Wir passen schon auf, daß das Pferd sie nicht beißt.‹ Nach einer genauen Festlegung des Weges und der Abnahme des Versprechens, A. nicht irgendwo alleine stehenzulassen, ziehen die drei Kinder los. S., eine Praktikantin, geht ihnen nach.

In der Zwischenzeit hat B. (eine Jahrespraktikantin) von sich aus angefangen, die Blumenbeete vor dem Haus umzugraben, um neue Blumen zu pflanzen. Fünf Kinder im Alter von zwei bis fünf Jahren, die nach dem Frühstück im Gebüsch Fangen und Verstecken gespielt haben, schauen zuerst interessiert zu, fragen dann, was das wird, und helfen schließlich. Sie heben die größeren Steine auf, sammeln sie, weil man ›die noch brauchen kann, wenn sie gewaschen sind‹. Sie malen sich aus, wie schön es wird, wenn die Blumen gewachsen sind: ›. . . so hoch – bis zum Dach . . . Aber da durchlaufen darf dann niemand mehr . . . da stellen wir die S. (eine Praktikantin) hin, die muß dann aufpassen, daß niemand in die Blumen steigt . . .‹ usw. Das Umgraben und die Pflanzaktion dauern bis zum Mittagessen. Von den fünf Kindern bleiben drei Mädchen die ganze Zeit über dabei. Die anderen zwei (ein Junge, ein Mädchen) haben sich ins Kindergartenzimmer zurückgezogen und sitzen jetzt mit sechs anderen Kindern am großen Tisch und malen mit Filzstiften.

Das Malen selbst hat dabei – meiner Beobachtung nach – nur einen sekundären Stellenwert. Viel wichtiger scheint das Gespräch zu sein, das sich dabei entwickelt hat. F. (fünf Jahre) hat ein sehr buntes Bild mit Pferden, Blumen, Vögeln und einem Indianerzelt gemalt. Jetzt erzählt er, mit den Armen fuchtelnd, eine Geschichte zu seinem Bild: ›. . . da sind Cowboys, die Kühe hüten und Indianer jagen . . .‹ Er erzählt von Indianern, die sich verstecken und ›viel schlauer sind als die Cowboys . . .‹ und die gar keine Angst vor denen haben usw. E. (fünf Jahre), F. (vier Jahre), M. (dreieinhalb Jahre), J. (dreieinhalb Jahre), L. (zweieinhalb Jahre), V. (drei Jahre) und H. (zwei Jahre) hören interessiert der Geschichte zu und werfen hin und wieder eine Bemerkung ein, die F. dazu anregt, seine Geschichte weiter auszubauen. Es ist wie eine Art Mitspieltheater. F. produziert sich und spielt, die anderen helfen ihm beim Texten. H. fragt plötzlich, warum auf den Pferden bei F.s Bild niemand reitet. F. schaut sich sein Bild nochmals an, dann erzählt er: ›... da reitet doch eine verzauberte Fee ... au ja, komm, wir machen Zirkus ...‹ Ein Spielwechsel findet reibungslos statt. F. ist der Zirkusdirektor, die anderen Kinder dürfen mitbestimmen, welche Rollen sie übernehmen wollen. Das Spiel wird immer intensiver, bis F. auf die Idee kommt, alle Kinder und Erwachsene in den Zirkus zum Zuschauen einzuladen. Die Mitspieler sind einverstanden – nur, das Mittagessen ist gerade fertig, und die Vorstellung muß auf den Nachmittag verschoben werden. F. ist zwar sauer, läßt sich aber von den Kindern und der Bezugsperson, die die Kinder zum Essen geholt hat, wieder beruhigen.

Die Zweijährigen haben sich nach dem Frühstück im Gruppenzimmer im Sandkasten getroffen, Kuchen gebacken, Löcher gegraben und um Schaufeln oder Eimer gekämpft. Vier von den Kindergartenkindern (alle vier bis fünf Jahre alt) saßen in einer anderen Ecke des Sandkastens und haben eine große Burg mit Zufahrtsstraßen und einem Burggarten gebaut. Dazu pflückten sie auf der Wiese Blumen und pflanzten sie in ihren Burggarten. Bei etlichen Streitereien zwischen den Kleinen haben sie vermittelnd eingegriffen, ihre eigenen Sandspielsachen ausgeliehen oder zwischendurch einen Kuchen für die Babys gebacken. In ihrem eigenen Spiel haben sie sich jedoch nicht unterbrechen lassen. Sie haben oft auch nur zu der anwesenden Bezugsperson gesagt: ›... siehst du das nicht? Hilf ihm doch ...‹

Die Kinder, die zu den Pferden gegangen waren, kommen mit S. rechtzeitig zum Essen zurück. Sie führen A. in der Mitte. A. ist besonders stolz, versammelt fast alle Kinder aus ihrer Gruppe um sich und erzählt ihnen, ›wie große Bollen die Pferde gekackt haben‹. Die Kinder wollen morgen auch ›alleine‹ zu den Pferden gehen.

Während des Mittagessens – da sind auch die Einjährigen dabei – werden die Erlebnisse des Vormittags ausgetauscht. Die Kinder werden von F. informiert, daß heute nachmittag ein Zirkus stattfindet, zu dem alle Kinder eingeladen sind. Die Bezugspersonen müssen des öfteren für mehr Ruhe eintreten, weil die Lautstärke der Gespräche die Konzentration auf das Essen – besonders die der Kleinen – beeinträchtigt. Die Rücksichtnahme auf die Kleinen hält dann auch immer wieder für eine Weile an.

Während die größeren Kinder (ab drei Jahren) ihren Tischdienst machen (Abräumen und die Tische wischen), werden die Ein- und Zweijährigen gemeinsam ins Bett gebracht. Sie schlafen dann bis drei oder halb vier Uhr durch.

Die Vorbereitungen für den Zirkus sind in vollem Gange. Viele Kinder, die vormittags mit anderen Spielen beschäftigt waren, wollen mitmachen. Die Aufgaben und Rollen werden verteilt. Es kristallisieren sich Anführer heraus, die von den mitspielenden Kindern akzeptiert werden. Es wird kaum eine Rolle vergessen: der Zirkusdirektor, viele Tiere (Bären, Panther, Pferde, Pumas, Tiger und Löwen), Artisten (Seiltänzerinnen, Clowns und Turner), sogar der Platzanweiser und die Kartenabreißerin werden nicht vergessen. Gemeinsam bauen die Kinder die Arena (aus den Matratzenwürfeln im Matratzenzimmer) auf und schleppen Stühle für die Zuschauer heran.

Eine Gruppe von vier gleichaltrigen Kindern (drei Mädchen und ein Junge im Alter von drei bis dreieinhalb Jahren) haben sich in ihr Gruppenzimmer zurückgezogen und spielen dort mit zwei Puppen ›Vater, Mutter, Schulkind, Kind‹. Sie lassen sich von dem Trubel im Zimmer nebenan (dort findet der Zirkus statt) nicht stören.

Der Zirkus wird ein voller Erfolg. Die Kinder sind ganz aufgeregt und erhitzt. Um halb vier beginnt die gemeinsame Aufräumsituation. Alle Kinder, bis auf die Ein- und Zweijährigen, werden dazu angehalten, gemeinsam mit den Bezugspersonen und den inzwischen angekommenen Eltern die verschiedenen Zimmer wieder aufzuräumen. Ohne Murren und Verweigerungsversuche geht dieser Tagesabschnitt wie meist nicht zu Ende.

Die gemeinsame Brotzeit am Nachmittag – heute gibt es Obstsalat mit Knäckebrot – beschließt den Kinderhaustag.«

Dieses ausführliche Tagesprotokoll beschreibt einen sehr friedlichen Kinderhausalltag. Es soll aber nicht verschwiegen werden, daß sich im Lauf des Tages im Gruppenzimmer der Zweijährigen ein heftiger Konflikt abgespielt hat. Es ging dabei um eine Puppe, die S. (zwei Jahre) von zu Hause mitgebracht hatte. S. ließ sie eine ganze Weile achtlos liegen und schaute sich Bilderbücher mit der Bezugsperson an. U. (zwei Jahre) nutzte die Gelegenheit, um mit der Puppe zu spielen. Als S. das bemerkte, schimpfte sie und schlug sich mit U. Dabei schrie sie ständig: »Meine Puppe.« Durch das Eingreifen der Bezugsperson konnte der Streit dann so weit geklärt werden, daß S. und U. wieder Zugang zu den allgemeinen Spielsituationen fanden. S. behielt ihre Puppe fortan unter dem Arm.

Dieses Protokoll macht neben einzelnen inhaltlichen Aussagen auch auf die Gliederung eines Kindergruppenalltags aufmerksam.

Auf die wichtigsten Punkte soll nochmals ausführlich eingegangen werden:

Das Frühstück:

Im Kinderhaus München findet das Frühstück praktisch zweimal statt, einmal beim Frühdienst, das zweite dann, wenn alle Kinder da sind – zwischen halb zehn und zehn Uhr.

Beide Male hat es nicht nur die Funktion der reinen Nahrungsaufnahme.

Entscheidender ist die quasifamiliäre Situation, die geschaffen wird, um den Kindern den Übergang vom Familien- zum Kindergruppenalltag zu erleichtern. Es wäre falsch, von einer künstlich geschaffenen Situation zu sprechen, die den Kindern etwas vorgaukelt, was sie in natura nicht haben können. Es entspricht auch dem Bedürfnis der Erwachsenen (Bezugspersonen), den Arbeitstag in einer für beide Teile (Kind und Bezugsperson) so angenehm wie möglichen Atmosphäre beginnen zu lassen. Die Kinder tragen zur Gestaltung der Atmosphäre ihren Teil bei (zum Beispiel, wenn ein Kind an die fehlenden Kerzen erinnert).

Das zweite Frühstück hat mehr die Funktion einer allgemeinen, informellen Begrüßung. Alle Kinder kommen zusammen und können feststellen, wer da ist und wer noch fehlt. Sie können während des Essens miteinander darüber sprechen, wie sie sich den Tag vorstellen, ob sie an die Spiele anknüpfen wollen, die vom vorhergegangenen Tag in positiver Erinnerung geblieben sind, ober ob sie sich neue Sachen ausdenken (zum Beispiel zu den Pferden gehen, malen, im Sandkasten spielen etc.). Die Bezugspersonen haben dabei die Gelegenheit, ihre eigenen

Vorstellungen einzubringen (beispielsweise zum Baden gehen, Zoobesuch, Musik machen, den Garten richten etc.). Die unterschiedlichen Vorstellungen können während des Frühstücks oder im Anschluß daran koordiniert oder in eine – von der Gruppe akzeptierten – Reihenfolge gebracht werden (etwa zuerst zu den Pferden gehen und dann den Garten richten).

Die Form des Frühstücks, bei dem alle Kinder zusammenkommen, ist nicht in allen Eltern-Kind-Initiativen üblich. Einige haben sich für ein sogenanntes »offenes Frühstück« entschieden. Das heißt, die Kinder, die Lust auf ein Brot oder auf Obst haben, lassen sich in der Küche etwas geben oder holen es sich, ohne deswegen bereits begonnene Spielsituationen länger unterbrechen zu müssen.

Zu welcher Art des Frühstücks die eine oder andere Eltern-Kind-Initiative tendiert, hängt von der Diskussion in den Elterngruppen ab, wobei jedoch soweit wie möglich die Wünsche der Kinder berücksichtigt werden sollen. Wichtig ist, daß ein Fixpunkt zu Beginn des Kindergruppentages da ist, an dem sich die Kinder sowohl zeitlich, als auch inhaltlich orientieren können.

Die Spiele am Vormittag:

Zwischen Frühstück und Mittagessen ist nach allgemeinen Erfahrungen die aktivste Zeit der Kinder.

Die Gestaltung des Vormittags hängt sehr stark von den inhaltlichen Diskussionen der Eltern und der damit verbundenen Zielsetzung der jeweiligen Eltern-Kind-Initiative ab.

Das Kinderhaus geht zum Beispiel davon aus, daß die Kinder den Ablauf ihres Tages selbst bestimmen können (soweit sie dazu aufgrund ihres Alters in der Lage sind). Das heißt, daß die Kinder immer frei spielen können. Sie müssen nicht an den Spielen teilnehmen, die von den Bezugspersonen angeboten werden. Spielangebote der Bezugspersonen sollen auf jeden Fall in unmittelbarem Zusammenhang mit dem stehen, was die Kinder mit ihrer Phantasie selbst entwickelt haben. Die Bezugspersonen sind immer dabei, um auf die Angebote oder Bedürfnisse der Kinder reagieren zu können.

Andere Eltern-Kind-Initiativen teilen den Vormittag in eine Zeit des »Freispiels« und eine Phase der Beschäftigung oder des Spielangebotes ein. Das heißt, während einer festgelegten Zeit können die Kinder das spielen, wozu sie gerade Lust haben (etwa Rollenspiele), während sie dann angehalten werden, auf die Beschäftigungs- und Spielangebote der Bezugspersonen einzugehen.

Wieder andere Eltern-Kind-Initiativen fassen den Begriff des Spielangebotes noch enger. Sie entwickeln zum Beispiel bestimmte Themenkreise, die sich entweder an den Jahreszeiten oder an besonders aktuellen Problemen (beispielsweise Kind im Krankenhaus, Kind im Verkehr u. v. a. m.) orientieren. Diese »didaktischen Einheiten« werden dann den Kindern in regelmäßigen Abständen unter dem Einsatz verschiedener Methoden (Dias, Filme, malen, Ortsbesichtigungen etc.) angeboten.

Die unterschiedlichen Methoden einer Tageseinteilung sagen nicht viel über die Qualität der pädagogischen Arbeit in den einzelnen Eltern-Kind-Initiativen aus. Sie spiegeln jedoch die Diskussionsergebnisse der Elterngruppe wieder und bringen einzelne Punkte der gemeinsamen Erziehungsziele zum Ausdruck (siehe auch das Kapitel »Das Konzept«).

Das Mittagessen:

Das Mittagessen hat im Gegensatz zum Frühstück den eindeutigen Charakter der Nahrungsaufnahme. In jedem Falle dann, wenn die Kinder den ganzen Tag in der Gruppe verbringen. Neben diesem Zweck soll aber nicht vergessen werden, daß ein gemeinsames Essen immer (auch für die Erwachsenen) einen nicht unwesentlichen kommunikativen Aspekt hat.

Es ist wichtig, nicht nur eine gesunde und nahrhafte Kost zu kochen, sie soll auch liebevoll zubereitet und in einer ansprechenden Atmosphäre serviert werden. Wenn die Kindergruppe sehr groß ist oder wenn es gar mehrere Gruppen sind, ist das sicher nicht immer leicht. Dennoch ist dies für den weiteren Tagesablauf der Kinder sehr wichtig. Die Eltern des Kinderhauses München, die für 43 Kinder und neun Bezugspersonen kochen, können das bestätigen. Für die Kinder ist das Mittagessen außerdem die Zeit, in der sie gegenseitig Erfahrungen vom Vormittag austauschen und für den Nachmittag planen können.

Eine Besprechung zwischen Bezugspersonen und Kindern ist auch hilfreich, um die restlichen Stunden des Tages zu strukturieren und so Unruhe und Streß weitestgehend zu vermeiden.

Der Mittagsschlaf:

Sollen die Kinder nach dem Mittagessen schlafen? Wenn ja –
bis zu welchem Alter? Inwieweit läßt sich der Mittagsschlaf auch
gegen den Willen der Kinder durchsetzen?

Daß die kleinen Kinder nach dem Essen schlafen gehen, darüber gibt es eigentlich keine Diskussion. Die Frage konzentriert
sich vielmehr auf die Art, wie die Kinder schlafen sollen und wie
sie ins Bett gebracht werden.

Braucht jedes Kind sein eigenes Bett (wie zu Hause), oder ist
es gemütlicher, alle Kinder auf einem Matratzenlager unterzubringen? Sind die Kinder auf die gleichen Rituale angewiesen
wie zu Hause?

Viele Eltern haben in der Anfangsphase einer Kleinkindgruppe die Angst, daß die verschiedenen Schlafrhythmen der Kinder
einen gemeinsamen Mittagsschlaf nicht möglich machen.

In vielen Fällen bezieht sich dabei die Angst weniger auf die mögliche Tatsache, daß die Kinder zuwenig schlafen, viel eher darauf,
daß womöglich eine Bezugsperson den ganzen Tag damit beschäftigt ist, ein Kind nach dem anderen ins Bett zu bringen, während
die anderen Kinder nicht entsprechend versorgt werden können.

Diese Angst hat sich in den meisten Eltern-Kind-Initiativen als
unbegründet erwiesen. Es gab während der Eingewöhnungszeit
zwar immer wieder Probleme mit einem einheitlichen Schlaf-
rhythmus, aber spätestens nach vier bis sechs Wochen hatten sich
die Kinder so aufeinander eingespielt, daß ein gemeinsamer Mittagsschlaf genauso zum Tagesablauf gehörte wie gemeinsame
Spiele. (Der Ehrlichkeit halber muß allerdings gesagt werden,
daß es hin und wieder Kinder gibt, die länger brauchen.)

Bei den Einschlafsituationen kommt es darauf an, wie intensiv
und authentisch sich die Bezugsperson auf das Verhalten der
Kinder einläßt, während sie sie zu Bett bringt. Das Einschlafen
in einem fremden Zimmer, in einer ungewohnten Umgebung,
ohne das bekannte Streicheln der vertrauten Eltern, kann Ängste verursachen. Auf diese Ängste muß die Bezugsperson reagieren, sie muß versuchen, zu trösten, nicht primär das Schlafen
durchsetzen wollen.

Es ist daher wichtig, daß die Eltern die Bezugspersonen über
die Gewohnheiten und Rituale informieren, die für das Einschla-

fen ihrer Erfahrung nach notwendig sind. Das eine Kind gibt sich mit einem Schnuller oder einer Schmusedecke zufrieden, das andere will in den Haaren gekrault werden, eines läßt sich genüßlich den Rücken streicheln, die Hand geben, braucht irgendeinen Körperkontakt, will ein Lied hören, eine Geschichte erzählt bekommen und vieles mehr. Das sind alles Dinge, die eine Bezugsperson wissen muß. Mit diesem Wissen kann sie dann die Gewohnheiten übernehmen oder ähnliche entwickeln, die die eigene Beziehung zu dem betreffenden Kind ausdrücken. Das ist auch notwendig, weil die Bezugsperson nicht die Mutter oder den Vater in allen emotionellen Belangen ersetzen kann, sondern mithilft, eine Zeit zu überbrücken, während der die Eltern selbst die Versorgung nicht leisten können (siehe auch das Kapitel »Zur Gründung einer Elterninitiative. . .«).

Die Frage nach dem Einzelbett für jedes Kind oder nach einem Matratzenlager für alle zusammen beantwortet sich zum Teil selbst, wenn die Bezugsperson die Kinder gemeinsam ins Bett bringt und auf die verschiedenen Einschlafrituale reagieren will. Wenn alle Kinder mit den Bezugspersonen auf einem großen Bett liegen, ist Körperkontakt zu mehreren Kindern auf einmal möglich. Einzelbetten können nur dann eine Lösung sein, wenn jedes Kind einzeln ins Bett gebracht wird. Ob das sinnvoll ist, muß allerdings gefragt werden. Wenn die Kinder den Vormittag gemeinsam verbracht haben, entspricht es sicher nicht dem Wunsch des Kindes, beim Einschlafen getrennt zu werden.

Probleme ganz anderer Art treten auf, wenn die Kinder älter sind und nicht mehr schlafen wollen, obwohl die Eltern finden, daß der Mittagsschlaf noch notwendig wäre. Warum die Kinder nicht mehr schlafen wollen, mag einerseits daran liegen, daß die Kinder ihre Leistungs- und Durchhaltefähigkeit kennen und einschätzen gelernt haben, andererseits hat das Zusammenspielen mit den anderen Kindern der Gruppe einen so aufregenden Aspekt, daß darüber die Müdigkeit verdrängt wird.

Wenn die Bezugspersonen die Kinder ein wenig kennen und ihr Verhalten beurteilen können, fallen bestimmt diejenigen Kinder auf, die gegen die Müdigkeit ankämpfen und nicht wahrhaben wollen, daß sie besser schlafen würden. Sie kann in solchen Situationen auch versuchen, die müden Kinder zu einem ruhigen

Spiel oder zu einer kuscheligen Vorleserunde einzuladen. Auf diese Art können sich die Kinder auch ausruhen und neue Energie tanken.

Der Übergang vom täglichen zu einem unregelmäßigen Mittagsschlaf bis hin zur Situation, in der überhaupt nicht mehr geschlafen wird, ist für Kinder nicht immer einfach. Die Bezugspersonen und Eltern haben damit ihre Probleme.

In einer Initiative tauchte die Forderung einzelner Eltern an die Bezugsperson auf, ihr Kind mittags auf jeden Fall zum Schlafen zu bringen, weil es abends immer sofort einschläft.

Das betreffende Kind wehrt sich aber unter Umständen mit Händen und Füßen gegen das Einschlafen. Es gab oft regelrechte Kampfsituationen zwischen Bezugsperson und Kind – mit allen negativen Auswirkungen. Das bis dahin gute Verhältnis zwischen Kind und Bezugsperson war angekratzt, die Bezugsperson hatte ein schlechtes Gewissen dem Kind und den Eltern gegenüber. So berechtigt die Forderung der Eltern ist, mit Zwang lassen sich Forderungen nicht durchsetzen. Dann schon gar nicht, wenn die Eltern den Konflikt an die Bezugspersonen delegieren, weil sie ihn selbst nicht austragen können.

Eine andere Forderung war, das Kind mittags nicht schlafen zu lassen, weil es sonst bis spät in die Nacht wach bleibt. Es ist unsinnig und dem Kind gegenüber ungerecht, solche Ansprüche (die sich ausschließlich auf die Interessen der Eltern beziehen) durchsetzen zu wollen.

Der Nachmittag:

Für die großen Kinder fängt der Nachmittag gleich nach – wenn nicht schon während – dem Mittagessen an. Die Frage, ob sich die Bezugsperson mit den Kindern in eine ruhige Ecke setzt und Geschichten erzählt oder vorliest, während die Kinder kuscheln und sich ausruhen können, hängt von einzelnen Situationen und der Verfassung der Kinder ab. Die Frage hängt davon ab, wie erfolgreich die Absprachen und Planungen während des Mittagessens verlaufen sind.

Es gibt noch andere Spielangebote, die Gelegenheit zum Ausruhen bieten – malen, ausschneiden, kneten, Musik machen oder hören, mit Bausteinen spielen etc. Ansonsten wird sich die Spielsituation sehr von der des Vormittags unterscheiden.

Wenn die Kleinen ausgeschlafen sind und eins nach dem anderen aus dem Schlafzimmer kommt (oder alle kommen auf einmal, weil sie von einem Kind aufgeweckt wurden), wird der restliche Nachmittag erst langsam wieder anlaufen. Die verschlafenen Kinder müssen sich neu orientieren und brauchen dazu oft den Körperkontakt zur Bezugsperson. Die unterschiedlichen Verhaltensmöglichkeiten in solchen Situationen sind sicher bekannt. Ein Kind ist nach dem Schlafen sofort hellwach und fängt gleich an zu spielen, während ein anderes Kind eine ziemlich lange Anlaufzeit braucht.

Die Brotzeit:

Im Kinderhaus München ist die Brotzeit der Abschluß des Kinderalltages. Ähnlich wie bei der inoffiziellen Begrüßung in Form eines Frühstückes treffen sich die Kinder noch einmal, bevor sie abgeholt werden. Auch hier hat das Essen mehr kommunikativen Charakter. Kurz vor oder während der Brotzeit werden Absprachen getroffen, zum Beispiel wer heute bei wem schläft oder noch mit nach Hause zum Spielen geht.

Abschied von den Kindern und den Bezugspersonen:

Neben der Freude des Wiedersehens zwischen Eltern und Kind ist der Abschied von den anderen Kindern und der Bezugsperson wichtig. Es entspricht nicht dem, was ein Kind tagsüber in der Kindergruppe erlebt hat, wenn die Eltern kommen, ihr Kind empfangen und gleich wieder gehen. Die Eltern sollten sich Zeit lassen, eventuell nachfragen und anschauen, was die Kinder tagsüber gemacht, gebastelt, gezeichnet, gespielt haben. Die Kinder genießen das Interesse ihrer Eltern und spüren, ob sie sich mit der Initiative identifizieren können oder ob sie froh sind, daß wieder ein Tag vorbei ist. Die Abholsituation kann auch für Gespräche unter den Eltern und mit den Bezugspersonen genutzt werden. Wie ging's den Eltern heute? Haben sie oft daran gedacht, wie es wohl dem Kind geht? Oder die Bezugspersonen erzählen, wie es den Kindern ging, ob zum Beispiel ein Kind Heimweh hatte usw. Solche Gespräche können zwar nicht immer ausdiskutiert werden. Sie sind aber oft die Grundlage für intensivere Auseinandersetzungen auf den Elternabenden.

Bei vielen Kindern kommt es nicht selten vor, daß sie nach dem Kindergruppentag sagen, sie wollten mit ihrer Bezugsperson nach Hause zum Spielen oder gar zum Übernachten. Auch wenn die Eltern damit Schwierigkeiten haben sollten (weil sie am Abend ihr Kind gern zu Hause hätten), sollten sie daran denken, daß dies ein eindeutiger Beweis für die Sicherheit ist, die das Kind in der Gruppe empfindet. Daß Kinder das Ende eines Kindergruppentages nicht immer auch als Ende einer intensiven Spiel- oder Beziehungssituation akzeptieren wollen und bei anderen Kindern spielen oder schlafen, ist aus allen Eltern-Kind-Initiativen bekannt. Von der Situation der Eltern her gesehen, läßt sich das allerdings nicht immer realisieren (etwa wenn Besuch kommt oder die Eltern eingeladen sind). Um in dieser Hinsicht häufigere Frustrationen zu vermeiden, ist es zweckmäßig, wenn die Kinder selbst oder die Bezugspersonen tagsüber die Eltern zu Hause oder im Büro anrufen können, um sich zu vergewissern, daß eine Absprache mit einem anderen Kind getroffen werden kann. Enttäuschungen sind trotzdem nicht immer vermeidbar.

Wir haben bisher bei der Betrachtung einzelner Punkte einen ganz normalen Kindergruppenalltag beschrieben. Es gibt aber auch Tage, an denen man sich etwas Besonderes einfallen lassen sollte, zum Beispiel wenn ein Kind Geburtstag hat. Im Kapitel »Kinder gehen aus der Gruppe weg – neue kommen hinzu« (S. 161) wird beschrieben, wie problematische Situationen für Kinder durch eine festliche Gestaltung erleichtert und angenehmer gemacht werden können.

Wenn ein Kind Geburtstag hat, geht es zwar bei der Organisation eines Festes nicht darum, eine Situation zu erleichtern, aber feiern sollte man ihn.

Für Kinder ist es interessant, einmal im Jahr im Mittelpunkt der Kindergruppe zu stehen. Es gibt auch Kinder, die den Rummel um ihre Person nicht ertragen. Es ist schon öfter vorgekommen, daß eine von den Erwachsenen organisierte Geburtstagsfeier für das betreffende Kind in einer Katastrophe endete.

Der Geburtstag sollte so gefeiert werden, daß die »Hauptperson« zu ihrem Recht kommt. Sowohl bei der Planung und Vorbereitung als auch während des Festes soll das Geburtstagskind mitentscheiden können, was geschieht und was gespielt wird, wie der Tag gestaltet wird.

Im Kinderhaus München hat sich im Lauf der letzten Jahre eine Form der Geburtstagsfeier herauskristallisiert, an der sich alle Eltern orientieren.

Beim gemeinsamen Frühstück werden alle Kinder über den Geburtstag informiert. Die Kinder aus der Gruppe haben dann die Gelegenheit und die Motivation, sich im Laufe des Tages bis zur eigentlichen Feier am Nachmittag eine oder mehrere Überraschungen auszudenken. Sie malen ein Bild zum Verschenken, pflücken einen Blumenstrauß, formen eine Figur, packen ein Spielzeug in Geschenkpapier ein oder denken sich eine andere Überraschung aus. Die Mutter oder der Vater des Geburtstagskindes versucht, sich einen halben oder ganzen Tag freizunehmen, und übernimmt den Kochdienst. Wenn das nicht möglich ist, kochen die Eltern am Abend vor und bringen es zum Aufwärmen ins Kinderhaus. Wichtig ist, daß das Kind entscheiden kann, was es zu essen gibt.

Nach dem Mittagessen wird der Eßraum dekoriert: Tischdecken (meist aus Papier), Kerzen und Blumen für alle und einen besonders geschmückten Platz für das Geburtstagskind. Beim Dekorieren können sich die Erwachsenen viele Sachen ausdenken, die Kinder helfen gerne mit.

Wenn dann die Kleinen ausgeschlafen sind, beginnt die eigentliche Feier. Zuerst werden Spiele veranstaltet, die sich das Kind ausgedacht hat, es darf auch den Verlauf der Spiele bestimmen (das Bestimmen durch ein Kind wird an solchen Tagen von allen anderen Kindern akzeptiert, was sonst nicht immer der Fall ist).

Vor dem Essen singen die Erwachsenen und die Kinder »das« Geburtstagslied »Happy Birthday«. Beim »Hoch soll sie leben« wird das Kind entsprechend der Jahre in die Höhe geworfen (nicht alle Kinder mögen das, andere sind wiederum ganz wild darauf).

Die »Kuchenschlacht« bildet den Höhepunkt des Festes. Danach läuft der Alltag aus wie an allen anderen Tagen. Mit der Ausnahme, daß das Geburtstagskind beim Aufräumen nicht mithelfen muß.

Die Elterngruppen haben sich nach vielen, mehr oder weniger positiven Erfahrungen mit verschiedenen Geburtstagsfeiern in der Kindergruppe auseinandergesetzt und haben sich schließlich auf diese variable Form der Geburtsfeier geeinigt. Der Hintergrundgedanke dabei war nicht eine Vereinheitlichung (alle Kinder sollen das gleiche bekommen), sondern der teilweise übertriebene Aufwand, den einzelne Eltern bei der Vorbereitung eines Geburtstagsfestes betrieben und der häufig zu heftigen Konflikten zwischen den Kindern führte. Zwei Punkte waren wichtig:

1. Die Eltern sollen beim Feiern dabeisein können, den Kochdienst übernehmen und Kuchen backen. Wenn das am eigentlichen Geburtstag nicht möglich ist, wird die Feier unter Umständen um einige Tage verschoben oder gar an einem Wochenende nachgeholt.

   Eine Geburtstagsfeier in der Kindergruppe, in der sie die meiste Zeit der Woche verbringen, ist wichtig.

2. Materialschlachten in Form von vielen Geschenken (vor allen Dingen Süßigkeiten) sollten vermieden werden. Die Kinder, die Geschenkideen haben, stellen diese bei ihrer Vorbereitung auf das Fest selbst her.

Neben Geburtstagen, Abschieds- oder Aufnahmefesten fallen im Laufe eines Jahres auch noch etliche andere Tage an, die zum Feiern animieren.

Grundsätzlich sollte man keine Gelegenheit auslassen, um mit Kindern Feste zu feiern. Nicht zu vergessen ist, daß sich dabei auch die Erwachsenen (Eltern und Bezugspersonen) mehr als bei Diskussionen und wichtigen inhaltlichen Gesprächen näherkommen können.

Es muß jeder Elterngruppe überlassen bleiben, wie sie mit traditionellen Festen (wie Ostern, Weihnachten, Nikolaus, St. Martin etc.) umgeht. Nicht alle Eltern haben die gleichen Vorstellungen, wie solche Feste gefeiert werden sollen, besonders dann nicht, wenn sie sich mit den traditionellen Inhalten nicht mehr identifizieren können. (In vielen Eltern-Kind-Initiativen tauchen die unterschiedlichsten Vorstellungen auf, wenn es um das Nikolausfest geht.) Die meiste Kritik orientiert sich dabei an kommerziellen Aspekten und der Vermarktung dieser Feste. Aber alternative Feste zu feiern (etwa um den Konsum zu vermeiden und wieder den ursprünglichen Sinn zur Geltung kommen zu lassen) ist ein sehr schwieriges Unterfangen.

Zum Abschluß des Themas »Tagesablauf« noch eine Bemerkung zum Aufräumen, das im Tagesprotokoll des Kinderhauses München angesprochen wurde. Es heißt dort: »... die Kinder werden dazu angehalten, gemeinsam mit den Bezugspersonen und den schon anwesenden Eltern aufzuräumen ...« Nach Aussagen von Kinderhauseltern soll dieses Aufräumen die Mitverantwortung der Kinder für den Zustand der Einrichtung und des Spielmaterials deutlich machen. Das gilt auch für den im Protokoll erwähnten Tischdienst.

Verschiedene Eltern-Kind-Initiativen haben im Hinblick auf diese Frage unterschiedliche Möglichkeiten entwickelt. Einige versuchen, das Aufräumen spielerisch zu gestalten, und müssen sich teilweise vorhalten lassen, daß sie mit Tricks arbeiten, weil Aufräumen schließlich kein Spiel sei. Dabei käme der Aspekt, daß die Kinder mitverantwortlich sind, sehr verschleiert zum Ausdruck.

Andere betonen den Gesichtspunkt der Gemeinsamkeit. Eltern und Kinder organisieren und erhalten ein Projekt. Die Eltern renovieren, kochen, kümmern sich um die Finanzen usw. Aber den Teil, den die Kinder ihrem Alter entsprechend leisten können, müssen sie beitragen.

Beide Aussagen machen ihren Standpunkt an der Mitverantwortung der Kinder fest. Und das ist sicher richtig, wenn die Eltern in ihrem Konzept die Selbständigkeit der Kinder als Erziehungsziel definieren. Selbständigkeit bedeutet auch, bis zu einem gewissen Grad Verantwortung übernehmen zu können. Das lernen die Kinder aber auf keinen Fall von heute auf morgen oder per Anspruch. Das kann nur durch die ständige Vermittlung der Notwendigkeit des Aufräumens geschehen (die Sachen gehen kaputt, verloren, oder sie sind so durcheinander, daß kein Kind damit etwas anfangen will). Auch die finanzielle Situation der Eltern-Kind-Initiative spielt eine wichtige Rolle, weil nicht uferlos verschlamptes Spielzeug nachgekauft werden kann. Beim Lernprozeß der Kinder ist das Vorbild der Eltern und Bezugspersonen wesentlich, um den Kindern im Laufe der Zeit die Einsicht in die Notwendigkeit des Aufräumens zu ermöglichen.

Die Mitsprache und Mithilfe der Kinder bei der ästhetischen Gestaltung der Räume und der dazugehörenden Umgebung kann den Kindern einen Teil der Mitverantwortung deutlich machen, ohne daß verbal viel gefordert werden muß (zum Beispiel Blumen pflanzen, die Kinder mitentscheiden lassen, wo die Kuschelecke gebaut werden soll, welche Farben verwendet werden sollen, wo ein Zimmer noch gemütlicher gestaltet werden kann etc.).

Kinder gehen aus der Gruppe weg – neue kommen hinzu

Wenn aus einer bereits bestehenden Eltern-Kind-Initiative Kinder weggehen oder neue Kinder und Eltern aufgenommen werden, stellen sich die Probleme für Eltern und Kinder sehr unterschiedlich dar. Während die Erwachsenen das Ausscheiden von Eltern aus der Elterngruppe rational bewältigen können – selbst wenn Freundschaften abgebrochen werden müssen oder fortan weniger intensiv gepflegt werden können –, sind die Kinder fast ausschließlich emotional mit dem Weggehen von Kindern aus der Gruppe konfrontiert.

Es darf nicht unterschätzt werden, mit welcher Verbindlichkeit und Ernsthaftigkeit Kinder soziale Beziehungen aufbauen, wenn sie – wie es in einer Kindergruppe der Fall ist – die Gelegenheit dazu haben.

Spielplatzkontakte, die für ein paar Stunden wöchentlich oder gar monatlich entstehen, haben einen anderen Charakter. Sie sind meist nicht so intensiv, bleiben eher unverbindlich und haben daher weniger schmerzliche Konsequenzen, wenn sie gelöst werden.

Die Entscheidung, ob und warum ein Kind aus der Gruppe weggeht, liegt immer bei den Eltern. Wenn die Entscheidung aufgrund einer beruflichen oder persönlichen Veränderung (unter Umständen in Verbindung mit einem Orts- oder Wohnungswechsel) fällt, läßt sich das den Kindern relativ plausibel erklären. Trotzdem bleibt für die Kinder eine Traurigkeit und Hilflosigkeit zurück, die sie erst nach und nach bewältigen können. Dazu brauchen sie die Hilfestellung ihrer Eltern und der Bezugspersonen.

Es ist nicht nur damit getan, den Kindern verbal zu erklären, warum die Trennungssituation eingetreten ist. Das zeigt zwar den Hintergrund auf, ändert aber an der Tatsache der Trennung nichts.

Es gibt keine allgemeingültigen Verhaltensmuster, wie Eltern sich in solchen Situationen verhalten sollen. Es kommt dabei auf ein genaues Kennen der Kindergruppe an:

Wie war das Kind, das jetzt weggeht, in die Gruppe integriert?

Gab es spezielle Freundschaften innerhalb der Gruppe, vielleicht sogar eine ausgeprägte Zweierbeziehung?

Wie hat der Rest der Gruppe auf diese Beziehung reagiert?

War das Kind ein aktives oder eher ein passives Gruppenmitglied?

Aufgrund von Erfahrungen mit Eltern-Kind-Initiativen lassen sich einige Punkte zusammenfassen, auf die Eltern und Bezugspersonen achten sollten, wenn ein Kind die Gruppe verläßt. Es spielt dabei nur eine untergeordnete Rolle, ob das Kind schon lange oder nur kurz in der Gruppe war:

Neben der verbalen Vermittlung bietet sich ein Abschiedsfest an, bei dem das Kind entscheiden kann, welche Spiele gespielt, welche Musik gemacht wird und was es zu essen gibt.

Die in der Gruppe bleibenden Kinder können gemeinsam mit den Bezugspersonen irgendeine Überraschung für das Abschiedsfest vorbereiten (zum Beispiel ein großes Bild malen, ein kleines Theaterstück spielen, ein Lied einüben, irgendeinen Gegenstand, an dem das weggehende Kind besonders hing, als Geschenk mitgeben, einen Blumenstrauß pflücken oder einen Kuchen backen). Es gibt noch viele Möglichkeiten, die jedoch auch vom Alter des betreffenden Kindes abhängen.

Die Gruppe kann die nächste Zeit (mindestens solange die Kinder noch selbst daran denken) einen Briefkontakt aufrechterhalten (selbstgemalte Bilder, Fotos schicken). Auf jeden Fall kann das Kind zu den Kindergruppenfesten eingeladen werden (ob das realistisch ist, hängt natürlich von der Entfernung ab).

Die Kindergruppe kann sich ein Foto des Kindes ins Gruppenzimmer hängen.

Die Bezugspersonen können in bestimmten Spielsituationen

daran erinnern, was das Kind in ähnlichen Situationen sagte oder machte.

Es gibt sicher noch mehr Möglichkeiten, die Trennung zu bewältigen.

Eine andere, nicht ganz so einfache Situation ist zu bewältigen, wenn die Eltern ihr Kind aus der Gruppe nehmen, weil sie selbst mit der Elterngruppe nicht klarkommen und keine andere Möglichkeit sehen, als aus der Eltern-Kind-Initiative auszusteigen.

Dazu muß grundsätzlich gesagt werden: Schwierigkeiten unter den Eltern, Spannungen innerhalb der Elterngruppe, die von den Erwachsenen nicht mehr bewältigt werden können, haben mit den Beziehungen der Kinder untereinander nur ganz selten – wenn überhaupt – etwas zu tun.

Eltern, die wegen Konflikten »aussteigen«, sollen sich vor Augen halten, daß die Konsequenzen nicht nur vom eigenen Kind, sondern von der gesamten Kindergruppe mitgetragen werden. Wenn eine Trennung jedoch unvermeidbar geworden ist, soll zumindest an ähnliche Bewältigungshilfen gedacht werden, wie sie oben beschrieben wurden.

Noch eine andere Art der Trennung findet statt, wenn einzelne Kinder ins schulreife Alter kommen und praktisch aus der Kindergruppe herauswachsen.

In solchen Fällen ist neben der Traurigkeit darüber, daß Kinder weggehen, häufig eine Art Bewunderung für die »Großen« zu beobachten. Für die, die es geschafft haben, in die Schule gehen zu »dürfen«.

Dieser Trennungsprozeß ist auch deshalb viel einfacher zu handhaben, weil er schon während des – der Einschulung vorausgehenden – Jahres vorbereitet werden kann. Er findet nicht plötzlich statt und ist für die zurückbleibenden Kinder nachvollziehbar – eher mit Neid als mit Unverständnis verbunden. Bei Trennungen, die durch die Einschulung bedingt sind, läßt sich der Kontakt zur Kindergruppe auch weitaus einfacher aufrechterhalten als in den anderen geschilderten Fällen. Die Schüler können nachmittags zu Besuch kommen, wenn es die Hausaufgabensituation erlaubt (oder sie machen die Hausaufgaben in ihrer ehemaligen Kindergruppe).

Und wenn die Schülereltern den Kontakt zur Elterngruppe

aufrechterhalten, werden sich die Kinder auch nicht aus den Augen verlieren. (Es ist für die Eltern, die in der Initiative geblieben sind, sicher recht interessant, wenn sie erfahren, wie sich die Arbeit im Kindergarten auf das Verhalten der Kinder in der Schule auswirkt.)

Wenn ein Kind aus der Gruppe weggeht, kann die ganze Gruppe damit Schwierigkeiten haben. Wenn ein neues Kind in die schon bestehende Gruppe aufgenommen werden soll, findet nicht immer ein Integrationsprozeß statt, der selbstverständlich und konfliktfrei verläuft.

Bei der Einschätzung der Prozesse, die sich bei der Neuaufnahme eines Kindes abspielen, hängt sehr viel davon ab, wie lange die Kindergruppe schon zusammen ist und wie alt die Kinder sind. Bei Kleinkindern im Alter von ein bis zwei Jahren haben die »Neuen« noch wesentlich geringere Probleme, sich in die Gruppe zu integrieren, weil ihnen von seiten der anderen Kinder kaum Schwierigkeiten in den Weg gelegt werden.

Je älter die Kinder sind, desto kritischer und auch vorsichtiger reagieren sie auf die Veränderungen ihrer Gruppenstruktur. Eine Neuaufnahme stellt, wie im umgekehrten Fall der Weggang eines Kindes, eine Veränderung dar. Es sind fast nie einzelne Kinder, die skeptisch einer Neuaufnahme gegenüberstehen und sich unter Umständen abweisend verhalten. Es ist die Gruppe – die Sicherheit der Gruppe –, die es den einzelnen Kindern ermöglicht, sich auch in unsicheren Situationen authentisch zu verhalten.

Die Unsicherheit besteht darin, daß die Kinder noch nicht wissen (weil sie es noch nicht erlebt haben), wie sich das neue Kind in der Gruppe verhält. Ob es vielleicht einem Kind eine führende Rolle streitig machen kann, ob es bei feinmotorischen Spielen (Malen, Basteln etc.) oder grobmotorischen Spielen (Klettern, Turnen etc.) vielleicht »besser« ist als der bisher »Beste«.

Das sind nur einige Überlegungen – und in den Köpfen der Kinder spielen sich noch viel subtilere Gedanken ab –, die bei einer Integration eine wichtige Rolle spielen.

Können die Erwachsenen (Bezugspersonen und Eltern) bei der Bewältigung solcher Probleme helfen, oder ist es allein die Aufgabe der Kindergruppe, damit fertig zu werden?

Die Erwachsenen können zur Bewältigung sehr viel beitragen, indem sie den Kindern viel Zeit lassen. Sie sollen die Auseinandersetzungen (damit sind nicht massive Streitereien oder gar Schlägereien gemeint) beobachten und auch eingreifen, wenn es notwendig ist, aber sie sollen den Kindern nicht ihre Erwachsenenvorstellungen von sozialem Verhalten aufzwingen (zu diesem Thema wurde schon ausführlich im Kapitel »Das Konzept« Stellung bezogen).

Es gibt andere Hilfestellungen dafür, wie Bezugspersonen und Eltern dem neuen Kind den Einstieg in die Gruppe erleichtern können, ohne die Möglichkeiten der Kinder zu überfordern:

1. Wichtig ist, daß die Eltern des neuen Kindes selbst ein Gefühl der Sicherheit haben. Sie müssen sicher sein, daß es ihrem Kind in der Gruppe gutgeht, daß es mit der neuen Situation umgehen kann. Das setzt auch ein gewisses Maß an Vertrauen in die Fähigkeiten des Kindes voraus (siehe dazu auch die Ausführungen über die »Eingewöhnungszeit«, S. 133 ff.).

2. Die Bezugsperson kann das neue Kind der Gruppe offiziell vorstellen. Wo kommt es her, warum kommt es in die Gruppe, wer sind die Eltern, was machen sie (beruflich), und/oder welche Aufgaben haben sie innerhalb der Eltern-Kind-Initiative übernommen? Das muß nicht abstrakt wie auf einem Personalfragebogen geschehen.

Mit einiger Phantasie kann man daraus eine – dem Alter der Kinder entsprechende – Geschichte machen und erzählen. Für kleinere Kinder eignet sich die Übertragung der Situation auf eine Fabel, eine Geschichte mit Tierkindern. Um das an einem Beispiel zu verdeutlichen:

Es war einmal eine Horde Kinder, die hatten sich in einem Haus in der Nähe des Stadtparkes (oder wo immer die Gruppenräume sind) eine Wohnung hergerichtet – mit Matratzen, Kindertischen und -stühlen. Weil sie das alles noch nicht ganz alleine machen konnten, haben ihnen dabei die Eltern geholfen . . . (Um die Mitarbeit der Eltern deutlich zu machen, können hier tatsächliche Anekdoten von den Renovierungsarbeiten eingebaut werden. Wenn die einzelnen Kinder in der Erzählung vorkommen, können sie auch leichter die Verbindung zwischen der Geschichte und der eigenen Gruppe herstellen.)

Eines Tages ging eine Familie draußen vorbei, die das Lachen und Toben der Kinder hörte und die sehen wollte, was da los war. Die Familie ist in das Haus hineingegangen und fand dort viele lustige Kinder... (Die Kinder haben das und das gemacht ... Es folgt die Beschreibung einer typischen Spielsituation.)

Die Familie hatte auch ein Kind, das zufällig genauso alt wie die anderen Kinder war. Dieses Kind lebte den ganzen Tag alleine bei den Eltern ... (Hier kann die Wohn- und Berufssituation der neuen Eltern beschrieben werden.)

Der Vater und die Mutter dachten, daß es auch für ihr Kind schön wäre, wenn es tagsüber in einer so lustigen Gruppe spielen könnte.

Von da an gingen sie mit ihrem Kind, sooft sie Zeit hatten, an dem Haus vorbei, in dem die lustigen Kinder spielten. Manchmal haben sie auch hineingeschaut.

Eines schönen Tages haben dann die Eltern des Kindes mit einem Erwachsenen gesprochen, der immer bei den Kindern war, um ihnen die Schuhe zu binden, den Po abzuputzen und das Essen zu machen – denn zum Spielen haben sie ihn nur manchmal gebraucht. Der Erwachsene hat den Eltern erklärt ... (beschreiben, wie das Aufnahmeverfahren der betreffenden Eltern-Kind-Initiative abläuft).

Und so kam es, daß das Kind eines Tages da war und mitspielen wollte. Zur Begrüßung hat es eine ganze Tüte voll Krapfen mitgebracht, für jedes Kind einen. – Kommt, wir schauen mal in der Küche nach, ob wir auch Krapfen da haben. (Dieses Begrüßungsessen muß natürlich vorbereitet sein.)

Diese Einführung – in Form einer Geschichte – hat oft das Eis brechen lassen zwischen der Gruppe und dem neuen Kind.

3. Die Bezugsperson kann im Verlauf von verschiedenen Spielsituationen immer wieder besonders auf die Vorschläge und Ideen des neuen Kindes eingehen und sie für den weiteren Ablauf des Spieles verwendbar machen.

Das neue Kind muß das Gefühl haben können, daß es nicht alleine steht mit seinen Anstrengungen, von der Gruppe akzeptiert zu werden.

Zusammenfassend: Wir haben drei Möglichkeiten der Hilfestellung von Eltern und Bezugspersonen beschrieben:

1. die Sicherheit der Eltern (die durch Gespräche in der Elterngruppe schneller erreicht werden kann als im Alleingang),
2. eine ansprechende Begrüßung und Einführung des neuen Kindes in die Gruppe,
3. eine individuelle Unterstützung des neuen Kindes in bestimmten Situationen.

Eine Kombination aller drei Möglichkeiten bietet zwar noch keine Garantie, schafft aber doch die Voraussetzung für eine sinnvolle Zusammenarbeit der betroffenen Parteien (Erwachsene, das neue Kind, die Kindergruppe).

Der Elternabend

Bei den meisten Eltern-Kind-Initiativen ist der Elternabend für alle Eltern und Bezugspersonen Pflicht. Wie die einzelnen Elterngruppen mit dieser Pflichterfüllung umgehen, wie konsequent sie auf einer Anwesenheit bestehen, hängt sehr stark vom Vertrauen innerhalb der Gruppe ab. Wie gut kennen sich die Erwachsenen untereinander, wissen über die Bedingungen, Verpflichtungen und anderweitigen Engagements (zum Beispiel Parteiarbeit, andere politische Betätigung, Sportverein etc.) Bescheid? Wird von den Eltern akzeptiert, daß ein Elternteil ausgerechnet an dem Tag andere Verpflichtungen eingegangen ist, an dem der Elternabend stattfindet? Wenn bei einigen Eltern die Einsicht in die Notwendigkeit der Elternabende nicht vorhanden ist, wird die Elterngruppe keinen leichten Stand bei der Durchsetzung der allgemein formulierten Interessen haben.

Dennoch ist der Elternabend das wichtigste und in letzter Instanz entscheidende Gremium einer Eltern-Kind-Initiative. Daß die Bezugspersonen in diesem Gremium gleichberechtigt sind – und aus welchen Gründen –, wurde schon erwähnt.

Über die inhaltlichen Möglichkeiten der Elternabende und die thematischen Schwerpunkte wurde im Laufe der bisherigen Ausführungen immer wieder gesprochen. Sie sollen noch einmal stichwortartig zusammengefaßt werden:

Erarbeitung des Konzeptes und der inhaltlichen Vorstellungen von Kinder- und Elternarbeit;

die Auseinandersetzung über den eventuell möglichen Widerspruch zwischen pädagogischer Wirklichkeit und pädagogischem Anspruch (die Fortschreibung und Weiterentwicklung des Konzeptes);

Gespräche und Informationen über den persönlichen Hintergrund von Eltern und Bezugspersonen, der oft sehr viel aussagt über die Verhaltensmöglichkeiten der einzelnen Kinder;

die Verteilung der verschiedenen Aufgaben, die für die Gründung und den Unterhalt einer Eltern-Kind-Initiative notwendig sind;

die Koordination der Ergebnisse und die Abstimmung der weiteren Vorgehensweise in der Auseinandersetzung mit den Behörden;

Informationen über den Stand der Arbeit in den verschiedenen Arbeitsgruppen (Finanzausschuß, Ausschuß für Öffentlichkeitsarbeit, Konzeptausschuß etc.) und die Planung weiterer Schritte;

Gespräche über persönliche Probleme, die Auswirkungen auf das Engagement der Eltern innerhalb der Eltern-Kind-Initiative haben oder haben können;

die Darstellung der Eltern-Kind-Initiative in der Öffentlichkeit (Will die Elterngruppe »privat« bleiben, sich selbst genügen, oder bezieht sie öffentlich Stellung zu den gesellschaftlichen Realitäten?);

die Planung, Vorbereitung und Durchführung von Festen für Eltern und Kinder (zum Beispiel Stadtteilfeste, Straßenfeste usw.).

Diese Punkte, die je nach Zielsetzung einer Eltern-Kind-Initiative noch untergliedert oder erweitert werden können, machen den Umfang der Arbeiten, die von den Eltern und Bezugspersonen bewältigt werden müssen, recht deutlich.

Sie machen vielleicht auch die Notwendigkeit der Elternabende klar, auf denen die meisten dieser Punkte verantwortlich geklärt werden müssen.

Die Effektivität der Elternabende hängt zum Teil von ihrer Häufigkeit (Regelmäßigkeit), ihrer Form und ihrem Ablauf ab.

Dazu einige Gedanken:

Wie häufig Elternabende stattfinden, wird von den Eltern gemeinsam besprochen. In der Anfangsphase treffen sich die Eltern vermutlich häufiger und unregelmäßiger, wenn wichtige organisatorische und allgemein inhaltliche Punkte auf der Tagesordnung stehen. Wenn sich die praktische Arbeit der Eltern-Kind-Initiative (Kinderarbeit, Elternarbeit und die Arbeit in den einzelnen Ausschüssen) einigermaßen normalisiert hat und die Eltern sich bei der Definition der Tagesordnungspunkte mehr auf die inhaltlichen Aspekte der Initiative konzentrieren können, finden die gemeinsamen Zusammenkünfte in regelmäßigen Abständen statt.

Als Erfahrungswert gelten dabei wöchentliche oder zweiwöchentliche Elternabende. Der wöchentliche Elternabend garantiert Kontinuität bei der Diskussion über verschiedene Themen und ermöglicht schnelle und effektive Information über Veränderungen einzelner Eltern (zum Beispiel Probleme, die unmittelbar mit dem Verhalten des Kindes in Zusammenhang stehen) oder der Elterngruppe (beispielsweise neue Informationen über die Entwicklung der Behördenkontakte).

Wenn die Eltern sich jede zweite Woche treffen, kann zwar unter Umständen die Kontinuität leiden, aber der zeitliche Aufwand der einzelnen Eltern für die Eltern-Kind-Initiative läßt sich eher realisieren. Dieser Punkt ist besonders dann zu bedenken, wenn die Eltern zusätzlich noch in verschiedenen Arbeitsgruppen zu bestimmten Themen mitarbeiten.

Die Gefahr einer nicht ganz so reibungslosen Kontinuität kann fast gänzlich ausgeschlossen werden, wenn die anderen Kommunikationsmöglichkeiten gut funktionieren. Dazu zählen die Gespräche der Eltern untereinander und mit den Bezugspersonen beim Bringen und Abholen der Kinder ebenso wie die Treffen der Eltern, die nicht wie die Elternabende formalisiert sind. Gedacht ist dabei an Eltern- und Kinder-Freizeiten (etwa gemeinsame Wochenenden) oder andere Elterntreffen, bei denen nicht immer das Thema Eltern-Kind-Initiative im Vordergrund stehen muß. Dazu gehören auch Arbeitseinsätze in den Räumen der Kindergruppe (Renovierungsarbeiten, Umbau etc.). Dabei wird sicher nicht nur über die technischen Details gesprochen, sondern es werden auch Beziehungen unter den Eltern hergestellt und vertieft.

Die Rolle der zwischen »Tür und Angel« geführten Gespräche und die Kommunikation bei anderen Gelegenheiten darf nicht unterschätzt werden, auch wenn es sich dabei meist um Gespräche mit individuellem Charakter handelt, die das gemeinsame Diskutieren von Problemen, Situationen und Beobachtungen nicht ersetzen.

Die Frage, in welchen Abständen Elternabende stattfinden sollen, muß sich auch an den beruflichen Bedingungen der Eltern orientieren. Der notwendige Freiraum für Hobbys, die Zeit für Erholung und Familie muß trotz aller Aufgaben, mit denen eine Eltern-Kind-Initiative konfrontiert ist, gewährleistet bleiben.

Der Anspruch, Eltern sollten auch über ihre persönlichen Probleme sprechen, ist richtig. Nur so ist ein schnelles und individuelles Reagieren auf die Verhaltensweisen der Kinder und die Ansprüche der Behörden möglich. Aber nicht alle Eltern und nicht alle Bezugspersonen können in einer Gruppe über ihre persönlichen Schwierigkeiten reden (über berufliche Probleme noch eher als über Schwierigkeiten mit dem Partner). Viele Eltern brauchen dazu eine unter Umständen sehr lange Anlaufzeit und vor allen Dingen Vertrauen, ein Grundvertrauen in die Elterngruppe. Eine Elterngruppe muß deshalb ihre Elternabende so gestalten, daß über die gemeinsame Arbeit für die Eltern-Kind-Initiative eine Vertrauensbasis geschaffen werden kann, die einen Vertrauensanspruch möglich macht. Die sogenannten »Zwischen-Tür-und-Angel-Gespräche« spielen dabei eine wichtige Rolle.

Wenn immer wieder – auch in diesem Buch – von Eltern*arbeit* und von *Arbeiten* für die Eltern-Kind-Initiative (Öffentlichkeits*arbeit)* gesprochen wird, sollten die Elternabende doch so gestaltet werden, daß sie nicht immer einen sturen Arbeitscharakter haben. Die meisten Eltern haben tagsüber gearbeitet und hängen dann noch einen – unter Umständen – langen Abend an, um wieder zu arbeiten. Es besteht aber ein wesentlicher Unterschied in der Tatsache, daß die berufliche Arbeit zum größten Teil fremdbestimmt ist, während sich die Arbeit in der Eltern-Kind-Initiative an den eigenen Interessen und den Bedürfnissen der Kinder orientiert (die Eltern wissen, warum und für wen sie das tun).

Letztlich läßt sich das Problem der Arbeit nicht lösen, weil bei der Gründung und dem Erhalten einer Initiative viel Arbeit anfällt. Aber die Form, in der gearbeitet wird, läßt sich beeinflussen. Schon die Räumlichkeiten, in denen die Elternabende stattfinden, prägen die Atmosphäre. Es ist ein Unterschied, ob Eltern mit bis zum Kinn hochgezogenen Knien auf Kinderstühlen im Kreis oder bequem und entspannt auf Matratzen oder Polstern sitzen können (oder sich auf dem Teppichboden langlegen). In den wenigsten Eltern-Kind-Initiativen können die atmosphärischen Voraussetzungen für Elternabende geschaffen werden. Als Ausweichmöglichkeiten bieten sich die Wohnungen der Eltern an. Wenn die Elternabende abwechselnd oder der Reihe nach in den Wohnungen stattfinden, ergeben sich ganz von selbst zwei weitere Gesichtspunkte. Eine alleinerziehende Mutter findet zum Beispiel für den Abend keinen Babysitter. Die Elterngruppe kommt zu ihr, damit sie teilnehmen kann. Oder einigen Eltern fällt es schwer, sich an den Gesprächen zu beteiligen, aus Gründen, die nicht in der Unwissenheit oder einem Desinteresse zu suchen sind. Findet der Elternabend in den Wohnungen dieser Eltern statt, haben sie eine Art »Heimspiel« und so (vielleicht) mehr Möglichkeiten, den Verlauf der Gespräche mitzutragen.

Ist die Elterngruppe zu groß oder die Wohnung zu klein, kann die Elterngruppe versuchen, sich in einer Gaststätte ein Hinterzimmer für den Elternabend reservieren zu lassen (viele Wirte machen derartige Reservierungen oft von einer bestimmten »Verzehrmenge« oder dem Getränkeumsatz abhängig). Aber auch in den Räumen der Initiative selbst (auf Kinderstühlen, Matratzen, dem Boden), und wenn sie für die Erwachsenen noch so unbequem sind, kann die räumliche Atmosphäre (die inhaltliche hängt von den Beziehungen der Eltern untereinander ab) durch Tee, Kaffee, Wein oder Bier entsprechend gestaltet werden.

Sollen die Elternabende vorbereitet werden – wenn ja, von wem? –, oder lassen sich immer spontan Themen finden, über die diskutiert werden soll?

Dem Themenkatalog entsprechend dürfte der spontane Elternabend keine Probleme bieten. Im Hinblick auf die Kontinuität bei der Behandlung wichtiger Fragen (Kinderverhalten, Behörden etc.) ist eine Strukturierung der Abende sinnvoll. Die Elterngruppe muß sich nicht für eine der beiden angebotenen Möglichkeiten entscheiden, eine gesunde Mischung wird die Bedürfnisse aller Eltern befriedigen.

Eltern und Bezugspersonen haben während der Woche und zwischen zwei Elternabenden verschiedene Situationen in der Kindergruppe beobachtet. Darüber wurde vereinzelt zwischen »Tür und Angel« gesprochen. Für den Elternabend werden die verschiedenen Situationen gesammelt, über die noch mal allgemein mit allen Eltern diskutiert werden soll. Die Elterngruppe entscheidet sich für ein bestimmtes Thema. Dieses Thema kann in Form eines Zyklus die Diskussionen der nächsten Elternabende bestimmen. Die meisten Themen lassen sich nicht an einem Abend zu Ende diskutieren. (Zum Beispiel das Rollenverhalten der Kinder: Wie reagieren die Erwachsenen darauf? – Das Aggressionsverhalten, das Chaos beim Mittagessen! Was drücken die Kinder in ihren Rollenspielen aus, wie entwickeln sich die Gruppenprozesse in der Kindergruppe – usw.?) Für eine sinnvolle Fortsetzung der Diskussion zu einem bestimmten Thema müssen unter Umständen noch weitere gezieltere und am Thema orientierte Beobachtungen gemacht werden. Diese Aufgabe teilen sich Bezugspersonen und Eltern (beim Bringen, Abholen oder beim Elterndienst).

Diskutieren Eltern über persönliche Probleme, Bedingungen und Verhaltensweisen den Kindern gegenüber, werden Fortsetzungen genauso notwendig sein, wie bei den Gesprächen mit den Kindern. Die Probleme und Unsicherheiten der Erwachsenen lassen sich bei Gesprächen über das Verhalten der Kinder eigentlich nicht heraushalten.

Die Elterngruppe muß darauf achten, daß trotz der Abstände zwischen den einzelnen Diskussionen die Kontinuität gewahrt bleibt. Oft tauchen andere Themen oder Probleme auf, die »zwischendurch« besprochen werden sollen und auch besprochen werden müssen. Es besteht die Gefahr, daß durch diese »ausnahmsweise« dazwischengeschobenen Themen ein Teufelskreis entsteht, der den Anspruch nach Kontinuität zu einer leeren Phrase werden läßt.

Stellt die Elterngruppe fest, daß zu einem bestimmten Thema wichtige Informationen fehlen, die die Eltern selbst nicht geben können (beispielsweise Hintergrundwissen über die Entstehung und die verschiedenen Formen der Aggression), müssen diese eingeholt werden.

Vorsicht vor dilettantischen Psychologisierereien!

Es ist denkbar, daß sich ein oder mehrere Elternteile und Bezugspersonen durch Lektüre und/oder Gespräche mit kompetenten Profis vorbereiten und das den Eltern vermitteln. Oder die Elterngruppe lädt einen Fachmann oder eine Fachfrau ein, die zu dem anstehenden Thema Informationen liefern kann. Er oder sie sollte sich wie alle anderen Eltern am Gespräch beteiligen und sein bzw. ihr Fachwissen in die Diskussion einfließen lassen. Der praktische Bezug zu dem von der Elterngruppe angesprochenen Problem muß trotz aller abstrakt wissenschaftlichen Informationen bestehen bleiben. Ein Referat über die verschiedenen Aggressionstheorien wird den Eltern bei der Bewältigung ihrer Probleme mit aggressiven Verhaltensweisen der Kinder nicht viel helfen, wenn die Eltern dabei ihre eigenen Schwierigkeiten mit Aggressionen (Kann ich Aggressionen annehmen? Wann und warum werde ich aggressiv?) nicht zur Diskussion stellen.

Unter Berücksichtigung des Anspruches nach Kontinuität könnte ein strukturierter Elternabend ungefähr so beginnen:

Die Eltern, die zuerst da sind (oder die Eltern, die diesmal »Gastgeber« sind), haben Tee- oder Kaffee gekocht und das Zimmer für den »Besuch« vorbereitet. Nach den notwendigen »Begrüßungsschwätzchen« werden die Tagesordnungspunkte gesammelt.

Besteht die Gruppe aus mehr als acht Personen, sollte sich jemand bereit erklären, eine Art Diskussionsleitung zu machen. Ein Elternteil muß das Protokoll schreiben. Entweder gibt es jedesmal eine(n) Freiwillige(n), oder es wird abgewechselt.

Die Eltern sollen sagen, über welche Fragen oder Probleme sie sprechen wollen. Wenn das Thema von den letzten Elternabenden weiter diskutiert werden muß, steht es automatisch an erster Stelle der Tagesordnung.

Beim Sammeln der Themen wird auffallen, daß neben den

wichtigen inhaltlichen auch viele organisatorische Punkte stehen. Die Elterngruppe muß sich entscheiden, in welcher Reihenfolge die Tagesordnungspunkte behandelt werden sollen. Fängt die Gruppe mit den organisatorischen oder mit den inhaltlichen Themen an? Es sind vielleicht ein paar Fragen dabei, die relativ kurz beantwortet werden können. Sollen die vorgezogen werden? Diese Fragen sind oft entscheidend für den weiteren Verlauf des Elternabends. Viele Eltern-Kind-Initiativen haben ein festes Schema eingeführt. Einige behandeln die organisatorischen Punkte grundsätzlich zu Anfang, »weil da noch alle da sind, wenn Arbeiten verteilt, ein Kochdienst und ein Elterndienst organisiert werden müssen«.

Andere setzen kurze inhaltliche Fragen und organisatorische Punkte an den Schluß, weil sie die Erfahrung machten, daß die kurzen Punkte oft gar nicht so kurz besprochen werden. Oft entstehen aus kurzen Fragen (zum Beispiel nach dem nächsten Kochdienst) uferlose Auseinandersetzungen. Eigentlich könnten diese in zwei Minuten abgeschlossen sein. Das Hauptthema, die Fortsetzung der Diskussion vom letzten Elternabend, wird dann in der Regel sehr spät begonnen und nur kurz besprochen, oder es wird bis zum nächsten Mal vertagt. Es ist auch möglich, daß Eltern, die vom anstehenden Thema stark betroffen sind, die Diskussion über die kurzen Punkte in die Länge ziehen, um ein Besprechen des anstehenden Themas zu verhindern. Das ist eine unbewußte Reaktion auf die eigene Betroffenheit.

Die Elterngruppe muß sich grundsätzlich oder von Fall zu Fall entscheiden, wie sie mit Problemen umgeht. Dabei hängt viel von der Einschätzung der Diskussionsdisziplin der Gruppe ab.

Zum Schluß ist noch die Rolle des Protokolls zu betonen: Das Protokoll hat die Funktion, alle Eltern jederzeit über den Stand der Diskussionen informieren zu können, auch die Eltern, die gelegentlich nicht zum Elternabend kommen.

Das Protokoll soll verhindern, daß bei Fortsetzungen der Diskussion erneut über Punkte gesprochen wird, die schon ausführlich behandelt wurden.

Die Protokolle können die Zusammenarbeit der Elterngruppe dokumentarisch beschreiben. Das ist wichtig, wenn die Gruppe in unterschiedlichen Zeitabständen einen Rückblick auf ihre bisherige Arbeit oder eine Zusammenfassung machen will. Zur Vermittlung der Initiativpraxis in der Öffentlichkeit (Öffentlichkeitsarbeit) sind Protokolle unerläßlich (etwa für regelmäßige Informationsbriefe an Spender).

Schlußwort

In diesem Ratgeber steht viel über die Geschichte, die Bedeutung und die vielen Möglichkeiten von Eltern-Kind-Initiativen. Es wurde versucht, die inhaltlichen Vorteile gegenüber Regeleinrichtungen zu beschreiben, die trotz notwendigen Arbeitsaufwandes der Eltern unersetzlich sind.

Wenn Eltern eine sogenannte Eltern-Kind-Initiative gründen oder einer bereits bestehenden beitreten wollen, wirkt der Wirrwarr der gesetzlichen Bestimmungen und behördlichen Richtlinien sicher bedrohlich; es sieht so aus, als könne man den »Paragraphendschungel« nur mühsam bewältigen. Die Ausführungen haben gezeigt, daß es möglich ist, ihn zu bewältigen. Denn in einer Gruppe, in der jeder engagiert spezifische Kenntnisse und Fähigkeiten einsetzt, ist vieles machbar, was für einen einzelnen undenkbar scheint.

Wenn deutlich geworden ist, daß die Formulierung von Erziehungszielen (vor dem Hintergrund der Bedürfnisse und Interessen der Kinder) auch bedeutet, daß Eltern sich einem Lernprozeß stellen müssen, hat dieses Buch einen Teil seiner Intention erfüllt.

Vielleicht fehlen dem einen oder anderen Leser noch einige Gedanken oder praktische Ratschläge. Aus diesem Grund sind im Anhang eine ganze Reihe von Adressen angegeben, an die sich der Leser wenden kann und die ihm helfen, selbst initiativ zu werden.

Anhang

Beispiel für ein Gründungsprotokoll

(Aus Kempfler, Herbert: Wie gründe und leite ich einen Verein?
München 1983)

So ungefähr kann ein Gründungsprotokoll aussehen:

Protokoll
über die Gründung des ... (hier ist der Name des zu gründenden Vereins
einzusetzen) e. V.

Am ... (Datum) versammelten sich in ... (Ort und Adresse) die auf
beiliegender Anwesenheitsliste verzeichneten Personen.
   Frau S. (Wohnort und Adresse) eröffnete die Versammlung. Sie erklärte, daß die Zusammenkunft die Gründung einer Eltern-Kind-Initiative bezwecke. Sie wies dabei darauf hin, daß über den Anlaß zur Gründung des Vereins und dessen Notwendigkeit schon bei vielen gemeinsamen Elterngesprächen ausführlich diskutiert wurde.
   Sie fragte als nächstes, ob sie als Versammlungsleiterin akzeptiert sei.
Alle Anwesenden stimmten zu.
   Frau S. schlug nun vor, einen Schriftführer zu bestellen, der den Verlauf dieser Versammlung protokollieren sollte. Herr M. schlug Frau N.
(Name, Wohnort und Anschrift) für dieses Amt vor. Frau S. fragte die
Anwesenden, ob sie mit der Bestellung der Schriftführerin durch Zuruf
einverstanden seien, was von allen bejaht wurde. Alle Anwesenden wa-
ren mit Frau N. als Schriftführerin einverstanden.
   Frau S. fragte dann, ob nach den vielen Vorgesprächen und Diskussio-
nen noch jemand Bedenken oder Einwände gegen die Gründung eines
Vereins habe. Diese Frage wurde einstimmig verneint.
   Frau S. las einen Satzungsentwurf vor, der von einem Teil der gesamten Elterngruppe ausgearbeitet worden war. Die einzelnen Paragraphen
dieses Entwurfes wurde eingehend diskutiert.
   Danach erklärten sich die Anwesenden mit der Satzung in allen Punkten einverstanden.
   Frau S. erklärte, daß hiermit die Gründung des Vereins (Name des
Vereins hier eintragen) vollzogen ist.
   Frau S. gab nun bekannt, daß der Vorstand (und eventuell die Mitglieder der Ausschüsse, die in der Satzung unter dem Paragraphen »Organe
des Vereins« aufgeführt sind) zu wählen ist. Sie fragte, ob diese Wahl
mittels Handzeichen oder geheimer Abstimmung erfolgen soll, um die
Frage eines Wahlausschusses zu klären. Die Anwesenden waren einstimmig für eine Wahl.

Aus den Reihen der Anwesenden wurden folgende Personen für die Wahl des Vorstandes vorgeschlagen:

1. N. N.
2. N. N.
3. N. N. (alle Namen der vorgeschlagenen Vorstandsmitglieder)

Für das Amt des 1. Vorsitzenden wurde N. N. vorgeschlagen.

Für sie/ihn stimmten ... Anwesende, gegen sie/ihn ..., bei ... Enthaltungen.

Für das Amt des 2. Vorsitzenden wurde N. N. vorgeschlagen.

Für sie/ihn stimmten ... Anwesende, gegen sie/ihn ..., bei ... Enthaltungen (usw., je nachdem, wie viele laut Satzung zu wählen sind).

Frau S. fragte die Gewählten, ob sie die Wahl annehmen. Alle Gewählten erklärten sich zur Übernahme des Amtes bereit.

Frau S. stellte fest, daß der Vorstand (und die Mitglieder der in der Satzung vorgesehenen Organe) ordnungsgemäß gewählt sei.

Nach kurzen Erklärungen der gewählten Vorstandsmitglieder und der Aufforderung an alle Anwesenden, ihr Möglichstes dazu beizutragen, daß die vor ihnen liegenden Aufgaben im Interesse aller (Kinder und Eltern) gelöst werden können, fragte der neugewählte Vorstand (Name und Adresse), ob noch irgendwelche Fragen zu klären seien.

Diese Frage wurde von den Anwesenden verneint, und der 1. Vorsitzende erklärte daraufhin die Versammlung für geschlossen.

(Ort, Datum)   Unterschrift vom 1. Vorsitzenden
                                        Unterschrift vom Schriftführer
                                        Unterschrift vom Versammlungsleiter
                                        (falls der nicht identisch ist mit
                                        dem 1. Vorsitzenden)

Beispiel einer Satzung

So ungefähr könnte eine Satzung aussehen, wenn sich die Eltern-Kind-Initiative als gemeinnützig eingetragener Verein zusammenschließen will:

Satzung
§ 1
Name und Sitz des Vereins
Der Verein trägt den Namen ...
Sitz des Vereins ist ...
Der Verein soll in das Vereinsregister eingetragen werden
§ 2
Zweck des Vereins
Zweck des Vereins ist:

>   die Planung, Errichtung und der Unterhalt einer ... (hier einsetzen, was die Elterngruppe vorhat, zum Beispiel »einer Kinderkrippe«, »einer Kindertagesstätte«, »eines Schülerhortes«, »einer Spielgruppe« etc.),
>   die Ermöglichung einer situationsbezogenen und familienergänzenden Erziehungsarbeit mit Kindern von ... (hier kann die Zielgruppe beschrieben werden, etwa »alleinerziehenden Müttern«, »berufstätigen Eltern« etc.).

§ 3
Unter einer situationsbezogenen und familienergänzenden Erziehung ist eine Erziehung auf wissenschaftlich-sozialpädagogischer Grundlage zu verstehen, die sich an der Lebenssituation von Kindern orientiert und deren Inhalte gemeinsam von Eltern und den Erziehern in Form eines Programmes ausgearbeitet werden.
§ 4
Gemeinnützigkeit
(1) Der Verein dient unmittelbar und ausschließlich gemeinnützigen Zwecken im Sinne der Gemeinnützigkeitsverordnung vom 24. 12. 1953.
(2) Etwaige Gewinne dürfen nur für die gemeinnützigen Vereinszwecke verwandt werden. Vereinsmitglieder dürfen keine Gewinnanteile und in ihrer Eigenschaft als Mitglieder auch keine sonstigen Zuwendungen aus Mitteln des Vereins erhalten.
(3) Keine Person darf unverhältnismäßig hohe Vergütungen oder sonstige Zuwendungen aus Mitteln des Vereins für Arbeiten erhalten, die vereinsfremd sind.

(4) Vereinsmitglieder erhalten bei ihrem Ausscheiden oder bei Auflösung oder Aufhebung des Vereins die eingezahlten Beiträge oder Kapitalanteile oder den Wert von Sacheinlagen nicht zurück, soweit es sich nicht um verauslagte Beträge handelt.

§ 5

Mitgliedschaft

(1) Aktive Mitgliedschaft

Aktive Mitglieder des Vereins können alle Eltern werden, die Antrag auf Aufnahme in die Kindergruppe(n) gestellt haben, sowie die Erzieher (Bezugspersonen). Aktive Mitglieder verlieren ihre Mitgliedschaft durch schriftliche Austrittserklärung gegenüber dem Vorstand, durch Tod, Verlust der Rechtsfähigkeit oder Ausschluß.

Der Ausschluß kann von der Mitgliedervollversammlung mit Zweidrittelmehrheit seiner satzungsmäßigen Mitglieder wegen Verstoßes gegen Mitgliedschaftspflichten ausgesprochen werden.

(2) Passive Mitgliedschaft

Passive Mitglieder können alle natürlichen und juristischen Personen werden, die bereit sind, den Verein ideell und materiell zu fördern. Über Aufnahme oder Ausschluß entscheidet die Mitgliedervollversammlung mit einfacher Mehrheit ihrer satzungsmäßigen Mitglieder.

§ 6

Die Organe des Vereins

Organe des Vereins sind:

    die Mitgliederversammlung,

    der Vorstand.

(Hier können noch andere Organe angeführt werden, die die Elterngruppe für sinnvoll hält, zum Beispiel ein Konzeptausschuß oder ein Ausschuß für Öffentlichkeitsarbeit. Die Aufgaben dieses »Vereinsorganes« müssen dann aber noch in einem eigenen Paragraphen beschrieben werden.)

§ 7

Die Mitgliederversammlung

(1) Die Mitgliederversammlung tritt ... (zum Beispiel »einmal«, »zweimal«, »dreimal« ... usw., das kann die Elterngruppe entscheiden) im Kalenderjahr zusammen.

Sie wird vom Vorstand einberufen.

Die Mitgliederversammlung beschließt über die Grundsätze der Tätigkeit des Vereins. Sie ist beschlußfähig, wenn die Hälfte der aktiven Mitglieder anwesend oder vertreten ist.

Die Mitgliederversammlung beschließt in der Regel mit einfacher Mehrheit der anwesenden oder vertretenen aktiven Mitglieder.

(2) Alle aktiven Mitglieder des Vereins sind stimmberechtigte Mitglieder der Mitgliederversammlung.

(3) Jedes aktive Mitglied kann unter Angabe von Gründen vom Vorstand die Einberufung einer besonderen Mitgliederversammlung fordern.

§ 8

Der Vorstand

Der Vorstand wird von der Mitgliederversammlung mit Zweidrittelmehrheit gewählt.

Er bleibt bis zur Wahl eines neuen Vorstandes im Amt. Der Vorstand führt die laufenden Geschäfte des Vereins. Er ist ehrenamtlich tätig. Bare Auslagen können erstattet werden. Die Zahl und Häufigkeit der Vorstandssitzungen bestimmt der Vorstand selbst.

Der Vorstand besteht aus ... (meistens sind es drei, es können aber beliebig viele sein) Mitgliedern.

§ 9

Satzungsänderungen

Satzungsänderungen können nur durch die Mitgliederversammlung mit Zweidrittelmehrheit der aktiven Mitglieder beschlossen werden.

§ 10

Beiträge

Über Beitragspflicht und -höhe entscheidet die Mitgliederversammlung mit einfacher Mehrheit.

Das gleiche gilt für Aufnahmegebühren.

§ 11

Geschäftsjahr

Das Geschäftsjahr entspricht dem Kalenderjahr.

§ 12

Auflösung des Vereins

(1) Die Auflösung oder Aufhebung des Vereins kann nur von der Mitgliederversammlung mit Zweidrittelmehrheit ihrer stimmberechtigten Mitglieder beschlossen werden.

(2) Bei Auflösung oder Aufhebung des Vereins oder bei Wegfall seines bisherigen Zwecks, fällt das Vereinsvermögen an ... (hier kann eine Körperschaft des öffentlichen Rechts oder eine andere steuerbegünstigte Körperschaft, etwa eine andere als gemeinnütziger Verein anerkannte Eltern-Kind-Initiative oder ein Wohlfahrtsverband, eingesetzt werden), der es unmittelbar und ausschließlich und ohne Abzüge für gemeinnützige und mildtätige Zwecke zu verwenden hat.

(3) Wird mit der Auflösung oder Aufhebung des Vereins nur eine Änderung der Rechtsform oder eine Verschmelzung mit einem gleichartigen anderen Verein angestrebt, so daß die unmittelbare und ausschließliche Verfolgung des bisherigen Vereinszwecks (siehe § 2) durch den neuen Rechtsträger weiterhin gewährleistet wird, geht das Vereinsvermögen auf den neuen Rechtsträger über.

(Ort, Datum)   (Mindestens sieben Unterschriften)

Ein Klettergerüst, ein Baum – eine Gegenüberstellung

(Aus: Müller/Oberhuemer: *Die Welt, die uns umgibt*, Freiburg 1982)

Klettergerüst	Baum	Klettergerüst	Baum
Die Stärke der Haltestangen ist der kindlichen Hand angemessen.	Jeder Ast hat eine andere Stärke; einmal genügt eine Hand, manchmal müssen beide Hände fest um einen Ast geschlungen werden, um für den ganzen Körper Halt zu finden.	Die Stäbe riechen nach Lackfarbe (Metall) oder Karbolineum (Holz). Diese Gerüche sind aber nicht »klettergerüstspezifisch«, sondern sind auch an anderen Gegenständen wahrzunehmen.	Jeder Baum hat seinen eigenen Duft, der sich je nach Jahreszeit und Wetterlage ändert.
Die Abstände zwischen den einzelnen Sprossen sind gleich groß.	Die Abstände zwischen den Ästen sind sehr unterschiedlich, und es gehört manchmal viel Überlegung, Ausprobieren und Mut dazu, eine noch unbekannte Stufe (Ast) zu erklimmen.	Das Klettergerüst erzeugt beim Hochangeln kein Geräusch.	Jeder Baum hat sein eigenes Geräusch, z. B. das Rascheln der Blätter einer Pappel klingt anders als das einer Linde.
Die Stäbe sind fest, unbeweglich.	Die Zweige geben nach, wenn sie zu dünn oder morsch sind. Jeder Baum oder Strauch hat ein anderes Holz: das eine bricht schnell, das andere biegt sich, ist elastisch.	Das Klettergerüst ist überschaubar.	Kinder benutzen den Baum gern als Versteck. Hier sind sie vor dem schnellen Zugriff eines anderen Kindes oder eines Erwachsenen sicher.

184

Klettergerüst	Baum	Klettergerüst	Baum
Die Stäbe sind an allen Stellen gleich stark belastbar.	Äste sind nicht an allen Stellen gleich belastbar. Man muß ausprobieren, wie weit man gehen kann. Es ist günstiger, immer nah am Stamm zu bleiben, weil auch ein dünner Ast am Stamm Halt gibt, während er 20 cm davon bei Belastung abbrechen kann.	Wenn eine bestimmte Geschicklichkeit am Gerät erreicht ist, wird das Gerät für das Kind weitgehend uninteressant.	Der Baum bietet immer neue Variationen, er fordert das Kind in kleinen Schritten immer mehr heraus. Es besteht eine ständige Spannung zwischen Können und Herausforderung.
Die Stäbe sind flächig angeordnet. Die Kinder haben nur in einer Richtung Ausblick, wenn sie nicht ein besonderes Risiko eingehen wollen.	Der Stamm bildet den Mittelpunkt, von dem die Äste in alle Richtungen abzweigen. Beim Klettern hat das Kind einen Ausblick in alle Richtungen.	Wenn das Kind auf einem Klettergerüst ganz oben steht, ist es hilflos ausgeliefert. Es kann nur ruhig stehen, drehen kann es sich nicht.	Beim Klettern im Baum bietet der Stamm immer Halt, so hoch das Kind auch klettert. Er ist immer die Mitte, auf die es sich konzentriert. Das Kind kann rundherum steigen, hoch hinauf oder auch auf halbe Höhe, nach allen Seiten Ausschau halten und den Freunden in der Tiefe zujubeln.

Klettergerüst	Baum	Klettergerüst	Baum
Die Oberfläche der Klettergeräte, ob Holz oder Metall, ist geglättet oder lackiert.	Die Rinde der Bäume ist griffig und bietet der Hand Halt, manchmal ist die harzig, und die Hand klebt daran. Jeder Baum hat eine andere Rindenstruktur.	Das Klettergerüst nimmt zwar die jahreszeitlich bedingte Temperatur seiner Umwelt an – es ist im Sommer wärmer, im Winter kalt (es kann so kalt werden, daß Vorsicht geboten ist, weil die Hände der Kinder am Eisen haften) –, es verändert sich aber sonst durch die Jahreszeiten nicht sichtbar.	Im Baum kann das Kind den Wechsel der Jahreszeiten erleben. Es kann Veränderungen sehen, fühlen, schmecken, riechen. Die Äste brechen im Winter schneller als im Sommer, da im Winter der Saft in die Wurzeln zurückgeht. Der Baum treibt Knospen, Blätter und Blüten; Früchte bilden sich und werden verlockend reif. Alle Sinne, Herz und Gemüt werden im Kind angesprochen.
Die Stäbe sind totes Material.	Der Baum lebt, er bewegt sich: Ameisen und Raupen, die das Kind beobachten kann, kriechen an den Ästen und Blättern herum.	Ein Klettergerüst trägt keine Früchte.	Wenn das Kind seine Kletterkünste auch in den Obstbäumen erprobt, kann es neben all diesen Erfahrungen auch noch Früchte ernten.
Ein beschädigtes Klettergerüst muß repariert werden.	Das Kind kann beobachten, wie sich ein von ihm verletzter Baum mit der Zeit wieder regeneriert.		

Übersicht der rechtlichen Situation und öffentlichen Förderung von Elterninitiativen in den deutschen Bundesländern

(Aus: *Elterninitiativen im Bereich der Kindererziehung*, Dokumentation der Bundesinitiativtagung in Oberwesel, DPWV)

Bundes-land	Zuständiges Ministerium	Kinder-garten-gesetz	Allg. oder besondere Verwaltungs-vorschriften	Vorschriften über die Heimaufsicht nach §§ 78, 79 JWG	Vorge-schriebene Bedarfs-planung	Was wird geregelt?	a) Gruppengröße b) Anzahl der Gruppen	Öffentliche Finanzierung
Baden-Württem-berg	Soziales	ja	ja	ja	ja	Personelle Ausstat-tung, Anerkennung, Elternmitwirkung	Angaben liegen nicht vor	Zuschuß 70 %
Bayern	Kindergar-ten/Kultus Krippe u. Hort/Soziales	ja	ja	ja	ja	Rahmenplan, per-sonelle und räum-liche Ausstattung, Mitwirkung der Eltern/Träger, Mo-dellversuche, An-erkennung	Angaben liegen nicht vor a) 23 zu 1,5	Zuschuß 66,6 % 40 % Perso-nalkosten

Bundesland	Zuständiges Ministerium	Kindergartengesetz	Allg. oder besondere Verwaltungsvorschriften	Vorschriften über die Heimaufsicht nach §§ 78, 79 JWG	Vorgeschriebene Bedarfsplanung	Was wird geregelt?	a) Gruppengröße b) Anzahl der Gruppen	Öffentliche Finanzierung
Berlin	Senator für Familie, Jugend und Sport	nein	ja	ja	nein	Rahmenplan, personelle und räumliche Ausstattung, Anerkennungskriterien	a) Krippe 6–8 Kiga 10–15 Hort 10–20	Zuschuß z. Z. 43 % (wird jährlich ausgehandelt), zusätzlich ca. 18 % als Ausgleich für heruntergesetzte Elternbeiträge
Bremen	Senator für Soziales, Jugend und Sport	ja	ja	ja	ja	Rahmenplan und Konzeption, personelle und räumliche Ausstattung, Anerkennung, Mitwirkung der Eltern, Mitarbeiterbesprechungen, Modellversuche	Angaben liegen nicht vor	Zuschuß, gesonderte Richtlinien für Initiativen

Land	Behörde						Zahl der Kinder	Zuschuß
Hamburg	Behörde für Arbeit, Jugend und Soziales	nein	nein	ja	nein	–	a) Krippe 6–8 Kiga 10–20 Hort 15–25	kostendecken- der Pflegesatz (100 % Betriebskosten)
Hessen	Arbeit, Volkswohlfahrt und Gesundheit	nein	ja	ja	nein	Personelle und räumliche Ausstattung, Mitwirkung Eltern/Träger	a) Krippe 8 Kiga 10 altersgem. *Gruppen bis 10* Sonderregelung für Initiativen im Rahmen der §§ 78, 79 JWG	–
Niedersachsen	Kultus	nein	kommunal ja	ja	nein	Anerkennungsverfahren, persönl. u. räuml. Ausstattung	25	Zuschuß in unterschiedl. Höhe
Nordrhein-Westfalen	Arbeit, Soziales, Gesundheit	ja	ja	ja	ja nur Kindergarten zu mind. 75 %	Rahmenplan und Konzeption, Mitwirkung der Eltern/Träger, Anerkennung (Ausführungsvorschriften)	Angaben liegen nicht vor a) 8–15–20–25–30	Zuschuß z. Z. 80 %

Bundesland	Zuständiges Ministerium	Kindergartengesetz	Allg. oder besondere Verwaltungsvorschriften	Vorschriften über die Heimaufsicht nach §§ 78, 79 JWG	Vorgeschriebene Bedarfsplanung	Was wird geregelt?	a) Gruppengröße b) Anzahl der Gruppen	Öffentliche Finanzierung
Rheinland-Pfalz	Soziales	ja	ja	-	ja	Personelle und räumliche Ausstatt., Anerkennung	a) - b) zwei Gruppen	Zuschuß 20 % Land, Kommune offen
Saarland	Kultus, Unterricht und Volksbildung	ja	ja	-	ja	Personelle und räumliche Ausstattung, Mitw. der Eltern/Träger, Fortb., Anerkennung	a) bis zu 25 b) zwei Gruppen	Zuschuß 65 % Personalkosten
Schleswig-Holstein	Soziales	nein	nein	ja	nein	-	a) 15-20 können auch kleiner sein, dann gibt es weniger Geld	Zuschuß in unterschiedl. Höhe, Pauschalkosten, jeder Kreis regelt das anders

Richtlinien für Heime und andere Einrichtungen nach § 78 des Gesetzes für Jugendwohlfahrt

Gemeinsame Bekanntmachung der Bayer. Staatsministerien des Innern und für Unterricht und Kultus vom 20. 4. 1966/2. 6. 1966
Nr. II 4 – 6887/14 – 3/66 u. Nr. XII 44 041, MABl. S. 303/1966

Im folgenden beschäftigen sich die Richtlinien mit Fragen des Personals (1.3), der Gesundheitspflege (1.4) und der Belehrungspflicht (1.5).

Unter Punkt 2 werden schließlich der Personalbedarf, die Gruppengröße, die Räume und der sanitäre Bedarf geregelt:

2. Kindertagesstätten
2.1 Allgemeines

2.11 Kindertagesstätten sind
Krippen für Säuglinge (bis zu 1 Jahr),
für Krabbler (von 1 bis 2 Jahren) und
für Kleinstkinder (von 2 bis 3 Jahren),
Kindergärten für Kinder von 3 bis 6 Jahren (noch nicht schulpflichtige Kinder),
Kinderhorte für Kinder von 6 bis 15 Jahren (schulpflichtige Kinder).

2.12 Die Aufenthaltsräume der Kinder dürfen grundsätzlich keine Durchgangszimmer sein.

2.2 Krippen
2.21 Personalbedarf
Es sind erforderlich:
für die Leitung eine staatlich geprüfte, pädagogisch erfahrene Kinderkrankenschwester;
für eine Gruppe von Kindern bis zu 1 Jahr:
eine staatlich geprüfte, pädagogisch erfahrene Kinderkrankenschwester oder eine erfahrene Kinderpflegerin und eine Hilfskraft;
von Kindern von 1 bis 3 Jahren:
eine pädagogische Fachkraft mit pflegerischer Erfahrung und möglichst eine Hilfskraft.

2.22 Gruppen
für Säuglinge umfassen nicht mehr als 10,

für Krabbler nicht mehr als 12 und
für Kleinstkinder nicht mehr als 15 Kinder.

2.23 Räume und sanitärer Bedarf

a) Für die einzelne Gruppe sind folgende Räume erforderlich:

aa) für Säuglinge:
1 Säuglingszimmer mit Pflegeraum (3,5 qm Bodenfläche je Kind).
Sanitäre Einrichtung des Pflegeraums:
1 Säuglingsbadewanne, dazu ein Badethermometer,
1 geeichte Säuglingswaage,
1 Topfspüle,
1 Ausguß,
1 Handwaschbecken für Personal,
1 Windeleimer mit Deckel,
1 Wickelkommode mit Pflegematerial einschließlich Fieberthermometer,
   letztere in einem Glas mit Desinfektionslösung;

bb) für Krabbler:
1 Gruppenraum mit Sichtfenster vom Pflegeraum (3,5 qm Bodenfläche
   je Kind), ausgestattet mit Krabbel- und Laufboxen,
1 Ruheraum (nach Bedarf).
Sanitäre Einrichtung des Pflegeraums:
1 Kinderhandwaschbecken,
1 Kinderbadewanne,
1 Waage mit Meßlatte,
1 Kindertoilette,
1 Topfspüle,
1 Ausguß,
1 Handwaschbecken für Personal,
1 Windeleimer mit Deckel,
1 Wickelkommode mit Pflegematerial einschließlich Fieberthermometer,
   letztere in einem Glas mit Desinfektionslösung;

cc) für Kleinstkinder:
1 Gruppenraum (3,5 qm Bodenfläche je Kind),
1 Ruheraum (nach Bedarf),
1 Waschraum mit 2 Kinderhandwaschbecken, 1 Kinderbadewanne, möglichst auch ein Fußwaschbecken je mit Handbrause, 1 Waage und
   Meßlatte,
2 Kindertoiletten,
1 Ausguß.

b) Ferner sind folgende allgemeine Räume vorzusehen:
Aufnahmeraum und Stillzimmer für Säuglinge
(nach Bedarf),
Isolierzimmer mit Handwaschbecken (werden mehr als 20 Kinder aufge-
nommen, sind mehrere Isoliermöglichkeiten zu schaffen),
Milchküche mit Kühlanlage, getrennt von der allgemeinen Küche,
Besenkammer oder -schrank,

Schrankräume für Kinderkleidung und Wäsche,
Waschküche mit Spülvorrichtung für Windeln,
Trockenraum,
Kinderwagenraum (möglichst heizbar) mit Ausgang ins Freie,
Personalaufenthaltsraum (bei größeren Einrichtungen), Büro.

2.3 Kindergärten

2.31 Personalbedarf
Es sind erforderlich:
für die Leitung eine staatlich geprüfte, sozialpädagogische Fachkraft (Jugendleiterin oder erfahrene Kindergärtnerin);
für die Gruppen je eine Kindergärtnerin und möglichst eine Hilfskraft.
Jeder Kindergarten soll mindestens zwei Kräfte haben.

2.32 Gruppen
Je nach der pädagogischen und pflegerischen Aufgabe sind Gruppen von nicht mehr als 25 bis 35 Kindern zu bilden.

2.33 Räume und sanitärer Bedarf
a) Für die einzelne Gruppe sind folgende Räume erforderlich:
1 Gruppenraum (2 qm Bodenfläche je Kind, mindestens 20 qm),
1 Garderobenraum mit Schuhablage,
1 Waschraum mit Waschbecken (1 Waschbecken für je 10 bis 15 Kinder),
1 Toilettenraum (1 Toilette für je 10 Kinder),
1 Ruheraum mit Abstellmöglichkeit für Liegestühle und Wolldecken (erwünscht für Ganztagseinrichtungen);
diese Räume sollen für jede Gruppe möglichst beieinander liegen.
Ferner sind folgende allgemeine Räume vorzusehen:
Vorplatz beim Eingang, zugleich als Elternwarteraum (getrennt vom Zugang zum Hort), ferner

aa) für Halbtagseinrichtungen:
Isolierraum (4 bis 5 qm),
Geräteraum;

bb) für Ganztagseinrichtungen:
Isolierzimmer mit Handwaschbecken,
Küche mit Nebenräumen (für Tagesstätten, in denen die Kinder verpflegt werden, Küche mit Speiseraum, Kühlanlage und Vorratsräumen),
Besenkammer oder -schrank,
Aufbewahrungsraum für Roller, Freilandspielzeug und Gartengerät,
halboffene Halle oder Terrasse (erwünscht),
Personalaufenthaltsraum und Büro (bei größeren Einrichtungen).

2.4 Kinderhorte

2.41 Personalbedarf

Es sind erforderlich:

für die Leitung eine staatlich geprüfte, sozialpädagogische Fachkraft (Jugendleiterin oder erfahrene Hortnerin);

Horte für ältere Buben können auch von einem Sozialarbeiter oder einem Jugendpfleger mit entsprechender Ausbildung geleitet werden;

für die Gruppen je eine Hortnerin und möglichst eine Hilfskraft.

2.42 Gruppen

Je nach der pädagogischen Aufgabe sind Gruppen von nicht mehr als 25 bis 35 Kindern zu bilden.

2.43 Räume und sanitärer Bedarf

a) Für die einzelne Gruppe sind folgende Räume erforderlich:

1 Gruppenraum (2,5 qm Bodenfläche je Kind),

1 Raum zur Fertigung der Hausaufgaben,

1 Garderobenraum mit Schuhablage,

1 Waschraum mit Waschbecken (1 Waschbecken für je 10 Kinder, möglichst auch Fußwaschbecken und Duschabteil),

1 Toilettenraum (1 Toilette für je 10 Kinder);

diese Räume sollen für jede Gruppe möglichst beieinander liegen.

b) Ferner sind folgende allgemeine Räume erforderlich:

Vorplatz beim Eingang, zugleich als Elternwarteraum (getrennt vom Zugang zum Kindergarten),

ausreichende Isoliermöglichkeit für kranke Kinder,

möglichst 1 Bastelraum,

Küche mit Nebenräumen (vgl. 2.36 b),

Besenkammer oder -schrank,

Aufbewahrungsraum für Fahrräder, Freilandspielzeug und Gartengerät,

Erzieherzimmer,

Büro (bei größeren Einrichtungen).

2.5 Kombinierte Kindertagesstätten

Werden Kinder verschiedener Altersgruppen in einer Kindertagesstätte aufgenommen, so gilt für die einzelne Altersstufe die Regelung in 2.1 bis 2.4.

Für Krippenabteilungen mit Kindern bis zu 2 Jahren müssen ein getrennter Eingang und ein gesonderter Spielplatz vorhanden sein.

2 Fußwaschbecken,

1 Badewanne mit Handbrause, Duschabteile (1 Dusche für je 8 bis 10 Minderjährige),

1 Toilettenraum (1 Toilette für 8 bis 10 Minderjährige),

1 Ausguß,

Teeküche,

Schuhputzraum (kann auch außerhalb des Gruppenbereiches liegen),

Besenkammer oder -schrank,

Schrankraum für Wäsche und Kleidung,
Raum für die Nachtbereitschaft (nach Bedarf),
Erzieherzimmer.

b) Außerdem sind folgende allgemeine Räume erforderlich:
wie 3.15, ferner
Ausbildungsstätten und sonstige Ausbildungseinrichtungen (nach Bedarf),
Toiletten mit Waschbecken in Nähe der Arbeitsplätze,
Werkräume,
Kaffeeräume,
ausreichende Garten- und Freiflächen mit Sportplatz (möglichst im allgemeinen üblichen Ausmaß).

B) Jugendwohnheime

3.44 Personalbedarf
Es sind erforderlich:
für die Leitung eine entsprechend ausgebildete, erfahrene pädagogische Fachkraft;
daneben weitere Erzieher je nach Größe und Aufgabe des Heimes, und zwar eine Fachkraft (einschließlich des Heimleiters) für höchstens je 40 Minderjährige.

3.45 Gruppeneinteilung
Die Minderjährigen brauchen in der Regel nicht in Gruppen mit abgetrennten Wohnbereichen eingeteilt werden.

3.46 Räume und sanitärer Bedarf
Für Wohn-, Schlaf- und Eßraum sind 8 qm Bodenfläche je Minderjährigen erforderlich, davon 4 bis 5 qm im Schlafraum (möglichst je 1 bis 3 Betten, höchstens 5).
Außer dem Eß- und Wohnraum sollen ausreichende Räume für Gruppenarbeit vorhanden sein.
Ferner sind folgende Räume erforderlich:
Waschräume oder Waschgelegenheiten in den Schlafräumen, und zwar mindestens 1 Waschbecken für je 2 bis 4 Minderjährige (in Mädchenheimen in Waschkabinen),
1 Fußwaschbecken für je 10 Minderjährige,
1 Duschabteil für je 10 Minderjährige,
1 Badewanne mit Handbrause für je 30 Minderjährige,
Toiletten (1 Toilette für je 8 bis 10 Minderjährige),
Teeküche (möglichst in jedem Stockwerk),
Waschgelegenheit mit Trockenraum für die Minderjährigen, um ihre eigene Wäsche behandeln zu können,
Schuhputzraum,
Besenkammer oder -schrank,
Werkräume,
Kaffeeräume,

Fahrradraum,
nach Möglichkeit ein Garten, ein Sportplatz oder sonstige Freiflächen.

3.5 Sonderheime für Minderjährige der verschiedenen Altersstufen
(Beobachtungsheime, Heilpädagogische Heime, Heime für Lernbehinderte, Berufsförderungsheime, Heime für geistig, seelisch oder körperlich behinderte Minderjährige).
Je nach ihren besonderen Aufgaben ergeben sich für solche Heime weitere Notwendigkeiten. Beispielsweise wird auf die Richtlinien für heilpädagogische Heime des Allgemeinen Fürsorgeerziehungstags verwiesen.

3.6 Erholungsheime
Die Regelungen in 3.1 bis 3.33 und 3.44 bis 3.46 gilt unter Berücksichtigung der besonderen Aufgabe dieser Heime entsprechend.

3.7 Firmenunterkünfte für Minderjährige
Firmenunterkünfte, in die Minderjährige aufgenommen werden, unterliegen der Heimaufsicht.
Für solche Firmenunterkünfte ist ein verantwortlicher Leiter zu bestellen, der für Einrichtungen mit 40 und mehr Minderjährigen eine erfahrene pädagogische Fachkraft sein muß; für Einrichtungen mit weniger als 40 Minderjährigen genügt ein erfahrener Arbeitserzieher (Berufserzieher); daneben sind weitere Fachkräfte erforderlich, und zwar ein Erzieher (einschließlich des Leiters) für höchstens je 40 Minderjährige.
Für die Räume und den sanitären Bedarf gilt die Regelung in 3.45 und 3.46 entsprechend; auf die getrennte Unterbringung von Minderjährigen und Erwachsenen (siehe 1.2 m) ist besonders zu achten.

4. Inkrafttreten – Übergangsbestimmungen
Die Richtlinien treten am 1. Juni 1966 in Kraft.
Bestehende Einrichtungen haben die räumlichen Verhältnisse den Richtlinien binnen angemessener Frist soweit als möglich anzupassen.
Mit dem Inkrafttreten der Richtlinien treten die Richtlinien für Säuglingsheime vom 2. Februar 1949 i. d. F. vom 18. Februar 1957 (BayBSVl S. 94) außer Kraft.
Wenn man diese Richtlinien genau gelesen hat (die allerdings in dieser Form nur für Bayern gelten), scheint es kaum realisierbar zu sein, geeignete Räume zu finden und so die Voraussetzung für eine teilweise öffentliche Finanzierung zu schaffen. Sicher ist, daß fast alle Mietobjekte renoviert und umgebaut werden müssen. Das muß bereits bei den Mietverhandlungen dem Vermieter deutlich gemacht werden. In einzelnen Bundesländern gibt es die Möglichkeit, öffentliche Zuschüsse für Umbau- und Renovierungsmaßnahmen zu beantragen, aber nicht in allen. Es ist auf jeden Fall wichtig, sich vor der Anmietung von Räumen über die jeweiligen Auflagen zu informieren und sich mit den zuständigen Behörden in Verbindung zu setzen. Die Adresse der zuständigen Behörde erfährt man bei den Landesverbänden der Wohlfahrtsverbände.

Anschriften

Anschriften von den deutschen Bundesverbänden der Träger der freien Wohlfahrt:

Arbeiterwohlfahrt: Bundesverband der Arbeiterwohlfahrt, Oppelner Straße 130, 5300 Bonn 1

Das Diakonische Werk der evangelischen Kirche in Deutschland, Stafflenbergstr. 76, 7000 Stuttgart 1

Deutscher Caritasverband, Karlstraße 40, 7800 Freiburg

Deutscher Paritätischer Wohlfahrtsverband, Heinrich-Hoffmann-Straße 3, 6000 Frankfurt 71

Deutsches Rotes Kreuz, Generalsekretariat, Friedrich-Ebert-Allee 71, 5300 Bonn 1

Zentralwohlfahrtsstelle der Juden in Deutschland, Hebelstraße 17/III, 6000 Frankfurt/Main

Anschriften der Landesverbände der Deutschen Paritätischen Wohlfahrt:

DPWV – LV Baden-Württemberg e. V.
Hoffeldstr. 215, 7000 Stuttgart 70, Tel.: (07 11) 72 10 98
DPWV – LV Bayern e. V.
Düsseldorfer Str. 22, 8000 München 40, Tel.: (0 89) 3 06 11-0
DPWV – LV Berlin e. V.
Brandenburgische Str. 80, 1000 Berlin 31, Tel.: (0 30) 8 60 01-0
DPWV – LV Bremen e. V.
Fedelhören 49, 2800 Bremen 1, Tel.: (04 21) 32 15 33
DPWV – LV Hamburg e. V.
Mittelweg 115 a, 2000 Hamburg 13, Tel.: (0 40) 41 70 46
DPWV – LV Hessen e. V.
Auf der Körnerwiese 5, 6000 Frankfurt/Main 1, Tel.: (06 11) 59 21 63
DPWV – LV Niedersachsen e. V.
Gandhistr. 5 a, Postfach 71 03 80, 3000 Hannover-Kirchrode 71,
Tel.: (05 11) 51 04-0
DPWV – LV Nordrhein-Westfalen e. V.
Robert-Daum-Platz 1–3, 5600 Wuppertal 1, Tel.: (02 02) 3 84-0
DPWV – LV Rheinland-Pfalz/Saarland e. V. Geschäftsstelle Mainz,
Drususwall 52, Postfach 16 48, 6500 Mainz, Tel.: (0 61 31) 5 10 66
DPWV – LV Rheinland-Pfalz/Saarland e. V. Geschäftsstelle Saarbrükken, Feldmannstr. 92, 6600 Saarbrücken 1, Tel.: (06 81) 5 30 80

DPWV – LV Schleswig-Holstein e. V., Brunswiker Str. 47, 2300 Kiel 1,
Tel.: (04 31) 5 15 67

Die dem Projekt »Eltern helfen Eltern« angeschlossenen Kontaktstellen
(es sind inzwischen zwanzig Kontaktstellen im gesamten Bundesgebiet)
setzen sich zur Zeit sehr intensiv mit den Bonner Behörden auseinander.
Das Projekt soll Ende 1984 auslaufen. Eine weitere Zusammenarbeit mit
dem Bundesverband Neue Erziehung und der Bundeszentrale für gesundheitliche Aufklärung muß erst noch geklärt und definiert werden. Es
ist deshalb nicht sinnvoll, die Anschriften der einzelnen Kontaktstellen
zu veröffentlichen.

Alle Eltern, die sich informieren wollen und Informationsmaterial
wünschen, sollten sich direkt an den Bundesverband Neue Erziehung
(BNE) oder die Bundeszentrale für gesundheitliche Aufklärung (BZgA)
wenden. Die Anschriften:

Bundeszentrale für gesundheitliche Aufklärung
Postfach 91 01 52
5000 Köln 91

Bundesverband Neue Erziehung
Aktion »Eltern helfen Eltern«
Oppelner Str. 130
5300 Bonn 1

Literaturhinweise

Amsoneit, Monika, u. a.: *Rechtliche Regelungen und Empfehlungen der Bundesländer zur Elternarbeit im Elementarbereich,* in: *Eltern, Kinder und Erzieher,* Heft Nr. 8. Bonn 1980.

Bettelheim, Bruno: *Die Kinder der Zukunft. Gemeinschaftserziehung als Weg einer neuen Pädagogik,* München, Wien 1971.

Borchert, Manfred / Borchert, Monika / Derichs, Karin / Kunstmann, Wilfried: *Erziehung ist nicht kinderleicht,* Frankfurt 1970.

The Boston Women's Health Book Collective: *Unsere Kinder – Unser Leben. Ein Handbuch von Eltern für Eltern,* Hamburg o. J.

Bundeszentrale für gesundheitliche Aufklärung (Hrsg.): *Eltern helfen Eltern, Arbeitsmappe mit Informationen, Beispielen, Tips für Selbsthilfegruppen,* Köln o. J.

Dessai, Elisabeth: *Erziehung ohne Elternstreß,* München 1981.

ders.: *Grundfragen der Erziehung,* Stuttgart 1912.

van Dick, Lutz: *Alternativschulen,* Hamburg 1979.

Doormann, Lottemi (Hrsg.): *Kinder in der Bundesrepublik,* Köln 1980.

ders.: *Babys wachsen gemeinsam auf,* Hamburg 1981.

Initiative der Kinder wegen (Hrsg.): *Zur Tagesbetreuung von Kindern unter 3 Jahren,* Bremen o. J.

Kempfler, Herbert: *Wie gründe und leite ich einen Verein?* München 1983.

Münchmeyer, Anne Bärbel: *Kleinkinder Treff,* Hamburg 1982.

Möller, Michael, Lukas: *Selbsthilfegruppen,* Hamburg 1978.

Rühle Otto: *Arbeit und Erziehung,* Leipzig 1904.

Stattbuch Verlag (Hrsg.): *Unter Geyern,* Berlin 1984.

Thomas, Carmen (Hrsg.): *Die Hausfrauengruppe oder Wie Frauen sich selbst helfen,* Hamburg 1980.

Wagnerová, Alena, K.: *Mutter – Beruf – Kind,* Hamburg 1976.

Wahl/Tüllmann u. a.: *Familien sind anders,* Hamburg 1981.

Sachregister

Alleinerziehende 7
Altersgruppe 57
Anerkennung als öffentliche
  Kindertagesstätte 37 ff., 43 f.
Anerkennung als Träger der
  freien Jugendhilfe 105 f.,
  116, 124
Antrag auf Anerkennung als
  gemeinnütziger Verein 42
Arbeitskreis 40, 101

Baby 42, 53 f., 67
Babygruppe 26, 41, 53 f., 66,
  125, 147
Bastelmaterial 86, 96
Baumaterial 92
Bedarf, sanitärer 191–195
Bedürfnis, emotionales 84
Behörde 15, 18, 43, 57 f., 98 ff.,
  107–112, 114 f., 169, 172
Behördenkontakte 40, 69,
  112 f., 170
Behördenkontaktperson 112 ff.
Berufstätigkeit 7 ff., 11, 22,
  40, 48, 68, 71, 143 f.
Bestimmungen, gesetzliche 98,
  109 ff., 115, 177
Betriebskosten 121
Betriebsunfallversicherung 125
Bewegungsgerät 83
Bezugsperson 13, 16, 19 ff.,
  25, 29 f., 36, 38, 43, 47 f.,
  50–56, 58, 61 ff., 67 f., 70,
  72–78, 93 f., 96 f., 99, 101,
  119, 122, 128–134, 136,
  138–142, 144 f., 147 ff.,

151–157, 160 ff., 165–170,
  173 f., 181
Bücher 93, 96 f.

Eingewöhnungszeit 134 ff.,
  143, 154, 166
Einrichtung 85, 87
Einrichtung, öffentliche s. a.
  Regeleinrichtung
Einrichtungsgegenstände 86 f.,
  95
Einzelkind 10, 15, 35, 47, 65
Eltern, alleinerziehende 42,
  49, 112
Eltern, berufstätige 12, 42, 49,
  112, 145, 180
Elternabend 16, 22, 26 f., 30,
  32, 36, 39, 75, 94, 133, 138 f.,
  147, 157, 168–175
Elternalltag 40
Elternarbeit 9, 20 ff., 40, 48,
  50, 63 f., 72 ff., 78 f., 101,
  168, 170 f.
Elternbeiträge 40, 116
Elterndienst 34, 36 f., 53, 76,
  78, 140, 173, 175
Elterngruppe 11, 16, 36 ff.,
  41, 46, 49 f., 52, 57, 59, 63 f.,
  68 f., 71, 73–81, 88, 93, 99 f.,
  103, 106–116, 118, 124 f., 129,
  131 ff., 135 f., 138, 140 ff.,
  144, 152 f., 159 f., 162, 164,
  167 f., 170–175, 180 f.
Elterninitiative 9 ff., 13, 15 ff.,
  20, 22 ff., 27, 34, 107, 111,
  186 ff.
Elterninitiativtagung 98

Akupunktur-Heilmethode für alle.	Wasser — Medikament für Kranke — Elixier für Gesunde.	Zum Arzt — oder nicht?	Schlank im Schlaf.

Das Buch
Akupunktur heilt Krankheiten, behebt Funktionsstörungen, Akupunktur ist leicht zu erlernen und bewirkt in vielen Fällen unerhoffte Heilerfolge. Anhand von rund 90 Abbildungen und Zeichnungen erläutert der Autor die Meridiane und Punkte des Körpers, beschreibt Grundsätze der Diagnostik und Therapie, gibt Anleitung für Stichtiefe, Handhaltung und Nadelarten und liefert einen Bezugsnachweis für die Nadeln.
Innerhalb kurzer Zeit kann der Laie mit diesem Buch die Selbstbehandlung mit Akupunktur erlernen.

Der Autor
Dr. med. Hans Ewald erlernte Akupunktur in Asien und wendet die Heilmethode seit Jahren erfolgreich in eigener Praxis an. Beim ECON-Verlag erschienen seine Ratgeber Akupunktur und Akupressur, 'Akupressur für Jeden'.

Das Buch
Wasser ist eine Medizin mit ganz besonderen Eigenschaften: Es härtet den Körper ab, schützt vor Krankheiten und kann viele Krankheiten und chronische Leiden heilen oder lindern.
Der Autor zeigt, wie Wassertherapie wirkt. Wirksam sind medizinische Bäder und Duschen, Wickel und Güsse, Packungen, heiß, kalt oder wechselwarm, Lösungen mit Kräutern und anderen Zusatzstoffen. Die Wassertherapie hilft u. a. bei Rheuma und Durchblutungsstörungen, bei Herz- und Kreislauferkrankungen, bei Verdauungsstörungen, bei Leber- und Nierenproblemen und bei Infektionskrankheiten.

Der Autor
Gerhard Jäger ist Medizin-Journalist und Schriftsteller. Er praktiziert als Heilpraktiker in eigener Praxis.

Das Buch
Wie oft ist der Mensch angesichts körperlicher Beschwerden verunsichert und sucht den Arzt auf, wie er oft hätte er sich selbst behandeln können, wie oft aber geht er auch zu spät zum Arzt?
Die häufigsten Beschwerden und Erkrankungen werden in diesem Buch charakterisiert. Bauchschmerzen, Durchfall, Husten, Schnittwunden, innere Schmerzen u.v.a. Krankheiten werden anhand der auftretenden Symptome beschrieben. Die Erscheinungsbilder werden schematisch aufgezeichnet und es wird gezeigt, wann ein Arzt aufgesucht werden muß und wann der Patient sich selbst behandeln kann.

Die Autoren
Donald Vickery und James Fries sind praktische Ärzte mit jeweils eigener Praxis.

Das Buch
Durch vertiefte Entspannung im Schlaf schlank werden, dies ist eine neue Methode, die all jenen zu empfehlen ist, die ohne Mühe schlank werden und endlich wieder ihr Normalgewicht erreichen wollen. Im Zustand tiefster Entspannung suggeriert der Mensch seinem Unterbewußtsein ein verändertes Ernährungsprinzip und kann so bei Bewußtsein mühelos den neuen Weg einhalten. Eine wissenschaftlich und praxiserprobte Methode, die in psychosomatischen Kliniken angewandt wird.

Der Autor
Dr. Alfred Bierach, Psychotherapeut und Naturheilkundler, ist in eigener Praxis am Bodensee tätig. Mit der SIS-Methode hat er vielen Patienten geholfen, schlank zu werden.

Porzellanmalerei — eine reizvolle und traditionsreiche Kunst.	*Die Ängste unserer Kinder.*	*Geistige Vorstellung malerisch ausdrücken.*	*Jede dritte Frau leidet unter Orangenhaut.*

Edda Biesterfeld	Gisela Eberlein	Eva Gabisch	Wolf Ulrich
Kleine Kunst auf weißem Gold	**Ängste gesunder Kinder**	**Chinesische Malerei**	**Zellulitis ist heilbar**
Ein Kurs zum Erlernen der Porzellanmalerei	Praktische Hilfe bei Lernstörungen	Anleitung für ein schöpferisches Hobby	Orangenhaut – vorbeugen und selbst behandeln
ECON Ratgeber	ECON Ratgeber	ECON Ratgeber	ECON Ratgeber

Biesterfeld, Edda
Kleine Kunst auf weißem Gold
— Ein Kurs zum Erlernen der Porzellanmalerei —
160 Seiten, 28 Abb.
11,5 x 18 cm
DM 8,80
ISBN 3-612-20009-7
ETB 20009

Eberlein, Gisela
Ängste gesunder Kinder
— Praktische Hilfe bei Lernstörungen —
160 Seiten,
11,5 x 18 cm
DM 7,80
ISBN 3-612-20010-0
ETB 20010

Gabisch, Eva
Chinesische Malerei
— Anleitung für ein schöpferisches Hobby —
96 Seiten, 31 Abb.
11,5 x 18 cm
DM 5,80
ISBN 3-612-20011-9
ETB 20011

Ulrich, Wolf
Zellulitis ist heilbar
— Orangenhaut vorbeugen und selbst behandeln —
128 Seiten, 51 Abb.
11,5 x 18 cm
DM 6,80
ISBN 3-612-20012-7
ETB 20012

Das Buch

Marco Polo brachte das erste Porzellan mit nach Europa, wo es später nacherfunden wurde. Inzwischen ist Porzellanmalerei eines der kreativsten Hobbies.
Die Autorin bietet mit diesem Buch eine Einführung in die Porzellanmalerei. Sie zeigt, zu welchem Zweck man dieses Hobby betreibt, wie man es erlernt, welche Stücke man selbst herstellen kann. Der Laie erfährt alles über Pinsel, Malöle, Materialbeschaffung, Reparaturen, Technik, Komposition. Tips, Anleitungen und Erfahrungsberichte, weiterreichende Literaturangaben und ein Lieferantenverzeichnis bieten dem Neuling eine solide Basis.

Die Autorin

Edda Biesterfeld, Leiterin einer Stadtbücherei, betreibt dieses Hobby seit über 10 Jahren und unterrichtet in Porzellanmalerei an der Volkshochschule.

Das Buch

Jedes Kind kämpft mit unbewußten Ängsten, die es in irgendeiner Form hindern, zwanglos fröhlich, aktiv und spontan zu sein. Nervosität, Schlafstörungen, Kontaktschwierigkeiten, ja sogar Asthma, Stottern, Bettnässen sind Folgen dieser Ängste, die durch gezielt angewendete psychologische und pädagogische Entspannungsübungen behoben werden können. Wie, das zeigt dies Buch.

Der Autorin

Dr. med. Gisela Eberlein lehrt in eigener Praxis, in Seminaren und Arbeitsgemeinschaften autogenes Training. Besonders bei Kindern erzielte sie über psychologisch und pädagogisch fundierte Entspannungsmethoden große Erfolge.

Das Buch

Innere Ausgeglichenheit und Harmonie sind in unserer Zeit durch Unruhe, Hektik und Unsicherheit notwendiger geworden denn je. Eine Möglichkeit zur Selbstverwirklichung bietet die Kunst der chinesischen Tuschemalerei. Die Autorin führt gründlich in das Wesen dieser Malerei ein. Sie bietet eine ausführliche Anleitung und zeigt in 30 Einzelübungen mit genauen Arbeitsvorlagen und einzeln erläuterten Arbeitsschritten, wie rasch dieses kreative Hobby erlernt werden kann. Eine Liste von Firmenanschriften vervollständigt den Band.

Die Autorin

Eva Gabisch ist Grafikerin. Sie beschäftigt sich seit Jahren mit der chinesischen Tuschemalerei und leitet eine Schule für chinesische Malerei und kreative Selbstentfaltung.

Das Buch

Zellulitis ist heilbar! Der Autor erklärt, wie Zellulitis entsteht und schildert, wie man Zellulitis erfolgreich vorbeugen kann und sie heilt. Er entwickelte ein mehrstufiges Anti-Zellulitis-Programm, mit dem er durch Lebensführung, richtige Ernährung, Sport und Gymnastik, Massage, Medikamente und viel Geduld in zehn Wochen diese häßliche Krankheit heilen kann. 50 Bilder erläutern sein Programm und erleichtern dem Leser, es alleine durchzuführen.

Der Autor

Dr. med. Wolf Ulrich ist Facharzt für Hautkrankheiten.